MARIA

Michael Graff · Heinz-Jürgen Förg · Hermann Scharnagl

MARIA

Erscheinungen,
Wunder und Visionen

Unter Mitarbeit von P. Justin Lang OFM

PATTLOCH

Redaktionelle Mitarbeit: Antje Bultmann und Thomas Gotterbarm

Die Deutsche Bibliothek – CIP-Einheitsaufnahme

Graff, Michael:
Maria : Erscheinungen, Wunder und Visionen / Graff ; Förg ;
Scharnagl. – Augsburg : Pattloch, 1999
ISBN 3-629-00852-6

Pattloch Verlag, Augsburg
© 1999 Weltbild Verlag GmbH

Titelgestaltung: Georg Lehmacher, Friedberg (Bay.)
Titelbild: Guido Reni (1575–1642), Die Himmelfahrt Mariä (1631/1642).
© Joachim Blauel – Artothek, Peissenberg; München, Alte Pinakothek.
Koordination und Bearbeitung: AMS Autoren- und Medienservice, Reute
Satz, Layout und Scans: AMS/Rudolf Kempf
Druck und Bindung: Wiener Verlag, A – Himberg
Printed in Austria

ISBN 3-629-00852-6

Inhalt

Leitwort

Marienverehrung heute

Wenn wir Maria feiern, können wir sagen: Wir feiern ein christliches Daseinsverständnis vom Menschen überhaupt; wir feiern ein solches Wort Gottes über uns selbst; wir feiern ein inniges Verständnis unseres eigenen Daseins. Denn wir sehen dann den Menschen nicht bloß als jenes fragwürdige Wesen zwischen zwei Abgründen des Nichts, wir sehen den Menschen nicht bloß als den Menschen der Angst und der Not, denn wir reden ja von Maria, wir preisen sie als die Gebenedeite und Selige und sagen damit im letzten auch etwas von uns selbst. Wir feiern und verkünden die christliche Idee vom Menschen. Wir sind also (wenn wir das schon sein wollen) sehr modern, wenn wir die alten heiligen Wahrheiten auslegen, die wir immer bekennen, wenn wir niederfallen und beten: Und das Wort ist Fleisch geworden, geboren aus Maria der Jungfrau.

Unsere Überlegungen sagen uns überdies: Wir gehören zusammen, wir alle tragen an der Last und an der Seligkeit, an der Gefahr und an dem Heil von jedem anderen mit. Deshalb kommen wir ja in der Gemeinde zusammen. Eine betende, singende, das Wort Gottes hörende Gemeinde ist nicht nur die Versammlung von einsam Vereinzelten, ist nicht nur eine Menge atomisierter Einzelner, die, von ihrer letzten Heilsangst getrieben, bloß aus praktischen Gründen sich hier versammeln, um dann doch wieder nur ihr eigenes Heil für sich allein wirken zu wollen. Wir sind eine Gemeinde, die Gott lobt, indem sie die Herrlichkeit der heiligen Jungfrau preist, weil sie eben auch in ihrem Heil abhängt von dieser Jungfrau und Mutter Gottes. Wir sind eine heilige Gemeinde, die wirklich zusammengehört und darum auch zusammentritt, die wirklich in Einheit die Gnade dessen erfährt, der durch den Gehorsam und das Fleisch der heiligen Jungfrau uns von Gott geschenkt worden ist. Wir sind die aus der Verlorenheit und Verlassenheit des Einzelnen Herausgerufenen in die Einheit der Liebe und der Gnade Gottes.

So aber müßten wir dann auch im Alltag sein. Wir können hier nicht gemeinsam beten, wenn wir draußen in Liebe und Treue, in Zusammengehörigkeit und gegenseitigem Tragen nicht miteinander auskommen. Marienverehrung ist deshalb etwas, das von seiner eigenen letzten Wurzel her wirklich etwas mit der Nächstenliebe zu tun hat. Denn es gibt keine Mariologie, die für uns wichtig und bedeutsam sein könnte, wenn es nicht wahr wäre, daß jeder auch für das Heil seines Nächsten verantwortlich ist und für ihn eintreten kann und muß durch Gebet, Opfer und Hilfe. Weil das wahr ist, deshalb gibt es Maria nicht nur als die Mutter unseres Herrn, sondern auch als unsere Mutter. Und weil es dies gibt, darum sind wir hier zusammengekommen und wollen Maria wieder in der Freude unseres Herzens in diesen Tagen preisen. Solcher Preis ist im letzten ein Lobpreis des ewigen Gottes selbst, der in seinem menschgewordenen Wort sich uns genaht hat, da dieses Wort geboren wurde aus Maria der Jungfrau.

Karl Rahner in „Praxis des Glaubens"

Einführung

Augenblicke gibt es, da geht man lieber zur Mutter als zum Vater. Vor den Marienfiguren brennen viele Kerzen. Zu viele, wenden manche ein, denn da könnte der rechte Glaube in Gefahr sein.

Wollte man Frömmigkeit am Kerzenverbrauch messen, dann wäre Maria in jeder Hinsicht die Himmelskönigin. Ist das eine katholische Variante von „Vielgötterei"? Die Theologie kennt die Unterschiede und Grenzen zwischen Anbetung und Verehrung ziemlich genau, doch der Seelsorger weiß, daß es für die religiöse Praxis wenig hilfreich ist, Verehrung und Anbetung säuberlichst auseinanderzuhalten. Vor Marienbildern wird gebetet. In jeder Kerze wohnen Seufzer und Wünsche. Ob Gott das stört?

Und Maria, Mirjam, das jüdische Mädchen, die Jungfrau, die Mutter, ob sie diese Karriere gutheißen könnte? Ihre Rolle in der Heilsgeschichte war es, Gott zur Welt zu bringen, wie immer man dieses Geheimnis deuten oder später noch ausformulieren mag. Eine Lesart ist im Bild der Schutzmantelmadonna aufgegangen. Eine biblisch denkbare Lesart. Beschützt darf Jesus heranwachsen, im Jugendalter davonlaufen und heimkehren, zuletzt mit sterbenden Augen die ohnmächtige Geduld der Mutter bei sich wissen inmitten der tödlichen Gottverlassenheit. Dann die Szene unter dem Kreuz, als Pietà immer wieder von Malern und Bildhauern gestaltet: Maria hält den toten Sohn, trägt die Schmerzen und bleibt ihm Mutter, wird ihn fassungslos am Ostermorgen schauen. Schutzmantelmadonna.

Was von Herzen kommt, dessen braucht man sich nicht zu schämen. Die Mutter Jesu hat nicht ausgedient. „Let it be", sangen sogar die Beatles: „Wenn ich Kummer habe, steht die Muttergottes vor mir ..."

9

Papst Johannes Paul II. scheut sich nicht, Maria ins Zentrum zu rücken. Auch seine Theologie kennt die Unterschiede, sieht in Christus das Heil und weiß, daß unser Erkennen weiterschreiten muß, von der Mutter zum Sohn, vom Sohn zum schöpferischen Geheimnis der Welt, dem Vater, Gott. Daß Gott selbst Mutter genannt werden darf, hat Papst Johannes Paul I., der nur so wenige Tage sein Amt erlebt hat, in einer Predigt angesprochen.

Davor führte Paul VI. die konziliare Linie des Vatikanums II konsequent aus. Im Jahr 1974 erschien das Apostolische Schreiben „Marialis cultus" über die Entfaltung und Pflege der Marienverehrung, eines der überzeugendsten und klarsten Dokumente Roms zum Thema und mit dem Ziel, in Maria ein christliches Leitbild für die Probleme der Zeit zu haben. Maria ist ein solches Leitbild. Es wird theologisch so begründet: „... weil sie in ihren konkreten Lebensbedingungen vorbehaltlos und verantwortungsbewußt dem Willen Gottes Folge geleistet hat; weil sie von ihm das Wort entgegennahm und in die Praxis umsetzte; weil ihr Handeln von der Liebe und von der Bereitschaft zu dienen beseelt war; weil sie die erste und vollkommenste Jüngerin Christi gewesen ist, was einen universalen und bleibenden vorbildlichen Wert besitzt" (*Marialis cultus* nr. 35).

Maria, die neue Frau, der exemplarische Mensch für die Gegenwart – das ist auch die Perspektive unserer Kirche heute, denn Maria schenkt dem Glauben die mütterliche Dimension. Und eine Kirche, die ihre Existenz nach diesem Vorbild begreift, wird nie kleinlich sein können, wird Gnade vor Recht praktizieren, wird dem Menschen die Treue halten durch alle Kreuzigungen hindurch. Wie sonst soll Gott Mensch werden in dieser Welt?

Im ersten Kapitel dieses Buchs stellen die Autoren die Bedeutung Marias für den Glauben dar, da sie als christliche Lebenspraxis auch in der ökumenischen Bewegung zunehmend an Interesse gewinnt. Daran schließt sich dann im nächsten Kapitel eine ausführliche Schilderung der Marienerscheinungen an, da sie in der Kirche und in der Volksfrömmigkeit große Bedeutung haben. Dabei geht es weniger um eine vollständige Auflistung und Dokumentation aller Erscheinungen, wie sie bereits das Buch „Erscheinungen und Botschaften der Gottesmutter Maria" von Gottfried Hierzenberger und Otto Nedomansky leistet, sondern vielmehr im Sinne einer Ergänzung und sinnvollen Fortführung dieser Arbeit um eine ausführliche Schilderung all der Erscheinungen, die große Wallfahrtsorte begründeten und das kirchliche Leben international, ja weltweit beeinflußt haben, wie Rue du Bac 1830, Lourdes 1858 und Fatima 1917, um hier nur einige Beispiele zu nennen. Es berichtet von den Wundern, die man der Fürbitte Marias zuspricht, und ihren Geheimnissen, in unterschiedlichsten Ländern und Gesellschaftsschichten. Die visionären Texte werden erschlossen und in ihrer Bedeutung für heutige Christen ausgelegt.

Da es in der christlichen Ikonographie kaum ein Thema gibt, das wie das Thema Maria von solcher Breite und Intensität ist, behandelt das dritte Kapitel die Marienverehrung anhand ausgewählter Beispiele in der bildenden Kunst. In dieses Kapitel ist daher auch ein eigener Bildteil eingebunden.

Im abschließenden Teil werden in einem Glossar wichtige theologische Begriffe erläutert, ein Verzeichnis mit weiterführender Literatur soll auch zur Beschäftigung mit Einzelfragen dieser komplexen Thematik anregen und ein Namen- und Sachregister schließlich zum raschen Auffinden der gesuchten Namen und Begriffe verhelfen.

So hoffen wir, mit dem vorliegenden Werk allen Marienverehrern, Theologen und Pfarrern ein Buch von besonderem Rang und Reiz vorlegen zu können, ein zeitgemäßes Buch für heutige Christen, ein Buch der Erbauung, der Vertiefung und durch die Bilder auch ein Buch zur Meditation. Für den Zweifler und Skeptiker kann es eine Quelle der klaren Aussage werden, aus der ein Staunen erwachsen kann.

Thronende Gottesmutter mit Jesuskind. Darstellung auf einer
byzantinischen Elfenbeintafel aus dem 10. Jh.

Maria in der Heiligen Schrift und Lehre der Kirche

Wer ist Maria?

Kitschig, zu süßlich, überholt – werden die einen sagen. Anderen ist gerade dieses Erscheinungsbild das „Paß-Bild" zu ihrer eigenen Frömmigkeit.

Wer von uns kennt sie nicht – die Darstellungen eines Herz-Jesu oder des Herz-Mariä aus der Nazarenerzeit. Was dem Betrachter beim Anblick dieser meist aus Gips geformten Figuren ins Auge sticht, ist das geöffnete, zur Schau getragene, offenstehende, sichtbare Herz. Dieses Herz, Dreh- und Angelpunkt menschlichen Lebens, auf das eine Maria zeigt, hinweist, hindeutet, es ist auch das Zentrum ihres eigenen Lebens. Es schlägt für Jesus: bei der Verkündigung durch den Engel Gabriel, bei der Geburt des Messias, auf Golgota.

Welcher Mensch verbirgt sich hinter diesem Herzen, hinter dieser Figur aus Gips? Was macht diese Maria zu dem nicht austauschbaren, einzigartigen Menschen, zu dieser unübertrefflichen Heiligen?

Aus dem Leben der Maria

Die Vorgeschichte
Der Name „Maria" geht auf ägyptisches Sprachgut zurück: „Mir – lieben" und „Jam – Jahu (Jahwe)" ergeben „Mirjam". Übersetzt heißt der Name also die Gott Liebende oder die von Gott Geliebte.

Nomen est omen. Die Eltern von Maria dürfen wohl kaum gewußt haben, welch bedeutenden Namen, wir würden heute sagen, welches Programm sie ihrem Kind mit auf den Lebensweg gegeben haben.

Mariä Geburt. Aus der Handschrift St. Peter perg 7, Evangeliar des 12. Jh.

Der Name zeigt sich im Evangelium am Ende einer langen Geschlechterfolge, die der Evangelist Matthäus im ersten Kapitel seiner Frohen Botschaft als „Stammbaum Jesu" aufführt. „Abraham war der Vater von Isaak, Isaak von Jakob, Jakob von Juda und seinen Brüdern" (Mt 1,2). In dieser Weise erzählt die Heilige Schrift dreimal 14 Geschlechter fort, bis endlich der Name „Maria" genannt wird. „... Jakob war der Vater von Josef, dem Mann Marias; von ihr wurde Jesus geboren, der der Christus (der Messias) genannt wird" (Mt 1,16).

Wer diesen Ablauf der Geschlechter bei Matthäus aufmerksam liest, wird feststellen, daß Jesus in die Davidssippe über seinen Nährvater Josef eingegliedert wird. Man könnte annehmen durch Adoption (vgl. Mt 1,16. 19–25). Maria war Josef versprochen, sie war mit ihm verlobt. Es ist sogar sicher anzunehmen, daß Maria und Josef vermählt waren. Über die Kinder- und Jugendzeit Marias wissen wir wenig. Das sogenannte „Protoevangelium des Jakobus", eine apokryphe Schrift, die nicht zu den Büchern unserer Heiligen Schrift gehört, erzählt aus dem Leben des Kindes Maria und von ihren Eltern. Diese, Joachim und Anna, hätten nach langem Bitten und flehentlichem Gebet in vorgerücktem Alter noch ein Kind bekommen: Maria, geboren in Nazaret.

Man erkennt, daß es zu dieser Erzählung Parallelen in der Bibel gibt, etwa die Geschichte von der Geburt Johannes des Täufers. Dessen Eltern Elisabet und Zacharias hatten ebenfalls in hohem Alter einen Sohn empfangen. Es ist leicht anzunehmen, daß diese Erzählungen vielleicht einfach übertragen wurden. Die Bibel schweigt sich dazu aus. Maria tritt erst in die Geschichte ein mit der Verkündigung des Engels Gabriel.

Maria wird von einem Augenblick zum andern aus einem unbedeutenden Leben zum Star, zum Stern also, der einmal hoch am Himmel stehen wird und sein kraftvolles Licht in die Welt des Glaubens aussenden wird. Bestimmt war die Frau aus Nazaret erstaunt über die allzu plötzliche Lebenswende. Ohne menschliches und männliches Mittun soll aus ihr ein Kind geboren werden? Wie kann so etwas geschehen? Der Engel beruhigt sie, nimmt ihr den Schrecken. Er wandelt ihr Erstaunen in ein noch größeres Staunen: „Der Heilige Geist wird über dich kommen, und die Kraft des Höchsten wird dich überschatten. Deshalb wird auch das Kind heilig und Sohn Gottes genannt werden" (Lk 1,35). Ohne Wenn und Aber stimmt Maria zu. Keine Nachfragen. Sie setzt keine Frist, um sich vielleicht Bedenkzeit zu erbitten. Mit ihrem Ja stimmt sie Gottes Plan vorbehaltlos zu. In diesem Moment macht sie schon Platz in der Welt für Jesus. In demselben Moment ist ein

Mariä Verkündigung. Nachzeichnung einer Miniatur des 12. Jh.

Ort der Liebe für den Gottessohn entstanden, eine Wohnung unter den Menschen.

Auftreten mit Jesus
Seit Maria ihr Ja zu Gottes Willen gegeben hat, ist ihr Leben auch eng mit dem Leben Jesu verbunden. Sie darf ihm das Leben schenken. Wenn fortan von Maria gesprochen wird, ist im selben Atemzug auch immer die Rede von Jesus. Ihr Leben ist eng verwoben mit dem seinen, ja aufeinander bezogen. Maria möchte sich nicht selbstverwirklichen, ihr Leben leben, als eine Frau des öffentlichen Lebens, als Star, sondern sie nimmt sich zurück, macht Platz für Jesus.

16

Am deutlichsten zeigt sich diese Aufgabe bei der Hochzeit von Kana. Der Wein ist ausgegangen. Maria vermittelt, sie macht sich zur Mittlerin. Und erfährt dafür von ihrem Sohn eine herbe Ablehnung. „Was willst du von mir, Frau? Meine Stunde ist noch nicht gekommen" (Joh 2,4). Und dies ist es auch, was sie lebt, woran sie ihr Leben ausrichtet. Maria erspürt zuerst einmal mit ihrem Herzen, was in Jesus vorgehen könnte. Sie kann still sein, sich zurücknehmen, denn sie weiß, was geschehen wird. Sie vertraut und glaubt.

Anders könnte Maria auch nicht Begleiterin ihres Sohnes sein. Denn sie erfährt sehr bald und auch sehr hart, daß die Begeisterung für den kommenden Gottessohn keine großen Wellen schlägt.

Schon die Umstände der Geburt in einer Höhle oder in einem Stall nahe der Stadt Betlehem sprechen für sich. Jesus wird hinausgedrängt an den Rand der Stadt. Man will ihn nicht. In der Herberge ist kein Platz für ihn. Kaum geboren, stellt man Jesus nach, treibt ihn in die Flucht. Herodes, ein herrschsüchtiger Despot, verfolgt ihn. Seine Soldaten ermorden alle Knaben im Alter bis zu zwei Jahren. Das Licht, das so verheißungsvoll aufgegangen ist, dem Hirten gefolgt waren, das Gottsucher aus den fernsten Ländern der Erde anzieht, ist getrübt. Kein Feuerwerk für den Messias. Ist es das, was sich Maria unter der Geburt und dem Leben des Gottessohnes, des Erlösers, vorgestellt hat?

Maria am Kreuzweg und im österlichen Licht
Es scheint noch nicht genug. Von Maria wird noch mehr gefordert, vielleicht das Letzte. Ihr Ja wird auf die Probe gestellt. Was mag wohl in einer Mutter vorgehen, die spürt, mit ansehen muß, wie man den eigenen Sohn ablehnt, wie man gegen ihn vorgeht?

Maria tritt zurück und steht hinter Jesus. Dieser aber verlangt viel von denen, die sich in seine Nachfolge begeben, seine Mutter ist davon nicht ausgenommen. Aber sie gibt nicht auf, resigniert nicht. Meist steht sie allein da: Josef, ihr Mann, wird von den Evangelien während des öffentlichen Wirkens

Jesu nicht mehr als lebend bezeugt, er scheint bereits gestorben zu sein. Jesus geht seinen Weg – Maria ebenso.

Was Jesus fordert, haben noch lange nicht alle Menschen verstanden, auch Maria nicht. Aber die Mutter müht sich, das große Geheimnis seiner Sendung mehr und mehr zu erkennen. Sie versucht, ihm nachzufolgen, und wird so seine Jüngerin.

Ihr Glaube wird am Kreuzweg und unter dem Kreuz auf die wohl härteste Probe gestellt. Als sie ihren Sohn auf dem Weg zum Richtplatz ansieht, hat sie seinen Tod vor Augen. Sie hat Mitleid – leidet mit. Keine Worte, sondern Schweigen. Ihre Blicke treffen sich, treffen ins Herz. Maria steht ihrem Sohn zur Seite (stabat mater!). Sie erlebt den Tod des Gottessohnes mit, der ihr das Herz bricht. Vom Kreuz herab vertraut Jesus seinem Lieblingsjünger die Mutter an: „Siehe, deine Mutter!" (Joh 19, 27). Jesus konnte Maria dem Johannes anvertrauen, weil er wußte, daß dieser für sie sorgen würde. Der verstorbene geistliche Schriftsteller Henri Nouwen bemerkt dazu treffend in seinem Buch „Unser heiliges Zentrum finden":

„Er wollte, daß wir eine Mutter haben, die uns zu unserer wahren Kindheit geleitet, nicht zur Kindheit eines Kleinkindes, das seine Wunden noch nicht kennt, sondern zur Kindheit des Jüngers, der erkannt hat, daß unter all seiner Verletztheit eine von den Vieldeutigkeiten und Widersprüchlichkeiten der menschlichen Zuneigung unbefleckte erste Liebe ruht."

Der Leichnam Jesu wird in den Schoß der Mutter gelegt. Jesus hat ausgelitten. Das Leid seiner Mutter dauert noch an. Sie geht in diesem Moment noch einmal den Leidensweg ihres Sohnes nach. Das hinterläßt Spuren. Trauer, Verzweiflung, Resignation, Wut steigen auf. Doch Maria schweigt. Sie schaut ihren toten Sohn an. Die Pietà wird zur Verkörperung des Leids vieler Menschen. Wer in das Gesicht der leidenden Mutter sieht, dessen Blick wird hin zu Jesus gelenkt. Selbst in dieser Situation verweist Maria auf Jesus. Selbst im Tod schenkt sie ihm Ansehen. Auch ihre Hände, die den Toten tragen und bergen, scheinen zu sprechen, zu deuten: Ihr alle, die ihr hinseht, das, was ihr seht, ist nicht Tod, das ist das Leben. Hoffnung auf das österliche Licht keimt auf, die Auferstehung kündet sich an.

Die Kirche des Zisterzienserklosters Marienstatt im Wester-wald birgt als Gnadenbild auch eine Pietà. Bei dieser Darstel-lung scheint der Künstler, der diese Figur gestaltet hat, Maria ein leichtes Lächeln auf ihren Mund gelegt zu haben. Im Tod ist das Leben. Maria weiß, daß die Frucht, die sie aus ihrem Schoß zum Blühen bringen durfte, nun reich aufgehen wird. Ostern. Das Leben wächst.

Maria in Jerusalem bei den Aposteln
Nur beim Evangelisten Lukas lesen wir, daß Maria mit den elf Jüngern in Jerusalem die Ankunft des Gottesgeistes erwartete (vgl. Apg 1,14). Seltsam ist, daß sonstige Notizen oder auch Nachrichten über Maria fehlen.

Sie war also dabei, als der Heilige Geist angerufen wurde. Wahrscheinlich die einzige Frau im Kreis. Die einzige Jünge-rin inmitten der männlichen Apostel. Sie sollte miterleben dürfen, was ihr Sohn allen verheißen hat, die ihm folgen und an ihn glauben, die ein vorbehaltloses Ja zu Gottes Willen sprechen. Der Heilige Geist erleuchtet sie, wirft helles Licht auf ihr Leben und die Zusage zum Heilsplan Gottes.

Kein Zweifel also, nach dem lukanischen Bericht gehört Maria zur Urkirche dazu, gehört zum „harten Kern". Hier kann nun auch deutlich werden, was Elisabet meinte, als sie die Jungfrau als „Glaubende" gepriesen hatte. Die Frau aus Nazaret gilt als demütige und gehorsame Magd des Herrn. Damit wird sie zum Vorbild für alle Gläubigen und zur ersten Jüngerin für Jesus. Wir kennen die Darstellungen, die Maria inmitten der Apostel zeigen. Sie wird sogar für die Apostel zu einer Art Mittelpunkt, um den sie sich scharen können.

Das „Lebensende"
Über das spätere Leben Marias und ihren Tod ist uns keine zuverlässige Nachricht erhalten. Es scheint, als sei über das Lebensende ein Schleier der Verborgenheit gelegt. Ist nicht aber der Schleier das natürliche Zeichen, das Symbol der Frau

im Orient? Wird nicht gerade dieser Schleier zum Sinnbild für Maria: Verborgenheit, ein Geheimnis bewahren, Innerlichkeit, nichts zur Schau tragen, einen Schatz behüten, Reinheit?

Das Leben der Mutter des Herrn war ein verborgenes, stets verbunden mit Jesus, verankert in Gott. Wir wissen nichts von einem Todesjahr, nichts von einem Ort, an dem sie heimgegangen ist. Es existiert kein Bericht über die Umstände ihres Sterbens.

Man kann vermuten, daß sie nach der Himmelfahrt Jesu in Jerusalem lebte und dort wahrscheinlich auch gestorben ist.

Eine Überlieferung läßt Maria in Ephesus bei Johannes sein und dort auch das Leben beenden. Der Lieblingsjünger des Herrn, dem vom Kreuz aus die Mutter anvertraut wurde, hat für sie gesorgt. Diese Vermutung stützt sich auf einen Text des Konzils von Ephesus aus dem Jahr 431, der aber sehr verschwommen und unvollständig erscheint.

Wahrscheinlicher und älter ist der Ort Jerusalem für das Lebensende der Frau aus Nazaret. Warum sollte sie den Ort verlassen haben, an dem ihr Sohn gestorben und auferstanden ist? Über einen genauen Ort des Grabes gibt es viele Auffassungen. Manche sehen es im Garten Getsemani, andere im Tal Josaphat zwischen Ölberg und Tempelberg. Ein anderer Ort ist der Zionsberg, die „Dormitio" – das Entschlafen genannt. Zu Ehren Marias wurde dort im Jahr 1910 eine Kirche eingeweiht.

Viele Legenden nennen den Monat August als Sterbemonat. Kaiser Maxentius (582–602) legte das Fest „Mariä Heimgang" einheitlich für sein Reich auf den 15. August fest. In Palästina ist dies das Datum, an dem die Winzer ihre Weinberge zur Ernte betreten. Heute ist es das Fest „Mariä Aufnahme in den Himmel". Die Kirche segnet an diesem Festtag Blumen und Kräuter. Ein gutes Zeichen, denn Maria hat das, was Gott in sie einpflanzte, wachsen und gedeihen lassen. Sie bringt die reife Ernte ein, gibt diese Gott zurück.

Tod Mariä mit kleinem betenden Stifterpaar. Miniatur aus dem Graduale
Cisterciense des 14./15. Jh.

Maria in der Heiligen Schrift

In den vorangegangenen Abschnitten haben wir die äußeren Konturen Marias, soweit sie erkennbar waren, nachgezeichnet. Wichtige Eckpunkte, Inhalte ihres Lebens, sind dabei zur Sprache gekommen. Im folgenden sollen die Zeugnisse der Heiligen Schrift, der Bibel befragt werden: das Alte (AT) und das Neue Testament (NT). Es wird ein Bogen gespannt von der Ankunft des Gottessohnes unter der Mitwirkung des Heiligen Geistes und der jungfräulichen Maria, bis dahin, wo sichtbar wird, welche große Aufgabe der Frau aus der Stadt Nazaret zukommt.

Alttestamentliche „marianische Zeugnisse"
Die Heilige Schrift ist eine große Sammlung von Rollen, Büchern und einer Anzahl von Bänden. Die Bibel (griechisch: *biblós* = das Buch), gilt Juden und Christen als die Ur-Kunde ihres Glaubens. Mit dem Alten Testament bezeichnen die Christen die hebräische Bibel.

Viele Erzählungen berichten davon, wie Gott seine Geschichte mit den Juden gegangen ist. Er ließ sein Volk nicht allein. In oft wundersamer Weise tritt er auf und erweist sich als Gott, der das Leben schenkt. Immer wieder schließt er einen Bund mit den Menschen und beweist, daß er treu ist, daß die Menschen auf ihn zählen können. Im Alten Bund kommt den Propheten eine besondere Aufgabe zu. Sie treten in direkten Kontakt mit Gott, erhalten von ihm Botschaften und Aufträge, die sie weitersagen sollen. Aber das AT hat viele Vor-Bilder, die uns schon in früher Zeit Hinweise geben auf Dinge, denen in der Zukunft große Bedeutung zukommt. So findet man beispielsweise Bezeichnungen, die man mit Maria in Verbindung bringt: den Paradiesgarten, in dem der einzigartige Lebensbaum seine Früchte bereithält; der brennende Dornbusch, der brennt und doch nicht verbrennt; das goldene Altargerät, das allein für den Gottesdienst gedacht ist. All das sind Bilder, die für Maria stehen können. Die sogenannte „Lauretanische Litanei", ein Gebetstext aus dem 16. Jahrhundert, der sich lobend über Maria ausgießt, gibt mehrere dieser Bilder wieder. So ist dort von der Geheimnisvollen Rose die Rede, vom Turm Davids, von der Arche des Bundes oder der Pforte des Himmels. Vergleiche, die die Theologie später auf Maria anwendet.

Das Buch Genesis, die Schrift, die uns den Schöpfungsbericht erzählt, spricht von einem Drachen, der alten Schlange, die Krieg führt mit allen Nachkommen Evas (vgl. Gen 3,15). Der Name Eva wird gewendet in das Ave, der Gruß, mit dem Maria den Engel Gabriel begrüßt. Maria gilt als Symbol für die Kirche, die kämpft, mitleidet, kraftvoll den Sieg für Christus erringt. Während Eva den Kampf verloren hat, sieglos geblieben ist, weil sie verbotenerweise vom Baum der Erkenntnis gegessen hatte, wird später Maria Frucht bringen.

Eine wichtige Schriftstelle im AT, die schon Bezug zu nehmen scheint auf die Aufgabe, die Maria einmal zuteil werden soll, steht bei dem Propheten Jesaja: „Seht, die Jungfrau wird ein Kind empfangen, sie wird einen Sohn gebären, und sie wird ihm den Namen Immanuel (Gott mit uns) geben" (Jes 7,14). Der Prophet trifft hier eine Voraussage: die wundersame Empfängnis des Gottessohnes durch die Frau von Nazaret.

Ein weiterer bedeutender Text ist das Loblied der Hanna. Sie gebar, obwohl sie unfruchtbar war, Samuel. Er sollte ein wichtiger Prophet des Alten Bundes werden. Überglücklich singt diese Hanna ein Loblied auf ihren Gott, der das Unmögliche hat möglich werden lassen: „Mein Herz ist voll Freude über den Herrn, große Kraft gibt mir der Herr" (1 Sam 2,1). Das Lied, das Maria voll Freude über ihre Erwählung durch Gott singt, klingt ähnlich: „Meine Seele preist die Größe des Herrn, und mein Geist jubelt über Gott, meinen Retter" (Lk 1,46). Beiden Frauen, der alttestamentlichen Hanna und der neutestamentlichen Maria, wurde von Gott auf wunderbare Weise ein Sohn geschenkt.

Die Schreiber der verschiedenen Bücher des NT haben mit Interesse und Hochachtung die Schriften des AT gelesen, bevor sie ihre Erzählungen über das Leben Jesu abfaßten. Einige Erzählmuster nahmen sie davon mit. Wie oben schon beschrieben, gab es im Alten Bund hochbetagte und unfrucht-bare Frauen, die bedeutende Kinder, Söhne zur Welt brachten, so Isaak, Simson oder auch Samuel. Das Jesajabuch spricht da-von, daß der Welt ein Kind verheißen ist, das „Wunderbarer Ratgeber, Starker Gott, Vater in Ewigkeit, Fürst des Friedens" genannt wird (Jes 9,5).

Auch die Geburt Johannes des Täufers durch seine hochbe-tagte Mutter Elisabet ist ein wundersames Geschehen.

Das AT gibt einige Hinweise auf Verheißungen und Pro-phezeiungen, daß der Menschheit der Gottessohn geschenkt wird.

Die Zeugnisse des Neuen Testaments
Alle Erzählungen über Maria, die das NT wiedergibt, stellen klar heraus, daß alles Reden über die Mutter des Gottessohnes hinter Jesus zurücktreten muß. Ihr Sprechen und Tun, ihr Le-ben dient letztlich und allein dazu, Jesus Christus ein sicheres Fundament für sein Leben zu schaffen – als Mensch für uns Menschen.

Die Texte des NT sind eine Sammlung unterschiedlicher Schriften vielfältiger Herkunft. Jeder Schreiber eines Buches oder eines Briefes hat eine eigene Intention, in der er schreibt.

Daraus ergibt sich, daß somit die Betrachtungen über Maria ganz verschieden ausfallen, je nachdem, aus welcher Sicht der Verfasser die Mutter Jesu in den Blick nimmt.

In den folgenden Abschnitten sollen nun die vier Evangeli-sten über Maria befragt werden.

Markus
Nach der Apostelgeschichte ist Johannes Markus der Sohn jener Maria, in deren Haus sich die ersten Christen Jerusalems versammelt haben (vgl. Apg 12,12). Markus unterstützt Bar-nabas und Paulus auf deren erster Missionsreise. Entmutigt kehrt er bald in seine Heimatstadt zurück (vgl. Apg 13,13). Die Überlieferung macht ihn zum Gründer einer ersten Chri-stengemeinde in Alexandrien. Dort soll er auch als Märtyrer sein Leben für Christus hingegeben haben. Sein Evangelium

24

Christus auf der Weltkugel thronend, links und rechts von ihm die
Apostel, im Apsisrund Maria mit dem Kind auf dem Schoß, umgeben von
zwei Engeln und mehreren Heiligen; am Altarbaldachin die
Verkündigung. Altarraum (obere Hälfte) des Doms zu Parentium (Prec)
6. Jh. in einer Nachzeichnung von Jupp Palm

schreibt er in Rom, ungefähr 70 n. Chr. (Zerstörung der Stadt und des Tempels in Jerusalem). Er ist jünger als Jesus (vgl. Mk 14,51 f.), zur Zeit des Todes Jesu war er ein junger Mann.

Markus will mit seinem Evangelium zum Glauben an den auferstandenen Christus hinführen. Die schillerndste Figur seiner Schrift ist Jesus von Nazaret. Der jungen, wachsenden Gemeinde will er Christus verkünden. Er ist für Markus der Auferstandene, der lebt, der gegenwärtig ist. Sein Evangelium hat diesen Jesus zum Mittel-, Dreh- und Angelpunkt. Maria spielt darin keine wesentliche Rolle, sie hat am Erlösungsgeschehen keinen Anteil. Nur beiläufig wird erwähnt, daß Maria die Mutter Jesu ist und Jesus deren Sohn (vgl. Mk 6,3). Ein menschlicher Vater wird nicht genannt, es gibt keine Informationen, keine Hinweise auf den Beginn des Lebens Jesu. Maria ist, ähnlich den Jüngern, voller Fragen. Das Tun und der Auftrag des Jesus, der Sinn seines Todes bleiben unverständlich für sie. Markus läßt Maria in den Hintergrund seiner Erzählung treten. Und dennoch zeichnet er folgendes Bild von ihr: In der Stille, weniger im Vordergrund, begleitet Maria den Weg und das Tun ihres Sohnes. Ein starker Glaube umgibt sie, der in sich noch auf dem Weg zum vollen, vollendeten Glauben ist. Diese Fülle kann aber nur Jesus in seiner Gnade schenken. Maria glaubt, daß Jesus die Erlösung, das volle Heil, bringen wird.

Markus ist davon überzeugt, daß Jesus von Nazaret, der durch die Städte und Dörfer Palästinas gezogen ist, und der Auferstandene, der sich nach dem Tod am Kreuz seinen Jüngern offenbarte und nun bleibend in seiner Kirche gegenwärtig ist, eine Person sind. Deshalb verkündet er der noch jungen Kirche, was Jesus für sie bedeutet, indem er so ausführlich und konsequent aus seinem irdischen Leben und Dasein berichtet.

Das Evangelium des Markus will zum Glauben an den auferstandenen und lebenden Christus hinführen, er ist die Mitte der Verkündigung. Verzichtet wird auf geschichtliche Daten und Hintergründe. Der Auferstandene fordert von seinen Jüngern ein glaubhaftes Zeugnis, einen begeisternden Glauben.

Maria mit der Hand auf das Kind weisend. Miniatur aus dem Orationale von St. Gertrud, Clm 15 902 (12. Jh.)

Matthäus

Zwischen 80 und 90 n. Chr. schreibt Matthäus sein Evangelium von Jesus. Er ist Judenchrist, kennt sich gut aus in der griechischen Philosophie. Seine Frohe Botschaft beginnt mit einer Darstellung des Stammbaums Jesu Christi. Für Matthäus sind in dem Mann aus Nazaret die Verheißungen, die im Alten Bund über ihn gemacht wurden, erfüllt. Jesus ist der Messias, der Erlöser, den das jüdische Volk erwartete, auf den es gehofft hatte.

Josef wird nicht als leiblicher Vater Jesu erwähnt. Maria ist die Frau von Josef, die Mutter von Jesus (vgl. Mt 1,17). Außergewöhnlich ist, daß Matthäus bei der Aufzählung in seinem Stammbaum Frauen benennt. Aber er führt sie in seiner Beschreibung an, jene vier Frauen, die nach jüdischen Moralvorstellungen alle einen Makel haben. Tamar hatte ihren Schwiegervater verführt und Zwillinge geboren. Die Heidin Rahab ging dem käuflichen Liebesgewerbe nach. Rut, ebenfalls Heidin, gehörte dem von den Juden als verflucht angesehenen Volk der Moabiter an. Die Frau des Urija, ohne Namen, galt als Ehebrecherin. Trotz verwerflicher Verhaltensweisen finden diese Frauen bei Matthäus Erwähnung. Sie alle sind in einer ähnlichen Lage wie Maria. Sie bringt Jesus nach allgemeiner Auffassung unehelich zur Welt, ohne das Wissen um einen menschlichen Vater. Matthäus gibt dafür die Erklärung: Nach jüdischem Recht waren Josef und Maria verlobt, juristisch gesehen waren sie sogar vermählt (vgl. Mt 1,18–25). Wegen ihres relativ jungen Alters, etwa zwischen 12 und 15 Jahren, wohnte sie noch bei ihren Eltern. Jesus gilt nicht als der leibliche Sohn des Josef. Der Evangelist betont in seiner Schrift die Mutterschaft Marias. Im Unterschied zu Markus zeigt er großes Interesse an der Frau aus Nazaret, deshalb nennt er sie in dem Stammbaum. Jesus gilt als Erbe des Abraham und des David. Er ist der Sohn Gottes, der Erlöser, auf den das Volk wartete. Hierbei kommt auch Maria Bedeutung zu. Sie ist die von Gott Erwählte, die Mutter seines Sohnes. Eine einmalige Tat. Sie darf dem Erlöser das Leben schenken. Das ist nach Matthäus Grund genug, Bedeutung zu haben.

Jesus tritt auf als einer, der den Außenseitern, den Verstoßenen, den Randexistenzen, den Ungewollten eine Chance gibt. Mehr noch: Jesu Herz schlägt gerade für sie. In vielen Auseinandersetzungen mit den Superfrommen der jüdischen Gesellschaft macht er klar, wie im Grunde genommen auch der Fromme vor Gott steht: nämlich mit leeren Händen.

Das Herz Marias schlug von dem Augenblick an, als sie Ja gesagt hatte, allein für Jesus. Ob sie den Auftrag, den Gott ihr gab, auch den, welchen er seinem Sohn mit in die Welt gab, immer recht verstanden hatte, wissen wir nicht. Dennoch zeigt sie sich als Mensch, der konsequent auf Gottes Hilfe, auf seine Barmherzigkeit und Größe hofft und vertraut. Maria überläßt ihr Leben ganz Gott, sie bleibt verfügbar. Sie öffnet ihre leeren Hände, damit Gott sie ihr überreich füllen möge.

Lukas

Die Legende erzählt, Lukas, von Beruf eigentlich Arzt, habe Maria gekannt, ja er habe sogar ein Bild von ihr gemalt. Der Heidenchrist, der mit Paulus in Verbindung stand, hat sein Evangelium in den Jahren zwischen 80 und 90 n. Chr. aufgeschrieben. Das besondere Interesse des Lukas gilt Maria, ihrer Bedeutung für die Erlösung, die den Menschen durch Jesus Christus erfahrbar und offenbart werden soll. Man nennt ihn daher auch den „marianischen Evangelisten".

Nach Lukas ist Maria als Mutter des Erlösers inmitten der Gemeinschaft der Kirche: „Sie alle verharrten dort einmütig im Gebet, zusammen mit den Frauen und mit Maria, der Mutter Jesu, und mit seinen Brüdern" (Apg 1,14). Mit Markus und Matthäus betont er, daß es nicht verwandtschaftliche Verzweigungen zu Jesus sind, die bedeutsam wären: „Meine Mutter und meine Brüder sind die, die das Wort Gottes hören und danach handeln" (Lk 8,21). Jedoch schildert er die Mutter Jesu als die, die von Elisabet wegen ihres Glaubens gelobt wird: „Selig ist die, die geglaubt hat, daß sich erfüllt, was der Herr ihr sagen ließ" (Lk 1,45).

Der betende Glaube ist für Lukas unabdingbar. Dieser zeigt sich für den wahren Jünger des Herrn darin, daß Maria betet. Die christliche Ikonographie stellt sich im übrigen Maria im Augenblick der Verkündigung durch den Engel nur betend vor. Als Ausdruck ihrer Freude läßt Lukas sie das Magnifikat als Dank für ihre Erwählung sprechen (vgl. Lk 1,46–56). Im Gebet öffnet sich Maria Gott, sie läßt sich darin von Gott ansprechen und letztendlich beschenken. Im Gebet geschieht die Antwort: „Ich bin die Magd des Herrn; mir geschehe, wie du es gesagt hast" (Lk 1,38). Maria läßt ihr Leben vollkommen von Gott durchkreuzen. Sie läßt ihren Lebensentwurf durch den Heilsplan Gottes ersetzen. Magd des Herrn sein, heißt für sie, die Tat Gottes zuzulassen. Magd des Herrn sein verwirklicht sich aber auch im Dienst am Nächsten. Jesus nimmt sich der verlassenen und armen Menschen an, das zeigt Lukas. So macht sich Maria auf zu ihrer Tante Elisabet, die im sechsten Monat schwanger ist, und bleibt einige Zeit bei ihr (vgl. Lk 1,56). Maria befolgt das Wort Gottes ganz, das im Hauptgebot von der Gottes- und Nächstenliebe zusammengefaßt ist: „Du sollst den Herrn, deinen Gott, lieben mit ganzem Herzen und ganzer Seele, mit all deiner Kraft und all deinen Gedanken (...). Deinen Nächsten sollst du lieben wie dich selbst" (Lk 10,27).

Gleich an zwei Stellen sagt Lukas von Maria, daß sie alle Worte, die ihr von Gott zugesprochen wurden, „in ihrem Herzen erwog und bewahrte" (Lk 2,19. 51). Sie geht in ihren Gedanken immer wieder an den Punkt zurück, an dem Gott ihr Leben in Anspruch nahm. Sie bedenkt, meditiert diese unbegreifliche Tatsache.

Lukas spricht in seiner Botschaft nicht davon, wie Maria ausgesehen haben könnte, wie lange sie auf dieser Erde gelebt hat, oder wo sie gestorben ist. Er zeichnet ihr Bild mit den feinen Strichen der vorbehaltlos Glaubenden, der Hörenden, der Betenden. Maria geht in sich, so daß Christus ganz Gestalt in ihr gewinnen kann. Dadurch wird sie Vorbild für die Kirche. Beispiel, das gegeben ist.

Johannes

Johannes arbeitet mit seinem Bruder Jakobus als Fischer. Inmitten dieser harten Arbeit ruft ihn Jesus in seine Nachfolge, auf seinen Weg; kein weicher Typ, an die Härte des Lebens gewöhnt. Er gehörte schon zum Kreis um Johannes den Täufer (vgl. Joh 1,39 f.). Jesus nennt die beiden Brüder „Donnersöhne" (Mk 3,17), sie galten als energisch, kraftvoll, entschieden.

Johannes schreibt ein eigenes, eigenständiges Evangelium, eines mit einer ganz anderen Blickrichtung als Lukas, Matthäus und Markus. Um 95 n.Chr. faßt er seinen Bericht ab. Das christliche Leben der ersten Gemeinden begann sich zu entfalten. Der Glaube an Christus nahm Konturen an, ja er muß-te schon gegen Irrtümer, Irrlehren verteidigt werden.

Der Prolog der Frohen Botschaft nach Johannes: „Im Anfang war das Wort, und das Wort war bei Gott, und das Wort war Gott. Im Anfang war es bei Gott" (Joh 1,1 f.). Keine Andeutung über eine menschliche Geburt des Jesus. Kein Hinweis auf Maria und die jungfräuliche Empfängnis. Im Verlauf seines Berichts nennt er nicht einmal den Eigennamen der Frau aus Nazaret. Johannes zeigt sich als Jünger Jesu, der sehr stark die Gottgleichheit und Gottessohnschaft des Messias herausstellt. Er schreibt sein Evangelium in eine Zeit hinein, in der es erste theologische Auseinandersetzungen gibt. Der Glaube wird angefochten. Doch ist für den Evangelisten klar, daß Gott der Vater Jesu ist.

Die Funktion Marias ist für Johannes von entscheidender Bedeutung, sie ist Mutter. Wie allerdings Jesus zu dieser Mutter kam, wie sie ihn gebar, und all die anderen Dinge, die sich um diese Fragen drehen, bleibt ein Geheimnis.

Zweimal nennt Johannes die Mutter Jesu in seiner Botschaft. Maria ist bei Jesus, als er sein erstes Zeichen setzt, sein erstes Wunder tut, bei der Hochzeit von Kana (vgl. Joh 2,1–12). Sie tritt hinter Jesus zurück. Als Bittende sieht sie ihre Aufgabe. Maria erhält von Jesus ein herbes Wort der Abweisung, fast barsch stellt er sich ihr entgegen. Aber auch in diesem Wort ihres Sohnes spürt sie, was zu geschehen hat. Diese Episode wird nachher für Marias Leben prägend sein; wie sie hier reagiert, so wird ihr ganzes Leben aussehen. Nicht ihr Wille ist der entscheidende, sondern der Wille Gottes, der Wille ihres Sohnes Jesus. Maria bleibt aber eng mit dem Willen Jesu verbunden, glaubend, nicht alles verstehend, begleitet sie seinen Weg.

Johannes läßt Maria noch ein zweites Mal auftreten. Auf dem Höhepunkt des Lebens Jesu ist sie dabei: am Kreuz. Auch hier fügt sie sich dem Willen Gottes, sie schweigt. In ihrem Herzen weiß sie, was Gott in seinem weisen Ratschluß vorhat. Dennoch wird sie der Tod in ihrem auch verwundbaren Herzen getroffen haben. Selbst hier spielt Maria keine Rolle.

Detail der „Madonna aus dem Krämeraltar", Marienkirche in Wismar

Nach der Tradition ist der Verfasser dieses Evangeliums auch der Lieblingsjünger, der beim Letzten Abendmahl neben Jesus seinen Platz einnimmt. Er steht auch mit der Mutter Jesu unter dem Kreuz. Diesem Johannes vertraut Jesus seine Mutter an, damit er für sie sorgt, für sie nun da ist.

Zusammenfassung

Wir haben gesehen, daß die Zeugnisse, die Bilder von Maria bei den Evangelisten unterschiedlich ausfallen. Oft sind sie unvollständig, reduziert auf das, was der Autor über Maria als wichtig erachtet. Die Bibel ist in sich ein uneinheitliches Buch, sie ist eine Sammlung unterschiedlicher Texte und Bücher, von wiederum sehr unterschiedlichen Autoren aus bestimmter Blickrichtung geschrieben.

Von Maria gibt es einige wenige Lebensdaten: Sie war mit dem Zimmermann Josef verlobt, einem Nachkommen des Hauses David. Beide lebten in der Stadt Nazaret. Maria gebar Jesus, den Sohn Gottes. Als dieser seine ersten öffentlichen Auftritte hatte, also zu predigen begann, scheint Josef bereits gestorben zu sein. Er wird von keinem der Evangelisten mehr erwähnt. Jesus gilt als Sohn Marias. Vor der Geburt des Messias, aber auch danach, vor allem aber aus der Zeit seines Wirkens gibt es allerlei außergewöhnliche Berichte. Heilungen, Wunder, Auseinandersetzungen mit den Pharisäern, den Gesetzesvertretern des jüdischen Volkes, gehören dazu. Daneben sein schier unermüdliches Eintreten für Menschen mit den unterschiedlichsten Anliegen. Nehmen die Evangelisten Maria in den Blick, tun sie dies aus theologischen Ansprüchen und Blickrichtungen heraus. Es wird deutlich, welche Aufgaben Maria im göttlichen Heilsplan zukommt. Allein die Tatsache, Mutter des Erlösers zu sein, gilt als einzigartiges und in seiner Größe nicht zu übertreffendes Tun Gottes.

Maria kommen in den Evangelien verschiedene Aufgaben und Dienste zu: Mutter, Jüngerin, Beterin, stille Magd. Aber all diese ergeben zusammengenommen ein Gesamtbild, das einmalig in der Geschichte der Menschheit ist. Gott erwählt Maria zur Mutter und Gebärerin seines Sohnes. Eng verflochten ist diese Frau aus Nazaret mit dem Dienst Jesu. Als betende und gehorsame Dienerin wird sie so zum Vorbild der Glaubenden aller Zeiten. Ihr Zeugnis ist eingebunden in das Erlösungsgeschehen Christi. Maria hat in ihrem Leben Höhen und Tiefen erlebt. Sie hat versucht, über alles Unverständnis hinaus zu glauben, und dadurch gelernt, auf Gott zu vertrauen, der ihr den Geist der Einsicht gab. Maria ist die große Gestalt, die neben Johannes dem Täufer zur Brücke zwischen dem Alten und Neuen Testament geworden ist. Ihr Ave läßt sie zur zweiten Eva werden.

Maria in der Lehre der Kirche

Schon 48/49 n. Chr. versammelten sich die Apostel in Jerusalem zu einem Konzil, und immer wieder trafen sich in der Folgezeit die Bischöfe als Nachfolger der Apostel zu solchen Versammlungen. Viele Menschen traten durch die Taufe zur Kirche hinzu. Der Glaube nahm weiter Gestalt an, und er mußte sich des öfteren gegenüber irrigen Meinungen und Lehren zur Wehr setzen. Die Aufgabe der Bischöfe lag in der Verkündigung des Glaubens. Dieser mußte nun mehr und mehr definiert, klar umrissen, gegenüber falschen Glaubenslehren verteidigt werden. Freilich war auch Maria von solchen Glaubensstreitigkeiten nicht ausgenommen. Ihre Lebensgeschichte, ihre Aufgabe im Schöpfungsplan Gottes, die Jungfrauengeburt waren nur einige Konzilsthemen.

Maria wurde schon in ganz früher Zeit als Jungfrau und Gottesmutter von den Gläubigen verehrt. Die Christen betrachteten ihr Leben als Vorbild für ihren eigenen Weg der Nachfolge.

Der Weg, den wir nun kurz durch die Geschichte der wichtigsten Mariendogmen gehen, wird zeigen, daß sich das Sprechen von und über Maria immer auf Jesus Christus beziehen muß. Wenn von Maria die Rede ist, wird Christus im selben Atemzug ebenso genannt. Unter einem Dogma versteht man eine Glaubenswahrheit, die sich aus der göttlichen Offenbarung erklären und herleiten läßt.

Die wichtigsten Mariendogmen in der zeitlichen Reihenfolge:

1. *Maria ist die Mutter Gottes.* Das Konzil von Ephesus nahm im Jahr 431 diese Glaubensaussage vor.
2. *Maria ist als Mutter reine Jungfrau geblieben.* Maria war vor,

während und nach der Geburt Jungfrau. Diese Aussage traf das Zweite Konzil von Konstantinopel 553.

3. *Maria ist die unbefleckt Empfangene.* Papst Pius IX. erhob 1854 diese Lehre zum Dogma der Kirche.

4. *Maria ist mit Leib und Seele in den Himmel aufgenommen worden.* Papst Pius XII. verkündete dies 1950.

5. *Maria ist in ihrem Leben ohne Sünde geblieben.* Dies wurde nie offiziell als Dogma definiert, war aber schon immer Glaubensgut durch alle Zeiten gewesen. In vielen Konzilstexten gibt es Anklänge für diesen Glaubenssatz.

Mutter

Schon 431 sprach das Konzil von Ephesus aus, daß Maria als Jungfrau den Gottessohn zur Welt gebracht habe. Da Christus aus Gott hervorging, mit ihm also schon von Ewigkeit her verbunden war, eins war, ist er Gottes Sohn. Gott aber wollte, daß sein Sohn aus einem Menschen Mensch werden sollte. Maria war diese einzigartige Erwählte. Daraus erklärt das Konzil, daß Maria Gottesgebärerin (griechisch: *theotókos*) genannt werden darf. Maria ist die Mutter Gottes. Das Wort „Gebärerin" betont die Leibhaftigkeit des Gottessohnes. Gott hat in seiner Weisheit erdacht, seinen Sohn nicht nur durch eine menschliche Geburt zur Welt kommen zu lassen, sondern dieser Jesus kam, um die Welt zu erlösen, um die Menschen wieder zu seinem Vater zu führen, um den Menschen aber auch zu zeigen, wer und wie der Vater ist. „Wer mich gesehen hat, hat den Vater gesehen" (Joh 14,9).

Wie wichtig aber eine Mutter für ein gesundes Heranwachsen eines Kindes, für das Leben eines Kindes ist, dürfte klar sein. Daß es beim Fehlen einer Mutter bei einem Kind zu fehlerhaften, gestörten Entwicklungen kommen kann, ist ein Faktum. Gott wollte seinem Sohn in Maria alles schenken, was ihm auf Erden hilfreich sein sollte. Die Erwählung zur Mutterschaft ist alleinige, unwiederholbare Tat Gottes. Das Ja zu diesem Dienst ist alleinige Tat Marias. Sie bereitet damit das Fundament für Jesu Leben. Sie stellt ihr Leben bereit, um Jesus Leben zu ermöglichen. Aber Gott allein bestimmt Umstände,

Ort und Zeit oder die entsprechende Person für sein heilendes Tun an den Menschen. Gott geht nicht willkürlich vor, er setzt Glaube und Vertrauen voraus, doch läßt er die Zustimmung einer Maria nicht außer acht. Daß ein Mensch sich für einen solchen Auftrag entscheiden kann, daß er ihn im Leben umsetzen kann und den Mut dazu hat, ist letztlich Gnade, Geschenk Gottes. Maria stellte sich Gott zur Verfügung, wirkte somit auch aktiv an der Umsetzung des göttlichen Heilswirkens mit. Maria war nicht nur Instrument, sondern sie gab sich mit ihrer ganzen Person, ihrem ganzen Leben in den göttlichen Willen hinein. Ihr Ja konnte erst das Leben des Gottessohnes ermöglichen. Sie hat sich in diesen Gottesdienst hineinrufen lassen und in dieser einmaligen Tat Gottes Sohn zur Welt gebracht, ihm ihr Leben geschenkt. Und so hat sie ermöglicht, daß viele das Leben sehen durften, daß sie das Leben sehen und erfahren.

Jesus zeigt in seiner Verkündigung, in seinem Leben, wie zutiefst menschlich er handelt. Der alttestamentliche Prophet Jesaja hat dies schon vorausgesagt: „Das geknickte Rohr zerbricht er nicht, und den glimmenden Docht löscht er nicht aus" (Jes 42,3). Er ist unterwegs, „blinde Augen zu öffnen, Gefangene aus dem Kerker zu holen und alle, die im Dunkel sitzen, aus ihrer Haft zu befreien" (Jes 42,7). Es war ihm wichtig, das Heil zu predigen, die Heilung geschehen zu lassen, die Heiligung an den Menschen zu vollziehen.

Gerhard Voss, Benediktiner des Klosters Niederaltaich, meint in seiner Schrift „Dich als Mutter zeige": „Mütterlichkeit ist ebenso ein Bild einer Lebenshaltung ... des Schoßes, der umfaßt, behütet, wachsen läßt, nährt und gebiert und dadurch eigenes Leben hervorbringt."

Jungfrau

Das wohl am schwersten verständliche und auch nachvollziehbare Dogma ist das der Jungfräulichkeit Marias. Dies ist auch der Grund, weshalb wir uns noch an anderer Stelle (siehe dazu Seite 58 ff.) mit dem Thema Jungfrauengeburt auseinandersetzen.

Maria mit dem Kind. Linke Hälfte eines Haus- oder Reisealtärchens in altem Rahmen, um 1360

Eine kleine Synode im Lateran beschäftigte sich schon sehr früh mit dieser Lehraussage. Mit dem vierten Jahrhundert wird dann die Jungfrauengeburt Glaubensgut. Das Zweite Konzil von Konstantinopel verwendet den Glaubenssatz in seinen Beschlüssen.

Maria ist immerwährende Jungfrau geblieben. Sie hat Jesus, den Gottessohn, jungfräulich empfangen, ohne das geschlechtliche Zutun eines Mannes, allein durch das Wirken des Heiligen Geistes. Selbst der Vollzug der Geburt hat die Jungfräulichkeit Marias nicht gemindert. Selbst nach der Geburt des Messias blieb sie ohne Makel. Die Kirche hat dieses Ereignis nie nur auf eine biologische Betrachtungsweise reduziert, sondern hat Empfängnis und Geburt Jesu immer in Zusammenhang mit dem lebenschaffenden Geist Gottes gesehen. Jesu Herkunft aus Gott und seine menschliche Geburt aus Maria von Nazaret sind ein Ineinander von göttlichem und menschlichem Tun. Gott sendet den Engel Gabriel zu Maria, um ihr seinen Erlösungsplan vortragen zu lassen. Durch seinen Boten läßt er zunächst nachfragen, ob Maria bereit ist, mitzuwirken. Ihr steht dabei keine passive Rolle zu, sondern ihr bewußt gesprochenes Ja, ihre Zustimmung, ihre Entscheidung wird gefordert (vgl. Lk 1,26–39). Gott fragt vor anstehenden Geburten der Menschen nie nach, er holt sich da keine Einwilligung der jeweiligen Mutter! Bei der Menschwerdung seines Sohnes aber zeigt Gott an, wie wichtig es ihm ist, daß ein Mensch mit seinem ganzen und vollen Einverständnis mitwirkt. Die Frage, wie Gott vorgegangen wäre, wenn Maria ein Nein gesprochen hätte, läßt sich nicht beantworten. Sie hat in theologischen Erörterungen auch nie eine Rolle gespielt.

Ohne Erbsünde empfangen –
Mit Leib und Seele in den Himmel aufgenommen
Über die Glaubenssätze von der Mutterschaft, der Jungfräulichkeit und Heiligkeit lassen sich in der Heiligen Schrift Anhaltspunkte finden. Für die beiden neueren Dogmen der Unbefleckten Empfängnis und der Aufnahme Marias in den

Himmel gibt es keine Belege. Oft waren die Bischöfe bei den Konzilien oder Synoden gezwungen, eine solche Versammlung einzuberufen, weil sich Irrlehren breitmachten oder kirchliche Lehren in der Gefahr standen, verwässert zu werden. Im Hinblick auf die beiden vorliegenden Auffassungen galt es aber weder eine Häresie zu bekämpfen noch kirchliches Leben zu sichern. Die beiden Dogmen des 19. bzw. 20. Jahrhunderts haben kein Fundament in der Schrift. Papst Pius IX. verkündete 1854 in der Bulle „Ineffabilis Deus" das Dogma:

„Die Lehre, daß die seligste Jungfrau Maria im ersten Augenblick ihrer Empfängnis durch einzigartiges Gnadengeschenk und Vorrecht des allmächtigen Gottes, im Hinblick auf die Verdienste Christi Jesu, des Erlösers des Menschengeschlechts, von jedem Fehl der Erbsünde rein bewahrt blieb, ist von Gott geoffenbart und deshalb von allen Gläubigen fest und standhaft zu glauben."

Es besagt, daß Maria, im Gegensatz zu allen Menschen, von der Erbsünde, auch Ursünde genannt, frei war. Dies hat sie aber nicht aus sich selbst erwirkt, sondern es ist allein Gnade und Erwählung des Höchsten. Es dürfte einsichtig sein, daß Maria ohne Sünde und Erbschuld sein muß, wenn aus ihr der Sohn des Allerhöchsten geboren werden soll. Wäre sie mit Sünde behaftet, könnte sie nicht makellos sein, hätte dies auch Auswirkungen auf das Kind, das aus ihr geboren wird. Der Sündenlose muß aus einem sündenfreien Menschen geboren werden.

Einige Theologen sind der Auffassung, daß dieses Immaculata-Dogma und der Lehrsatz der Aufnahme Marias in den Himmel aus der besonderen Verehrung der Mutter Gottes der beiden Päpste Pius IX. und Pius XII. entstanden seien.

Am Allerheiligentag des Jahres 1950 nahm Pius XII. die Verkündigung des Dogmas von der leiblichen Aufnahme Mariens in den Himmel vor. In der Apostolischen Konstitution „Munificentissimus Deus" heißt es: „Nachdem Wir nun immer wieder inständig zu Gott gefleht und den Geist der Wahrheit angerufen haben, verkünden, erklären und definieren Wir zur Verherrlichung des allmächtigen Gottes, dessen ganz besonderes Wohlwollen über der Jungfrau Maria gewaltet hat, (...): es ist eine von Gott geoffenbarte Glaubenswahrheit, daß die unbefleckte, immer jungfräuliche Gottesmutter Maria nach Vollendung ihres irdischen Lebenslaufes mit Leib und Seele zur himmlischen Herrlichkeit aufgenommen ist."

Auch in diesem Glaubenssatz steckt eine logische Komponente. Wenn der Gottessohn Jesus Christus in der Herrlichkeit des Vaters ist, dann ist seine Mutter aufgrund der Gnade Gottes auch in dieser Vollendung. Im volkstümlichen Sprachgebrauch heißt das Fest „Mariä Himmelfahrt". Es gibt keinen Vergleich oder auch gemeinsamen Sinn zum Fest und Inhalt „Christi Himmelfahrt". Christus fuhr in göttlicher Kraft zum Vater auf – Maria konnte das aufgrund ihrer nur menschlichen Verfaßtheit nicht, es mußte an ihr geschehen.

Im Dogma wird lediglich ausgesagt, daß Maria nach dem Ablauf ihres irdischen Lebens bei Gott ist. Es werden keine direkten Aussagen etwa über den Himmel gemacht, noch wird etwas geäußert über den Zusammenhang der menschlichen Leib-Seele-Einheit. Es wird nichts darüber ausgesagt, ob Maria einen leiblichen Tod erlitten hat oder nicht.

Maria durfte an ihrem Lebensende das erfahren, woran sie geglaubt hat. Sie ist in die Vollendung irdischen Lebens bei Gott eingegangen durch ihr vorbehaltloses Ja, ihre Muttersorge für Christus, ihr Leben und Dasein für ihn bis zum Kreuz. Das Dogma setzt voraus, daß es für Maria nach ihrem Tod keine Neuschöpfung des Leibes gibt. Ein Aufenthalt für sie in einem Zwischenstadium oder -ort ist nicht bedeutsam.

Gottes Erwählung endet für Maria nicht mit der Himmelfahrt ihres Sohnes, sondern durch seine Gnade erfährt Maria die Fülle des endgültigen Ziels, dem Sein in und bei Gott. Gottes Plan hat sie einst verwirklicht, dem Gnadenanruf durch ihren Glauben eine positive Antwort gegeben.

Madonna mit Engeln, um 1460–1475

Heilig und ohne Sünde

Maria war ganzer Mensch, mit Leib und Seele. Der Besuch des Engels bei ihr versetzt sie in Erstaunen. Sie glaubte, traute der Zusage, daß Gott alles in seiner Weisheit erdacht hat und ausführen wird. Das Zweite Vatikanische Konzil sagt über Maria: „Sie umfing den Heilswillen Gottes mit ganzem Herzen und von Sünde unbehindert und gab sich als Magd des Herrn ganz der Person und dem Werk ihres Sohnes hin und diente so unter ihm und mit ihm in der Gnade des allmächtigen Gottes dem Geheimnis der Erlösung. Mit Recht also sind die heiligen Väter der Überzeugung, daß Maria nicht bloß passiv von Gott benutzt wurde, sondern in freiem Glauben und Gehorsam zum Heil der Menschen mitgewirkt hat."

Heiligkeit ist ein Attribut, das zunächst einmal dem Schöpfergott allein zukommt. Sie ist keine Leistung des Menschen, sondern Geschenk Gottes. Schon die Zugehörigkeit zu Gott und seiner Glaubensgemeinschaft macht heilig. Die paulinischen Briefe sagen dies, wenn die Adressaten, die Gemeindemitglieder als „Heilige" angeredet werden (vgl. Röm 1,7; 1 Kor 1,2). Heiligkeit ist ein Ziel, das jeder Christ anstreben soll. Das Leben soll mehr und mehr und immer näher an Christus ausgerichtet werden. Sein Beispiel soll prägend sein für das christliche Leben. Aufgrund der menschlichen Verfaßtheit der Erbsünde, die jedem Menschen anhängt, wird es der Mensch nie schaffen, vollkommen und ganz heilig zu sein, in diesem Sinn, wie das von Gott, von Jesus oder von Maria ausgesagt werden kann.

Betrachten wir die großen Heiligen aller Zeiten, werden wir feststellen, daß auch sie trotz ihrer Heiligkeit Menschen mit Fehlern und Mängeln, mit Eigenheiten waren. Vielleicht sind sie ja auch nur in einer bestimmten Richtung Christus gefolgt: im Einsatz für Ausgestoßene und Kranke, in der Sorge um die Erziehung der heranwachsenden Kinder, in besonderer Armut, im mönchischen Ideal, im Gebet, im Dasein für ungeliebte Menschen ...

Maria hat ihr ganzes Leben vorbehaltlos und ganz Gott geschenkt und ihrer Berufung zur Mutter des Herrn ganz ent-

sprochen. Sie hat ihren Glauben bekannt und gelebt. Wenn
Gott und Jesus heilig und ohne Sünde sind, dann muß es auch
konsequenterweise und in logischer Gedankenführung die
Mutter Gottes sein. Daß Maria heilig und ohne Sünde ist, hat
Gott erwirkt, es ist Geschenk, Gnade. Wie alle Heiligen, so ist
Maria kein Übermensch. Sie hat die ihr zugestellte Aufgabe erfüllt und nach besten Kräften umgesetzt. Auch in ihrem Leben
gab es Unwissenheit, Dunkel, Angst, Zweifel – aber sie vertraute und traute Gott.

Die ostkirchliche Ikonographie gibt dem Bild Marias immer
drei Sterne oder auch Kreuze mit. Sie sind Zeichen dafür, daß
Maria vor der Geburt Jungfrau war, während der Geburt
blieb, und der Mutter Gottes auch nach der Geburt die Jungfräulichkeit erhalten geblieben ist.

Maria – Mutter und Schwester im Glauben

Das Zweite Vatikanische Konzil (1962–1965) hat sich wie noch
kein Konzil zuvor umfassend mit Maria beschäftigt. Die Konzilsväter haben sich auf die biblischen Grundlagen des Redens
über Maria besonnen und diese anhand einer ausgewogenen
Schriftauslegung (Exegese) befragt. Es sollte keine in sich ab-
geschlossene Lehre über Maria vorgelegt werden, noch wollte
die Kirchenversammlung eine theologische Lehre hinsichtlich
der Miterlöserschaft Marias entwerfen. Dessen ungeachtet hat
das Zweite Vatikanum Maria den Titel der Mittlerin zuerkannt. Die Mutter des Herrn hat am Erlösungswerk Jesu Christi Anteil insoweit, als sie dieses durch Gehorsam und tiefen
Glauben mitgetragen hat.

Diese Mittlerschaft ist nicht mit der Jesu Christi zu verglei-
chen, sie ist ihm untergeordnet. Maria kann allein durch die
Gnade Gottes, die ihr zuteil wird, Einfluß auf die Menschen
nehmen und so ihre Herzen und Gedanken auf Gott hin-
lenken. Sie hat den Menschen ein Beispiel gegeben, an dem sie
erkennen können, wie man den Anruf Gottes vernimmt, ihn in
sein Leben aufnehmen und umsetzen kann. Die Konzilsväter

gehen bei ihrer Betrachtung über Maria immer wieder auf die Texte der Kirchenväter zurück, um deren Zeugnisse und Erarbeitungen in die jeweiligen Erörterungen mit einzubeziehen.

Ein eigenes Kapitel widmet das Zweite Vatikanum der seligen jungfräulichen Gottesmutter Maria. Es ist das achte der Kirchenkonstitution „Lumen Gentium". Das Dokument enthält in 18 Artikeln eine ausführliche Zusammenfassung über Maria und ihre Bedeutung für die Kirche ebenso wie für den Glauben.

Wie Jesus die Gestalt eines Menschen aus der Jungfrau Maria annahm, so geschieht dies an der Kirche. Christus hat die Kirche als seinen Leib gegründet. Dieser hat Jesus als Haupt, die Glieder sind die Heiligen und die Gläubigen, die Gestalt Marias wird hier besonders herausgehoben. Sie ist die Mutter des Gottessohnes. Daraus ergibt sich für sie eine besondere Würde unter den Menschen. Maria ist die Erste in der Reihe der Glieder des Leibes Christi, auch der Kirche. Sie gehört aber auch in die Reihe der erlösungsbedürftigen Menschen! Ihr Leben gilt in allem als vorbildhaft und einzigartig. An ihrem Leben soll das christliche Leben der Glaubenden Maß nehmen. Mit der Frau aus Nazaret hat ein neuer Abschnitt christlichen Lebens begonnen, der an ihr auszurichten und an ihr zu messen ist.

Das Konzil hat allerdings keine neue oder etwa auch umfassende Marienlehre entworfen. Es hat lediglich die äußeren Konturen des Lebens der Maria, die immer für den Sohn da war, nachgezeichnet und ihre Bedeutung für die Kirche herausgearbeitet. Maria hat eine große Aufgabe als Mutter des Erlösers. Prophetisch vorbereitet wird ihr Tun, ihre Bedeutung schon im Alten Testament. Maria gilt als die Siegerin über die Schlange, die einst das Zerwürfnis für die Menschheit gebracht hat. Maria ist die andere Eva. Ihr Ave, ihr Gruß, ihr Ja wendet die Geschichte. Sie ist die Frau, aus der der Menschensohn, der Immanuel, Gestalt angenommen hat. Wo vorher Tod war, kann nun neues Leben entstehen. Maria gilt als heilig und makellos, als vom Heiligen Geist besonders begnadet. Aber der eigene Anteil Marias an dem Geschehen der Menschwerdung ist mitzusehen. Der Engel Gabriel, der Maria aufsuchte und ihr die Botschaft brachte, erwartete Marias Zustimmung. Sie war aktiv in die Entscheidung für das Leben miteinbezogen, ihr Ja war gefordert. Ihr Glaube und der Gehorsam waren Voraussetzung, um Jesus das Leben zu schenken. Sie war es, die es ermöglichte, daß Gott in Jesus Christus einmalig für die Menschen erfahrbar und greifbar werden konnte. Im Augenblick ihrer Zusage war Maria schon mit Jesus verbunden und blieb es bis zu seinem Tod. In der Stille wirkte sie, zurückhaltend, fürbittend. So durfte sie auch die Mitte der Apostel sein, die sich betend mit Maria zurück-zogen, um den Heiligen Geist zu erwarten. Der Geist, der schon bei der Verkündigung durch den Engel Leben schaffte, er soll nun belebender, bleibender Geist unter den Menschen sein.

In der Frage der Miterlöserschaft äußert sich das Konzil so, daß allein Christus der Erlöser für die Menschheit und Mittler zwischen Gott und der Schöpfung ist. Maria ist nicht nur in die Aufgabe der Mutter für Jesus genommen, sie ist Mutter al-ler Menschen. Durch ihre Bereitschaft, Christus im Leben, in der Welt einen Platz zu bereiten, hat sie ein einzigartiges Werk geleistet: Christus ist geboren, somit ist die Menschheit erlöst. Sie hat sich selbst und ihr eigenes Leben bereitgestellt, damit Jesus leibhaftiger Mensch werden konnte. Dieses durch nichts zu übertreffende Ereignis konnte sie aber nicht aus sich heraus tun oder leisten, es ist allein die Gnade Gottes, die sie dazu befähigte.

So ist auch ihre gesamte Aufgabe zu verstehen, die immer hinter Jesus zurücktritt. Das wichtigste dabei ist sicher ihre Mutterschaft, ihre Mütterlichkeit. Eine herausragende Auf-gabe, die nicht mit dem Tod und der Himmelfahrt Christi endet. Maria bleibt Mutter. Sie ist die, die Bitten und Gebete des Volkes weitergibt. Wo sie kann, wird sie helfen und Bei-stand leisten, wie etwa unter dem Kreuz.

Das Leben der Frau aus Nazaret wird zum Typus, zum Bild für die Kirche, wie dies deutlich in „Lumen Gentium" zum

Mariä Verkündigung. Miniatur aus dem Speyerer Prachtevangelistar des 12. Jh.

Ausdruck kommt. Auch die Kirche wird Mutter und Jungfrau genannt, deren Urbild und Vorbild Maria ist. Die Kirche muß in festem Glauben ihr Ja zu Christus sprechen, so wie Maria, immer wieder neu und unter verschiedenen Umständen. Das gesprochene Wort, das Beispiel, die Antwort auf die Verkündigung muß glaubhaft sein, so, daß eben viele Menschen für

Christus gewonnen werden können. Den Menschen muß durch das Beispiel der Kirche die Hoffnung auf Erlösung aufscheinen. In allem, so fordert es das Konzil, soll sich die Kirche an Maria ein Beispiel nehmen. Ihr Leben skizziert das Bild, das letztlich die Kirche transparent machen soll. Allein durch die Gnade Gottes darf Maria vor allen Engeln und Heiligen geehrt werden. Unter der Anrufung der „Gottesgebärerin" sollen die Gläubigen bei ihr Schutz und Hilfe in den Nöten und Gefahren der Zeit suchen. Dennoch kommt Maria keine Anbetung zu, sondern einzig der Dreieinigkeit.

Die Verehrung der Gottesmutter soll nicht etwas sein, was ausschließlich ihr gebührt, sondern Maria soll nur die Mittlerin sein, die zu Christus hinführt. Der Täufer Johannes verstand sein Leben ähnlich dem der Maria. Auch er war nur „Platzhalter", mehr noch Wegweiser zu Christus. Der Hinweis „Seht das Lamm Gottes" ist Programm seines Lebens. Er stand Jesus nicht im Weg, sondern er bereitete den Weg für ihn.

Das berühmte Kreuzigungsbild des Meisters Matthias Grünewald im Unterlindenmuseum in Colmar zeigt uns den Täufer in ganz hervorragender Weise. Der Maler gab Johannes einen überlangen Finger, der auf Jesus hindeutet: „Illum opportet crescere, me autem minui." – „Dieser muß wachsen, ich aber kleiner werden."

Maria gebührt Verehrung. Das ist auch der Sinn aller liturgischen Gebräuche und Andachten, die man Maria zuteil werden läßt: Immer soll dabei Jesus Christus das Ziel und der Mittelpunkt sein. Maria geht voran und führt uns Menschen zum Heil, das den Namen Jesus trägt.

Das Konzil hat hinsichtlich der Annäherung zu den getrennten Kirchen einen beachtlichen Schritt getan. Alle Aussagen über Maria wurden aufgrund der biblischen Grundlagen getroffen, die von ihr sprechen, ohne allerdings die Tradition, der sie verpflichtet ist, aufzugeben. Es gelang so ein wichtiger Brückenschlag auch zu denen, die die beiden Dogmen von der Unbefleckten Empfängnis und der Aufnahme Mariens in den Himmel nicht akzeptieren können.

Begegnung Mariä mit Elisabet. (D-Initiale) aus dem Graduale Cisterciense des 14./15. Jh.

Klarheit in Glaubensfragen

Konzilien, die Versammlungen der Bischöfe, setzen sich mit Glaubensfragen auseinander, die es zu klären gilt. Wenn Irrlehren oder falsche theologische Auffassungen auftreten, oder wenn es gilt, neue Glaubenslehren zu festigen, ist eine solche Kirchenversammlung aufgerufen, Klarheit zu schaffen. Im vorangegangenen Abschnitt sollte die Entwicklung hin zu den wichtigsten Aussagen über Maria aufgezeigt werden. Das Zweite Vatikanische Konzil hat alle Glaubenswahrheiten über die Gottesmutter in ein neues Licht gestellt und versucht, den Gläubigen hinsichtlich der Verehrung der Maria Richtlinien zu geben und mögliche Formen und Wege aufzuzeigen.

Maria im Leben der Ostkirchen und der reformierten Kirchen

Die Bedeutung und Stellung Marias in den anderen christlichen Kirchen zeichnet sich innerhalb der jeweiligen Lehre ab. Dabei bestehen zwischen und innerhalb der Kirchen große Unterschiede; so ist die Frage nach Maria zwischen evangelischen und katholischen Christen eine der heikelsten. Die breiteste Basis gibt es zwischen der katholischen Kirche und den Kirchen des Ostens.

Die Kirchen des Ostens und Maria

Maria nimmt in den östlichen Kirchen einen hervorragenden Platz ein, in der Theologie, mehr noch in der Liturgie. Das wird deutlich, wenn man einen Blick auf die Ikonostase wirft, die Bilderwand einer orthodoxen Kirche, die den Raum der Gläubigen vom Altarraum trennt. Ein zentraler Punkt ist dort die sogenannte Königstür, die Verbindung aber auch Schlüsselstelle der beiden Räume. Dort finden wir immer die Verkündigungsszene dargestellt. Gegenüber der Ikone des Chri-

49

stus befindet sich eine Ikone der Gottesmutter. Übrigens spricht der orthodoxe Christ nie nur den Namen Maria aus, sondern sie ist für ihn immer die Gottesmutter, die seliggepriesene, die allzeit jungfräuliche. Die Mutter des Herrn wird vor allem im Gottesdienst, vornehmlich in der Göttlichen Liturgie verehrt. In vielen Hymnen und Preisgesängen wird sie geehrt. Im „Hymnos Akathistos", einem Gesang, der immer, wie der Name es sagt, im Stehen zu singen ist, und mit der Verkündigung des Engels Gabriel an Maria, die Jungfrau, anhebt.

Für den orthodoxen Christen spielen die Ikonen eine besondere Rolle. Diese oft goldenleuchtenden Bilder sind gleichsam Fenster zum Himmel. Die östliche Bilderkunst stellt Maria nie allein dar. Sie wird immer mit ihrem Sohn dargestellt, die Fürbittende am Thron des Pantokrators.

Die Orthodoxie anerkennt die Beschlüsse der ersten, der alten Konzilien. Über die Mutterschaft, die Geburt des Erlösers aus der Jungfrau Maria und über den Titel der Gottesgebärerin (griechisch: *theotókos*) besteht Konsens mit der katholischen Lehre. Die beiden neueren Beschlüsse der unbefleckt Empfangenen und der Aufnahme Marias in den Himmel sind zwar Glaubensüberzeugung, jedoch sind diese nicht in einem Dogma formuliert. Die ersten sogenannten ökumenischen Konzilien fanden im Orient statt (Ephesus, Konstantinopel). Damit ist eine Brücke zwischen Katholiken und Orthodoxen geschlagen, denn es ist bei beiden Glaubensgut, daß Maria Jesus jungfräulich empfangen und geboren hat. Beide bekennen ihre immerwährende Jungfräulichkeit. Völlige Übereinstimmung in allen Glaubensaussagen herrscht allerdings nicht! Die orthodoxe Glaubenslehre zeigt sich überzeugt von der unbefleckten Empfängnis Marias und auch von der leiblichen Aufnahme der Gottesmutter in den Himmel. Doch hat nie eine Fassung beider Glaubensauffassungen in ein Dogma stattgefunden. Die Empfängnis Marias wird mit „heilig" und „unbefleckt" benannt, jedoch findet sich diese Terminologie auch für die Empfängnis Johannes des Täufers.

In dogmatischen Fragen, Fragen also hinsichtlich der Glaubenslehre, herrscht Übereinstimmung. Maria wird verehrt, ohne daß dadurch die Ehre Gottes oder Jesu Christi geschmälert wird. Die Unterschiede in der Auffassung der Glaubenslehre, die zwischen den beiden Kirchen bestehen, liegen sicher auch da begründet, daß die Orthodoxie die päpstliche Unfehlbarkeit ablehnt.

Maria und die reformierten Kirchen

Die Kirchen der Reformation stehen den lehramtlichen Festlegungen hinsichtlich Marias, vor allem einer Marienverehrung, sehr distanziert gegenüber. Sie bekennen sich aber zu den Konzilien der ersten fünf Jahrhunderte. Die Geburt von Jesus aus Maria der Jungfrau und die Bezeichnung Marias als Mutter Gottes stellt für den evangelischen Christen kein Glaubensproblem dar. Alle Glaubensaussagen stehen unter diesen vier Eckpfeilern: allein durch Christus, allein die Heilige Schrift, allein die Gnade Gottes, allein der Glaube. Die Praxis einer Marienverehrung etwa in der katholischen Kirche ist von evangelischer Seite heftig kritisiert worden. Ein Dialog über marianische Fragen ist gerade darum nicht einfach zu führen. Auch wenn sich die reformierten Kirchen gegenüber Maria zurückhaltend geben, finden sich dennoch immer wieder Ansätze einer gewissen Marienfrömmigkeit. Selbst der Reformator Martin Luther hat in seiner Auslegung zum Magnifikat Maria höchstes Lob zuteil werden lassen. Er hat sie sogar angerufen und verehrt. Dennoch darf die Praxis Luthers nicht darüber hinwegtäuschen, daß Maria in den Kirchen der Reformation eine verschwindend kleine Rolle spielt. Es herrscht ihr gegenüber wie eingangs erwähnt große Zurückhaltung. Eine Anrufung im Gebet oder im Bitten um Fürsprache bei Gott wird abgelehnt. Dahinter steht das Denken, daß Gott mehr in den Geruch des Strafenden kommt, Maria aber zur verzeihenden Mittlerin wird.

Für den Evangelischen Erwachsenenkatechismus ist Maria eine Gestalt des Evangeliums, an der man nicht vorbeikommt. Das neutestamentliche Zeugnis über sie steht auch im Mittel-

Maria als Kirche (Ecclesia), die Hände zum Gebet erhoben. Goldgläser aus römischen Katakomben, 4. Jh.

punkt der Betrachtung, es ist das Maß des Sprechens von der Frau aus Nazaret. Der Katechismus betont die herausragende Beziehung zwischen Maria und ihrem Sohn Jesus, zieht aber auch eine klare Grenze zwischen beiden. Es gibt keine Vermischung von Aufgaben oder Aussagen, die allein Jesus zukommen. Jesus, empfangen vom Heiligen Geist und geboren aus der Jungfrau Maria; Maria ist die Mutter des Herrn. „Das Weibliche, das Empfangende, das Mütterliche ist nicht der schlechteste, eher der bessere Teil des Menschlichen und erst recht des Christlichen." Maria ist die zutiefst Glaubende und Überzeugte und so einmaliges Beispiel für die Kirche: Sie war die große Beterin, diejenige, die immer für das Werk Gottes offen und empfänglich war.

Einen interessanten Weg geht Max Thurian, der der Brüdergemeinschaft von Taizé angehört. Er versucht unter den Christen die bestehenden Gemeinsamkeiten zu fördern. Den Lebensweg von Maria schildert er als einen, der stark von Glauben und Vertrauen, weniger von tatsächlichen Einsichten geprägt ist. Maria wird so Abbild für die Kirche. Ihre Anwesenheit bei der Hochzeit zu Kana und unter dem Kreuz ist für ihn ein Bild für Kirche schlechthin: Tun, was Jesus sagt, auf ihn vertrauen, aber auch an den Kreuzwegen zu ihm stehen, in Dunkel und Leid ausharren, einfach da und verfügbar sein. Maria ist für ihn Fürbitterin, Stellvertreterin, diejenige, die die Bitten der Menschen erhört und sie – bildlich gesprochen – an das Ohr Gottes weiterleitet.

Ökumenische Aussichten

Im ökumenischen Gespräch über Maria gibt es einige Übereinstimmungen zwischen den Konfessionen und Kirchen. Die Unterschiede und trennenden Punkte, die es noch gibt, sind dennoch gravierend.

Nach den Gemeinsamkeiten gefragt, entsteht das folgende Bild: Maria kann nicht getrennt von ihrem Sohn und dessen Auftrag an der Menschheit gesehen werden. Sie ist die Mutter des Erlösers. Aufgrund göttlicher Gnade kommt ihr eine Aufgabe als Mittlerin zwischen Gott und den Menschen zu. Jedoch ist dabei zu beachten, daß sie keinen Anteil am göttlichen Wesen hat. Durch ihr Ja zu Gottes Plan ragt sie heraus aus allen Menschen, sie ist so Vorbild. Ihr Leben und Tun gilt als Symbol für das Wirken und Sein der Kirche. In Vertrauen und Hoffnung dem Herrn folgend, fürbittend da zu sein wie bei der Hochzeit in Kana, glaubend den Weg hinter Jesus gehen, das ist ihr Weg.

In der Auseinandersetzung mit den Kirchen der Reformation wird über Maria daher nur das standhalten, was in der Heiligen Schrift bezeugt werden kann. Es gibt aber auch Ansätze hin zu Maria als Mutter des Herrn. Dazu der Evangelische Erwachsenenkatechismus: „Maria ist nicht nur ‚katholisch‘; sie ist auch ‚evangelisch‘. Protestanten vergessen das leicht. Aber Maria ist ja die Mutter Jesu, ihm näher als seine Jünger." Die Kirchen der Reformation begründen ihre Sichtweisen damit, daß Christus allein aus der Gnade und allein aus dem Glauben das Heil wirken kann. Anerkannt werden die Tatsachen, die ausschließlich aus der Bibel nachweisbar und zu belegen sind.

Die Annäherung zu den orthodoxen Kirchen gestaltet sich einfacher. Die Gottesmutter nimmt hier eine große Stellung innerhalb der Liturgie und der Spiritualität ein. Maria wird verehrt, fürbittend angerufen und besungen. Der orthodoxe Christ sieht Maria allerdings nie losgelöst von Christus, sie steht immer in einem heilsgeschichtlichen Kontext.

Ist Maria heute noch gefragt?

Kirche und Welt bewegen sich auf das Jahr 2000 zu. Erwartungen und Fragen tauchen da auf – was wird die Jahrtausendwende mit sich bringen? Viele verbinden mit dem Wechsel auch Unheilsprophezeiungen, Wunder, Erscheinungen. Auch im religiösen Bereich gibt es solche Tendenzen. Schließlich ist das dritte Geheimnis von Fatima noch nicht bekanntgegeben; es soll dem Papst bekannt sein, der es als Verschlußdokument hütet – das wissen zumindest gutunterrichtete Kreise. Es wird etwas düster, einige verbreiten sogar Weltuntergangsstimmung. Jesus aber hält dagegen: „Das Reich Gottes kommt nicht so, daß man es an äußeren Zeichen erkennen könnte. Man kann auch nicht sagen: Seht, hier ist es!, oder: Dort ist es! Denn: Das Reich Gottes ist (schon) mitten unter euch" (Lk 17, 20 f.). Hier stellt Jesus dar, wie seine Botschaft lautet. Er ist gekommen, damit die Menschen das Leben haben, und es in Fülle haben. Jesus hat zu allen Zeiten und allerorten die Menschen aufgerichtet, nicht gerichtet. Er hat da, wo Krankheit war, wo Tod drohte, immer wieder die Botschaft vom Leben verkündet. Seine Botschaft ist eine frohe Botschaft, keine Droh-Botschaft! Er war und ist kein Unheilsprophet, sondern er bringt Licht mit, Hoffnung, Frieden und Freude. Wer in seinen Dienst tritt, wer Aufgaben für ihn übernimmt, wer hinter ihm hergeht auf dem Weg der Nachfolge, der hat allein in Jesus ein klares Beispiel.

Wie das gehen kann, wie man das in sein Leben umsetzen kann, das hat uns keine besser als Maria gezeigt. Sie hat ihn zur Mitte ihres Lebens werden lassen. Er konnte Gestalt in ihr, aber auch durch sie annehmen. Henri Nouwen schreibt in seinem Buch „Unser heiliges Zentrum finden": „Maria ist das Bild für die Gottesgeburt im Menschen (...)." Maria kann uns zur Begleiterin zu unserer Lebensmitte werden, zum Ort eines ausgeglichenen Lebens, zu einem Ort, an dem Jesus wohnt. Da können Stürme des Lebens hereinbrechen, Maria lehrt uns standzuhalten. Da können Ängste vor der Zukunft auftauchen, Maria zeigt uns ein Ziel, eine Hoffnung. Es heißt allerdings nicht, daß uns auf dem Weg zum Gott der Hoffnung und des Lebens, Schmerz, Krankheit, Leid oder Tod erspart bleiben. Auch Maria kennt schmerzhafte Stunden, auch sie begegnete dem leidenden Christus. Von ihr können wir lernen, unsere Arme nicht verschlossen zu halten, sondern Leid zu teilen. Jesus ist nicht in diese Welt eingetreten, um menschliches Leid zu verhindern, sondern um es anzunehmen, zu teilen, dem Leid einen Sinn zu geben.

Maria hat mit ihrem Leben die Idee verwirklicht, die Gott bei der Schöpfung von ihr hatte. Maria kann gerade den Menschen von heute helfen, das Irrationale zu verstehen. In einer Zeit, in der Hektik, Unruhe, Kriege und die kleinen Tode des

Alltags an der Tagesordnung sind, ruft sie uns zum Innehalten. Sie lehrt uns, auf Gott zu vertrauen. Durch ihre Mütterlichkeit kann sie lehren, wieder das Emotionale zu entdecken, das Herzliche, ein Leben, das nicht mit Ellbogen geführt wird, sondern durch Einfühlsamkeit, Verständnis und Vertrauen.

Kein geringerer als der Mailänder Bischof Carlo M. Martini schreibt in seinem Buch „Seht die Frau": „Doch Gott hat Maria das Geheimnis der Welt ins Herz gelegt, und wenn wir uns in das Herz Mariä begeben, begeben wir uns in das Geheimnis der Welt, machen wir uns seine Ausmaße zu eigen, (...), mögen wir noch so voller Angst, voller Gebrechlichkeit, voller Schwäche und voller Fehler sein."

Erscheinungen, Wunder und Visionen

Hilfen zum besseren Verständnis von Marienerscheinungen bis hin zur Bedeutung der Parapsychologie im Umgang mit Erscheinungen wurden bereits umfassend in dem Buch „Erscheinungen und Botschaften der Gottesmutter Maria" von Gottfried Hierzenberger und Otto Nedomansky gegeben, einer Dokumentation, die diesem Buch vorausging und auf die hiermit verwiesen sei. Dort sind auch alle Erscheinungen, die aus den Jahrhunderten überliefert sind, systematisch erörtert und vollständig dokumentiert.

Dieses Buch setzt dort die Schwerpunkte, wo die Erscheinungen Marias das Leben in der Kirche besonders geprägt haben, in die Volksfrömmigkeit eingingen, offiziell von der Kirche anerkannt, für die Verehrung ausdrücklich empfohlen und in die Liturgie aufgenommen wurden. Dies geschah überwiegend im 19. und 20. Jahrhundert, und damit entstand eine Situation, die durchaus auch Befremden hervorrief, denn niemals zuvor hatte die Kirche den Marienerscheinungen eine derartige Bedeutung zuerkannt. Was war geschehen? Hatte die Kirche, nachdem sie den Glauben an die Erscheinungen und die Teilnahme an Marienwallfahrten billigte, nicht damit zugleich Praktiken Raum gegeben, die eher anziehend als tiefgehend, eher idyllisch als solide sind? Ließ sie sich mitreißen von einer möglicherweise nur oberflächlich und sentimentalen Volksfrömmigkeit?

Die Regung des Mißtrauens findet sich nicht nur bei denen, die der katholischen Kirche nicht angehören, sondern auch bei engagierten jüngeren wie älteren Christen. Wir wollen uns mit diesen Schwierigkeiten auseinandersetzen, um uns dann den Erscheinungen zuzuwenden, die große Wallfahrtsorte begründeten und das kirchliche Leben auch heute noch in besonderer Weise beeinflussen.

Übereinkunft bei allen Gläubigen herrscht sicher darin, daß Gott seinem Geist Ausdruck durch das gibt, was er tut. Es ist daher sinnvoll, das äußere Tun auch zu vollziehen, denn nur so öffnet sich der Geist den Reichtümern des Geheimnisses. Wir wollen an dieser Stelle noch etwas genauer auf die Jungfrauengeburt eingehen, weil damit nicht nur Andersgläubige, sondern auch viele Katholiken ihr Problem haben.

Bei Gott ist kein Ding unmöglich

Bei Gott ist kein Ding unmöglich. Manche/Mancher mag sich im Blick auf die Jungfrauengeburt mit dieser Auskunft zufriedengeben. Von wunderbaren Zeugungen ist des öfteren in den Überlieferungen die Rede. Sara, Rebekka, Elisabet empfingen überraschend ein Kind. Aber auch Platon und Buddha waren nach einigen Quellen göttlichen Ursprungs. Doch gerade diese Vergleiche führen in die Irre. Rückt hier nicht der Glaubensinhalt in die Nähe von Legenden? Läßt sich der Vorgang nicht „ganz natürlich" erklären? Warum sollte Josef nicht der Vater und Jesus ein uneheliches Kind sein? Wozu dieser Umweg?

Schnell dahingesagt sind solche Einwände nicht ohne erhebliche Besserwisserei. Doch wer als Christ auf die Botschaft des Neuen Testaments genau hört und wer sich zugleich nicht einfach lustig machen will über die kirchliche Überlieferung, der wird weiter nachdenken. Die Geschichte vom geheimnisvollen Vorspiel der Geburt Jesu verdient zunächst unser Vertrauen. Und diese Geschichte ist fragwürdig, also würdig, nach ihrem Sinn befragt zu werden. Im Neuen Testament hören wir im Vergleich zu Tod und Auferstehung Christi wenig von der Jungfrauengeburt. Weder Markus noch Johannes, weder Apostelgeschichte noch Paulus reden davon. Und die bekannten Texte von Matthäus (1,18 ff.) und Lukas (1–2) äußern sich sehr zurückhaltend. Einzelheiten interessieren sie nicht. Entscheidend ist den Evangelisten die Aussage: In der Geburt Jesu findet die alte Verheißung des Messias ihre Erfüllung. Dies ist nach der gescheiterten Hoffnungsgeschichte Israels das eigentliche Wunder. Die Jungfrauengeburt zeigt an, welch unerhört neuen Anfang Gott gesetzt hat. Die anstößige Glaubensaussage vom Sohn der Jungfrau kann uns eine heiße Spur in die Mitte des Evangeliums erschließen. Kein Umweg also, sondern ein Weg des Glaubens.

Zunächst überrascht uns diese Geschichte durch Gottes hintergründigen Humor. Bekanntlich erwartete Israel seinen Retter aus dem Geschlecht Davids, wobei diese Hoffnung um das Jahr 0 auf Sparflamme stand. Zu viele Enttäuschungen, zu harte Knechtschaft, ein aussichtsloses Unternehmen. Wir Menschen pflegen ja unglückseligerweise die Kraft der Hoffnung vorwiegend aus der Erinnerung zu nähren. Mit einem wirklichen Neuanfang rechnet man kaum. Dies aber ist gerade der springende Punkt, denn der „Davidssohn" Jesus, im Rahmen der Messiashoffnung heimlich erwartet, betritt das Haus der Familie gewissermaßen durch die Hintertür. Josefs Verlegenheit ist nichts anderes als unser Mißtrauen gegen derartige Überraschungen. Gott selbst setzt einen unableitbaren Neuanfang, der keinen menschlichen Vaterschaftsanspruch duldet. Das Heil der Welt kommt nicht aus unserer Werkstatt, kann nicht gezüchtet werden, sondern ist freies Geschenk – Gnade. Keine menschliche Gewalt hat Maria zur Mutter des Erlösers gemacht. Hat also der Mensch nichts mit dem Heil zu tun?

Die kirchliche Tradition lenkt unseren Blick auf Maria. Sie ist nicht willenloses Werkzeug. Ihr entschlossenes Ja gilt als Vorbild christlichen Glaubens. Gott überredet uns nicht, er will uns überzeugen. Die liebeswürdige Szene der Verkündigung an Maria erzählt davon. Gott will nicht Mensch werden ohne den Mutterschoß einer Frau, die ihn bereitwillig austrägt – in diese Welt hinein. Trotz Gerede und Spott, trotz Mißverständnis und Ablehnung. Es gilt nicht nur: Gottes Ja – unsere Hoffnung, sondern auch: Unser Ja – Gottes Hoffnung. Angelus Silesius sagte rätselhaft und deutlich zugleich: „Ich muß Maria sein und Gott aus mir gebären." Allein aus diesem Grund hat die katholische Marienverehrung ihr Recht – trotz

Christi Geburt. Miniatur aus dem Speyerer Prachtevangelistar des 12. Jh.

merkwürdigen Wildwuchses im religiösen Unterholz. Die
Mutter des Erlösers gehört in unser Glaubensbekenntnis. Ob
das mütterliche Element unsere männlich verfaßte und domi-
nierte Kirche am Ende fruchtbarer machen kann?

Die Frage nach dem Woher Jesu führt uns zur Frage nach
ihm selbst. Sein Geheimnis läßt sich durch geschichtliche Her-

kunft nicht ausreichend erklären. Natürlich ist Jesus Jude und lernt bei Josef ein Handwerk. Natürlich stammt er aus Nazaret und hat zahlreiche Verwandte. Aber die Evangelisten und später die kirchlichen Glaubensbekenntnisse sagen mehr über ihn aus.

Als auf dem Konzil von Ephesus 431 n. Chr. Maria als „Gottesgebärerin" bezeichnet wird, geschieht dies um seinetwillen. Er ist, wie es dann in Chalcedon formuliert wird, „ganz Mensch und ganz Gott". Nichts anderes deutet unser Glaubensbekenntnis an: „Empfangen vom Heiligen Geist, geboren aus der Jungfrau Maria." Hier allerdings gelangt unsere Weisheit an ihr Ende. Jedenfalls haben es sich die Konzilsväter nicht leicht gemacht. Jesus Christus entspringt nicht menschlichem Geist oder einer entzündeten religiösen Phantasie. Er ist Gottes „Geistesgegenwart" in zerbrechlichem Fleisch und Blut. Nicht nur in seinem Bewußtsein, sondern in seinem Sein ist er aus Gott. Diese Aussage ist wesentlicher als die genaue Beschreibung einer biologischen göttlichen Vaterschaft. Wer in der Jungfrauengeburt nur das Absonderliche sieht, macht den Glauben zum Raritätenkabinett.

Der Apostel Paulus nennt Jesus Christus den „zweiten Adam". Er ist die Erfüllung unseres Menschseins, Maßstab wahren Lebens. Damit enthält aber das Wort von der Jungfrauengeburt aktuelle Sprengkraft. Der Mensch ist mehr als seine biologische Ausstattung oder seine gesellschaftliche Prägung. Und erst recht ist der Mensch mehr, als es uns in schauerlicher Science-fiction-Manier vor Augen geführt wird. Der Film „Gattaca" beispielsweise erzählt von einer „schönen neuen Welt" wie bei Aldous Huxley. In dieser sterilen Welt werden Kinder beim Genetiker bestellt und im Reagenzglas gezeugt. Die wenigen Kinder, gezeugt und geboren nach der alten Art der Zufälle, nennt man „Gotteskinder". Sie haben aber wenige Chancen, denn sie können krank werden, kurzsichtig sein, Übergewicht bekommen und was nicht sonst noch alles. Nur die risikofreien Produkte genetischer Auswahl bekommen Führungspositionen und gesellschaftliche Anerkennung. Ein Alptraum.

Anbetung durch die heiligen Drei Könige (Epiphanie).
Miniatur aus einem Evangeliar des 12. Jh.

Gegen den unheimlichen Anspruch solcher Vaterschaften zieht das Evangelium befreiend zu Felde. Wo wir uns von Gott her überzeugen lassen, geschieht eine zweite Geburt. „Wenn also jemand in Christus ist, dann ist er eine neue Schöpfung: das Alte ist vergangen, Neues ist geworden" (2 Kor 5,17).

Offenbarung des Heilsplans Gottes

Alle weiteren Überlegungen dienen daher ebenfalls dem Versuch, den tieferen Sinn der Marienerscheinungen, ihren Zusammenhang mit dem Heilsplan Gottes und mit dem Geheimnis Christi in der Kirche zu erkennen – einem Versuch, bei dem wir auch einigen Gedanken von Louis Lochet erneut Ausdruck geben möchten.

Wenn hier von Erscheinungen gesprochen wird, soll mit diesem Wort sein ganzer Reichtum und das Geschehen selbst in seiner ganzen Fülle ausgebreitet werden: nicht nur die Offenbarungen Marias durch Visionen und Worte, nicht nur die Botschaften, die sie an die Welt richtet, sondern auch die Wunder, die Bekehrungen, der Kult, die Wallfahrtsorte und die Pilgerzüge, die Würdigung in der Liturgie. Es soll die ganze Tiefe dieses Geschehens mit allen Wirkungen für Körper und Seele gezeigt werden, indem es im Verständnis heutiger Christen an seinem richtigen Platz in der Heilsgeschichte gesehen wird, weil sie eben immer auch die Geschichte der Wundertaten Gottes für die Menschen ist.

Es reicht daher nicht aus, nur zu sagen, daß es ein interessanter Aspekt sei, die Erscheinungen an den Wundern zu messen, die Gott im Lauf der Zeit gewirkt hat. Es muß vielmehr hervorgehoben werden, daß es der *einzige Aspekt* ist, der es ermöglicht, ihre ganze religiöse Bedeutung und ihren Sinn zu erfassen. In jedem Ereignis, das die Verwirklichung des göttlichen Heilsplans der Vollendung näherbringt, kann man zugleich eine fortschreitende Offenbarung entdecken, immer neu, immer erstaunlich in Gottes ewigen Plänen und eine wunderbare Beziehung zu allem andern, allem Vergangenen und Zukünftigen. Das Handeln Gottes offenbart das Herz Gottes und zeigt seinen Heilsplan für die Welt. Alle Wundertaten sind Wunder der Befreiung, der Erlösung, der Heilung.

Man kann die Wunder von Lourdes und Fatima, wie sie auf den Seiten 144 ff. und 164 ff. beschrieben sind, und die Atmosphäre an den Wallfahrtsorten nicht verstehen, ohne sie in den Botschaften und damit in der Ausstrahlung des Evangeliums zu sehen. Jean Guitton hat dies in seinem Buch „La Vièrge Marie" (Die Jungfrau Maria) schon vor einem halben Jahrhundert vortrefflich gesagt: „Es besteht ein sichtbarer Zusammenhang zwischen der Erfahrung von Lourdes und der Situation des Evangeliums." Lourdes ist die frohe Botschaft, übertragen in menschliche Erfahrung. Das macht Pilgerstätten wie Lourdes und Fatima zum Reichtum des Herzens. Es ist dieselbe Art, Wunder zu wirken, Wunder der Sanftmut, wo die Allmacht in den Dienst der Güte gestellt wird; Wunder, die alle Arten von Leiden bei allen Arten von Menschen erreichen; Wunder, die über den Körper die Seele erreichen und die mit dem physischen Leben auch das ewige Leben, mit dem Licht der Augen auch das des Glaubens schenken.

Gott spricht zu den Demütigen, Gott handelt für die Menschen: kleine Leute, Arme, Kranke und Menschen, die sich zu ihrem Erlöser bekennen. An sie wendet sich die frohe Botschaft, hier sind sie zu Hause. Und alle Wunder, die den Körper heilen, sind nur Zeichen, Bewegung der Oberfläche, um die Wunder erahnen zu lassen, die sich in der Seele vollziehen. Kein Text als der von Jesaja, der die messianische Zeit ankündigt und die Christus auf sich selbst bezog, kann dies schöner beschreiben: „Dann werden die Augen der Blinden geöffnet, auch die Ohren der Tauben sind wieder offen" (Jes 35,5).

Die Bedeutung der Erscheinungen für unsere Zeit

Was einem Mitglied der Familie widerfährt, geht die ganze Familie an. Das, was sich an den großen Wallfahrtsorten ereignet hat, betrifft die ganze Kirche. Diese Gewißheit haben die Glaubenden, denn die Aufforderung ist an sie ergangen, zu den Orten der Erscheinungen zu kommen und an der Liturgie teilzunehmen. Die Aufforderung ist an alle persönlich gerichtet, und wir sollten uns deshalb fragen, was diese Form der Andacht für die gegenwärtige Gestalt des christlichen Lebens bedeutet und welche Forderungen sich daraus für uns ergeben. Hat diese Richtung der marianischen Frömmigkeit, die den großen Wallfahrtsorten innnewohnt, Verbindung zu dem, was in der Kirche geschieht? Hat sie etwas Lebensnotwendiges? Muß man sie neben der großen Bewegung unserer Kirche integrieren? Und zu welchem Zweck?

Die Wirkung, die von Marien-Wallfahrtsorten wie Lourdes ausgeht, verstärkt die Ausstrahlungskraft, und der Anruf dringt tiefer in unser Leben hinein. Doch es scheint manchmal schwer, zu begreifen, was die Wallfahrten von uns fordern und welche konkrete Beziehung sie zu unserem täglichen Leben und zu unserer christlichen Sendung haben. Gerade das aber sollten wir tiefer erfassen.

„Mehr und mehr dringt man vom Äußern der Botschaft zum Innern vor, vom Zeichen zur Wirklichkeit", schrieb schon vor einiger Zeit Abbé Laurentien. Maria führt uns zu einem Leben der Gnade in Christus und zu einer Ausstrahlung dieses Lebens in der Kirche. In diesem Sinn wollen wir uns der Bedeutung der Erscheinungen zuwenden, nicht nur um die besondere Botschaft Marias an den einzelnen Erscheinungsorten zu bestimmen, sondern um im Gegenteil das herauszustellen, was allen Erscheinungen gemeinsam ist und wie sie sich an die ganze Kirche wenden.

Maria kommt nicht nur, um sich zu zeigen. Sie spricht, sie bringt eine Botschaft, sie bittet, sie beschwört uns im Namen des Herrn. Wir müssen hören, was sie uns sagt, und auf ihren Anruf antworten. Dabei klingen immer wieder drei Worte in besonderer Weise durch und machen sehr genau ihr Anliegen deutlich: „Kommt! – Tut Buße! – Betet!" Diese Aufrufe sollten wir in ihrer ganzen Tiefe annehmen und begreifen, daß sie sich gerade an unsere Zeit und an jeden von uns wenden.

„Kommt!"
Jede christliche Erneuerung hat ihren Ausgangspunkt in einer Glaubenserneuerung. Sie fordert von uns einen Glauben, der dem Geist des Evangeliums entspricht. In welche Tiefe diese Forderung dringt, ist kaum zu ermessen. Maria erscheint, von Gott gesandt, immer im Brennpunkt eines großen Kampfes. Und dieser Kampf ist zuerst ein Kampf gegen den Glauben. Er

ist zunächst ein Zurückweisen des Glaubens durch die Versicherung, daß menschliches Denken vollauf zum menschlichen Leben genügt. Sowohl in Frankreich in der Zeit von 1858 (Lourdes) als auch in Portugal in der Zeit 1917 (Fatima) herrschte eine den Glauben bekämpfende rationalistische Atmosphäre, in der Maria erscheint. Ihr Strahl des Lichts soll durch einen dichten Nebel hindurchdringen. Es ist und bleibt eine große Versuchung der Christen, sich mehr oder weniger mitreißen zu lassen von der ungeheuren Kraft der modernen Weltauffassung, die nur das anerkennt, was nach dem Maß des Menschen und im Dienst der Menschheit bestehen kann. Man wagt nur eine christliche Lebensauffassung zu bestätigen, die vor der Vernunft gerechtfertigt erscheint. Nur solche Handlungen erscheinen sinnvoll, die auch der Nichtgläubige zulassen und respektieren muß. Man stellt das Rationale über das Übernatürliche, eine Art moralisierenden und konservativen Theismus über die persönlichen Beziehungen zu unserem Vater im Himmel in Jesus Christus, dem Erlöser.

Die rein rationalistische Atmosphäre versperrt jedoch den Zugang zur Heiligen Schrift. Man schöpft zu wenig aus den Quellen. Viele wissen heute Gott nicht mehr zu finden im Licht übernatürlicher Ereignisse, die in der Bibel berichtet werden, sondern nur im Licht der Vernunft und des Zeitgeists. So wird Gott jenseits der Bibel zum höchsten Wesen, zum großen Architekten, zum erhabenen Uhrmacher. Man fürchtet sich, für etwas einzustehen, das die Wissenschaft nicht anerkennt. Ohne bis zur letzten Konsequenz dieser Bewegung zu gehen, die ihren Ausdruck findet in der Revolution, im Kult der Göttin der Vernunft, ist man doch versucht, sich dem Anspruch des modernen Menschen zu beugen, der die Welt und Gott neu gestalten will nach dem Maß, das er anerkennt und zugibt. Ein Gott ohne Mysterium und Transzendenz aber wird zum bloßen Idol, das kommt und wieder vergeht.

In diesem Kampf der Überheblichkeit des Menschen gegen die Transzendenz Gottes greift Maria mit einer wunderbaren Kraft ein. Diese Kraft rührt sogleich an die Wurzel des Übels, das alles religiöse Leben der Menschen zerstört. Der Mensch maßt sich an, Gott in die Schranken zu weisen, um sein Eingreifen in die Geschichte und seine Forderungen für das Leben nicht anerkennen zu müssen. Das, was radikal in Frage gestellt wird, ist das persönliche Eingreifen Gottes, das sich in Maßnahmen äußert, die immer bestürzend sind, die einen Anruf bedeuten zur Unterwerfung des Geistes angesichts der Bezeugung der persönlichen Transzendenz Gottes, zu einem kindlichen Vertrauen auf seine Anordnungen, mit einem Wort gesagt: zum Glauben.

Gerade die Bezeugung der persönlichen und geheimnisvollen Liebe Gottes in geschichtlichen Tatsachen und dem gegenüber die kindliche Unterwerfung des Willens verwirft der moderne Mensch nur zu gern. Dadurch, daß Maria in mütterlicher Weise durch neue Mitteilungen der göttlichen Liebe in die Geschichte eingreift, ruft Gott den modernen Menschen zu einer grundsätzlich religiösen Haltung, zur Haltung des Kindes auf. Wir wissen als Christen, wie diese Ereignisse durch ihre ganze Struktur mit dem Inhalt des Evangeliums, mit der ganzen Heilsgeschichte, der Selbstbezeugung Jesu, der Offenbarung Gottes im Mysterium Christi und der in Christus wiedergeborenen Menschheit verbunden sind. Deshalb ist der Glaube, den Maria fordert, nicht ein Glaube an die Erscheinungen, sondern über das gegenwärtige Zeichen hinaus ein reiner, schlichter Glaube an den Gott, der durch Jesus Christus in die Geschichte eingreift; an den Gott, der zu uns spricht; an den Gott, der seine Güte durch Zeichen offenbar macht; an den Gott, der Beziehungen knüpft zu den Menschen; an den Gott, der seine Verheißungen erfüllt; an den Gott, der sich als Vater offenbart und uns zu seinen Kindern machen möchte.

Da dieser Glaube keine Spekulation des Menschen ist, sondern eine Antwort auf die Offenbarung Gottes, muß er sich in Taten bezeugen. Wenn er rein rational ist, wird das religiöse Leben zur Spekulation und legt dem Leben keine Verpflichtung auf. Der Glaube ist kein System, er ist Leben. Deshalb wiederholt Maria überall da, wo sie erscheint, ihre Aufforderung: „Kommt! Baut eine Kirche! Macht Wallfahrten! Kommt zu mir, eurer Mutter! Kommt zu Jesus, eurem Retter! Kommt

zum Vater!" Die Haltung soll den Glauben durch Taten bezeugen. Er ist die Unterwerfung des Geistes vor dem immer
gegenwärtigen Zeugnis Gottes in der Geschichte durch die
Wundertaten, die er an uns Menschen vollbringt.

Deshalb fordert Maria mit einer Dringlichkeit, die bestür-
zend ist und die uns manchmal sogar Widerwillen einflößt,
demütigste Handlungen, die ganz einfach Ausdruck dieser
Unterwerfung des Geistes vor der Transzendenz Gottes sind.
Es ist nicht unsere Sache, an die göttlichen Forderungen und
Wunder einen Maßstab zu legen. Das Irrationale wird hier ein
Zeichen für die Notwendigkeit, daß der Mensch die an-
maßende Haltung ablegen muß, mit der er durch menschliche
Erklärungen alles begrenzen will. Es gibt für Glaubende
nichts Vernünftigeres als das Zurückstellen der Vernunft. Und
weil wir diese Unannehmlichkeit empfinden, fordert Maria
mit „göttlicher Pädagogik" solche Handlungen, in denen sich
die Demut offenbart.

Die Kinder, die Kleinen, Demütigen, die sich unterwerfen,
die hören, die sich erniedrigen, sind die Repräsentanten der
neuen Menschheit, die durch den Glauben in die Welt der un-
sichtbaren Wirklichkeiten eintritt. Sie sind die, die gehorchen
und schauen. „Ich preise dich, Vater, Herr des Himmels und
der Erde, weil du all das den Weisen und Klugen verborgen,
den Unmündigen aber offenbart hast" (Mt 11,25). Nicht nur an
die Kinder, sondern an uns alle richtet sich die Forderung Marias: „Kommt!" Sie führt uns in die Mitte des größten Geschehens unserer Zeit. Indem uns Maria an die Forderungen des
Glaubens erinnert und mahnt, lädt sie uns zugleich ein, mit ihr
am Sieg des auferstandenen Christus teilzunehmen.

„Tut Buße!"
Es fällt uns nicht schwer, für uns selbst Gründe zu finden, um
die Ängstlichkeit zu rechtfertigen, wir könnten uns bloß-
stellen. Die Vernunft ist selten in Verlegenheit um Argumente,
sich den Forderungen des Glaubens zu entziehen. Die allzu
menschliche Seite der Wallfahrten mit der anscheinend ober-
flächlichen Frömmigkeit liefern uns einen guten Vorwand,

nicht daran teilzunehmen, mehr noch als der schlechte Geschmack der bildlichen Darstellungen und der Handel mit Statuen es tun. Was hat diese Weise zu reisen, Lieder zu singen, Prozessionen zu machen, für eine Verbindung zum wirklichen Leben, zur Arbeit der Kirche?

Es ist nicht von Bedeutung, daß wir fern von der großen Welt unseren Glauben bezeugen in Gesängen und Prozessionen, in einer religiösen Umgebung, die abseits von der Wirklichkeit steht, sondern es ist vielmehr von Bedeutung, daß durch das tatsächliche Wirken der Christen die reale Welt umgewandelt wird. Es hat den Anschein, als bedeute die Wallfahrt für manche mehr eine Unterhaltung als eine Verpflichtung. Unsere Einsicht sollte sich daher vertiefen, daß wir durch die marianische Wallfahrt auch die Forderungen des Lebens und der christlichen Sendung besser sehen. Sie soll ja nicht ein wunderbarer Ausflug in die Welt sein, so wie sie ist, sondern vielmehr eine Reise in die Welt, so wie Gott sie gemacht hat; kein Ausweichen vor den Problemen des Lebens und der Arbeit, sondern eine Verpflichtung, sie mit erneuertem Herzen zu bewältigen. Das ist es, wozu Maria einladen will durch die nachhaltige Aufforderung: „Tut Buße!" Ein Anruf zur Erneuerung des Herzens, zu größerer Mitmenschlichkeit und des Lebens vor Gott.

Die Welt, der sich Maria im 19. und 20. Jahrhundert zuwendet, ist die Welt der Technik und des Materialismus, die Welt, die von Ideologien aufgewühlt ist, die Welt, in der nur der Mensch etwas gilt, der Produktion und Konsum bestimmt und ein Element in der Entwicklung der Wirtschaft ist. Das Wesen des Menschen aber wird verkannt, wenn er nicht mehr ist als eben nur ein Element der Produktion und des Konsums. Wir sind auf falschem Weg, wenn wir weitgehend für Geld und für Äußerlichkeit leben und uns den Blick vor der Not und dem Elend anderer verstellen.

Maria zeigt dem Menschen dagegen sein eigentliches Wesen, indem sie ihn vor Gott stellt. Der Strahl göttlichen Lichts, der sein wahres Wesen erkennen läßt, zeigt ihn zunächst als Sünder. Die Anerkennung der Sünde, das Eingeständnis, Fehler gemacht zu haben und Fehler zu machen, ist die Vorbedingung für die Vergebung. Der Aufruf Marias beinhaltet daher zunächst die Erkenntnis von Sünde und Schuld. Das Jasagen zu dem, was wir vor Gott sind, Sünder, versetzt uns in die Welt des Religiösen, in die Welt, wie sie wirklich ist, in die tiefe Wirklichkeit der Welt, in die Wahrheit. Maria läßt uns den wahren Sinn erkennen, unseren Sinn, vom Religiösen her gesehen, und ebenso den Zustand, der von Sünde und Schuld geprägt ist. Durch die einfache Aufforderung zur Buße wird der Ausgangspunkt aller Erneuerung sichtbar. Es geht nicht um eine bessere Güterverteilung, um eine Umgestaltung der wirtschaftlichen Beziehungen, es geht vielmehr um die Wurzel aller dieser Dinge, um die Umwandlung des Herzens, um eine Erneuerung der Beziehungen zwischen Gott und Mensch, zwischen Mensch und Mensch. Es geht nicht um eine Revolution durch Gewalt, sondern um eine Erlösung durch die Gnade. Wir sind aufgefordert, der Materie und dem technischen Fortschritt im Dienst der Menschheit den richtigen Platz wiederzugeben, zu erkennen, daß der Fortschritt des Menschen zuerst immer mit menschlichem Fortschritt im Sinne von Mitmenschlichkeit, Nächstenliebe, zu tun hat, und so befähigt werden, die normalen und friedlichen Beziehungen der Menschen untereinander wiederherzustellen. Das ist nur möglich, wenn wir vor Gott unseren richtigen Platz einnehmen und dem Heilsplan folgen, den er für uns bereithält.

Deshalb steht Maria mitten in der Situation der modernen Welt, wenn sie uns auffordert, den Sinn des Geschehens vom Religiösen her zu deuten. Wahrhaftig, oberhalb und innerhalb jeder wirtschaftlichen Evolution und Revolution steht eine grundlegende Revolution, ohne die alle andern nicht zum Ziel kommen, und das ist die Bekehrung des Menschen als Sünder vor Gott. Mit einer göttlichen Dringlichkeit stellt Maria daher die gemeinsame Erneuerung vor Gott an den Ausgangspunkt allen Wirkens in der Welt: „Tut Buße!" Die Buße, das Bewußtsein der Sünde und Schuld, die Erneuerung des Herzens lassen uns in eine neue Welt eintreten. Auf diesem engen Weg der Wahrheit gelangen wir in die Welt, die Gott gemacht hat, in die

Madonna mit Rose, um 1470

Welt der Erlösung. Maria läßt uns durch die Ausstrahlung ihrer Gegenwart so eine wesentliche Entdeckung machen. Da
wir immer wieder das Bewußtsein für unsere Sündhaftigkeit
verlieren und nicht mehr erkennen, mit welchem Gewicht die
Sünde auch auf unserer Wirklichkeit lastet, geraten wir auch

in die Gefahr, den Sinn für die Erlösung zu verlieren, anderen zu verzeihen und Barmherzigkeit zu üben.

So es ist es sicher auch kein Zufall, wenn das Leben der Kirche sie dazu brachte, zwei Dogmen über Maria zu definieren, die auf den ersten Blick so wenig Beziehung zur gegenwärtigen Situation der Welt zu haben scheinen: Die Unbefleckte Empfängnis und die Aufnahme Marias in den Himmel. Es ist kein Zufall, daß Maria sich selbst „die Unbefleckte Empfängnis" nannte und daß sie sich in der Gestalt zeigte, die von der Herrlichkeit des Himmels umgewandelt ist. Maria bezeugt an sich selbst die Wahrheiten, die am aktuellsten sind, deren die Welt am meisten bedürftig ist. Wie immer spricht Gott zu uns durch Tatsachen. Das, was er uns zu sagen hat, läßt er vor unseren Augen geschehen. Die Menschheit ist auf der Suche nach ihrem Heil. Hier ist es verwirklicht im Heilsplan Gottes an Maria.

So fordert echte marianische Frömmigkeit die Buße des Herzens und führt zur Kirche, die im Sakrament die Verzeihung vollzieht. Die christliche Buße vollendet sich im Dienen und Handeln. Die Erneuerung des Herzens vollendet sich im Ausstrahlen der Liebe. Das österliche Mysterium vollendet sich in der pfingstlichen Sendung. Man kann nicht in Gemeinschaft eine gute Wallfahrt machen, ohne mit dem Entschluß zurückzukommen, auch in Gemeinschaft zu arbeiten. Maria weist auch hier den Weg.

„Betet, Kinder!"
Es setzt uns am wenigsten in Erstaunen, wenn das Anliegen, das Maria in ihren Botschaften an uns richtet, das Anliegen des Gebets ist. Aber was uns am meisten und immer wieder mit Bewunderung erfüllt, ist die Tatsache, daß die Wallfahrtsorte wirkliche Stätten des Gebets sind. Die stärkste Erfahrung derer, die sich unter die Menge der Pilger mischen, ist die Erfahrung des Gebets. Trotz der ständigen Bewegung durch Züge, Wagen und Menschengruppen, trotz des unaufhörlichen Gehens und Kommens, des Erwartens, trotz der Verschiedenheit der Sprachen, der Trachten, Gesänge – und vielleicht

Krönung Mariä. Miniatur aus dem Antiphonarium de sanctis des 14. Jh.

gerade deshalb – bleibt der Wallfahrtsort eine Stätte des Gebets. Hier wird gebetet, wie sonst nicht gebetet wird. Maria fordert auf zum Beten, aber hier schenkt sie auch unaufhörlich die Gnade des Gebets.

Die Erfahrung des Gebets im Sinn Marias ist einerseits äußerst einfach und andererseits unerschöpflich reich. Was uns zuerst auffällt, ist die außerordentliche Dringlichkeit, mit der Maria auf dem Gebet besteht. Zu jeder Zeit, an allen Orten, ist es wie ein angstvoller Ruf, der aus ihr aufsteigt. Sie sieht in voller Klarheit diese Welt, sie sieht die nicht wiedergutzumachenden Folgen von Kriegen, die sich abspielen, sie kennt die durch nichts zu ersetzende Macht des Gebets, um Gnade zu erlangen. Sie erkennt, was der Welt Not tut, und ruft: „Betet, Kinder!"

Es ist das Mysterium Christi, in das Maria uns über den verborgenen Weg des Gebets eintreten läßt. Wir treten ein in seine Armut, seine Demut und seine Macht. Betrachten wir in diesem Sinn die Marienwallfahrt, denn die verehrende Hinwendung zu Maria ist stets eingebettet in die gläubige Betrachtung des Lebenswegs Christi.

Neben den Erscheinungen, wie wir sie insbesondere von den großen Gnadenstätten der Welt kennen und wie sie in diesem Buch in der jeweiligen Darstellung eines solchen Erscheinungs- und Marien-Wallfahrtsorts eingehend betrachtet werden, sind es häufig auch Wunder, vor allem Berichte über Heilungen und Zeugnisse übernatürlicher Hilfe, die die Wallfahrt zur Gottesmutter bewirkten und bewirken.

Aber auch Gelöbnisse, Sühneversprechen und Dank begründen eine Wallfahrt ebenso wie das Bedürfnis der Glaubenden, sich der vielfältigen Not ihres Lebens der Fürbitte der Gottesmutter anzuvertrauen. Die folgende Darstellung lokaler Gnadenstätten unseres Sprachraums und sich daran anschließend der großen internationalen Wallfahrtszentren kann so zweierlei geben: marianische Frömmigkeit als christliches Erbe wieder in die Herzmitte des Glaubens zu rücken und weiterzugeben – in der Weise, wie es Kardinal Ratzinger in einer Predigt in Krakau sagte: „Das Bild der Mutter des

Herrn gehört zur Herzmitte unseres Glaubens. Vor der Mutter verstehen wir uns in allen Sprachen; vor ihr erkennen wir uns als Kinder. Von ihr lernen wir glauben und beten. Die gemeinsame Mutter gibt uns eine gemeinsame Sprache; so verschieden auch die Lieder und die Gebete in den einzelnen Ländern sind – sie haben alle den gleichen Klang des Herzens: Im Aufblick zur Mutter endet der Trotz und endet die Feindschaft. Sie schenkt die Versöhnung, sie führt zum Sohn."

Erscheinungsorte und Gnadenstätten in Deutschland

Aachen

Karl der Große weihte Aachen im 8. Jahrhundert der Muttergottes und erwählte die Stadt damit zu seiner Residenz, zur Hauptstadt seines Kaiserreichs. Bis heute ist die Domstadt ein Zentrum der Verehrung Marias, der hier mehrere Kirchen und Kapellen geweiht sind und die man an vier Festtagen besonders ehrt: Mariä Verkündigung am 25. März, Mariä Empfängnis am 12. Dezember, Mariä Geburt am 8. September und Mariä Himmelfahrt am 15.August.

Sanctissimum Templum Virginis Mariae (Heiligtum der Jungfrau Maria) steht über dem Eingang des Kaisermünsters, dem berühmtesten Bauwerk der Stadt. Der Dom wurde im 8./9. Jahrhundert auf Veranlassung von Karl dem Großen als Hauptkirche seines Reichs errichtet. Von 813 bis 1531 diente das mit prachtvollen Mosaiken ausgestattete Münster als Krönungskirche der deutschen Kaiser.

Die besondere Heiligkeit der Stätte erklärt sich vor allem durch vier kostbare Reliquien, die hier aufbewahrt werden: das Baumwollkleid der Muttergottes aus der Heiligen Nacht, die wollenen Windeln des Jesuskindes, das blutgetränkte Lendentuch des Gekreuzigten und das Enthauptungstuch von Johannes dem Täufer. Mit dem feierlichen Zeigen der Reliquien, das immer nach sieben Jahren erfolgte, wurde Aachen im Spätmittelalter zum wichtigsten Wallfahrtsort nördlich der Alpen. Dazu kam es auch deshalb, weil weltliche Gerichte in jener Zeit eine Pilgerfahrt nach Aachen („Heiltumsfahrt") als Buße für Totschlag gelten ließen.

Bis heute werden die Reliquien im siebenjährigen Turnus gezeigt, zuletzt im Juli 1993. Zur „Heiltumsfahrt" 1936 waren über zwei Millionen Pilger nach Aachen gekommen.

Im Mittelalter stellte man im Dom ein marianisches Gnadenbild auf, das im Lauf der Jahrhunderte zweimal ersetzt wurde. Zuerst verehrte man ein romanisch-byzantinisches Marienbild, später ein gotisches. Das dritte Gnadenbild, das Maria mit Zepter und Reichsapfel als Kaiserin darstellt, schuf Veit Stoß um 1475. Es war nötig geworden, da man Heiligenfiguren zur Renaissancezeit in Prachtgewänder hüllen wollte. Bis heute werden im Kaiserdom über 30 kostbare Kleider für Maria und das Kind aufbewahrt.

Auf wunderbare Weise überstand das zweite Gnadenbild, die gotische Holzfigur der Maria mit dem Kind, den großen Stadtbrand im Jahr 1656 unversehrt. Die Menschen begannen daraufhin, in Zeiten der Not zu der wundertätigen Statue zu pilgern und die Muttergottes um Schutz zu bitten. 1758/59, als die Marienfigur noch in einem Bethäuschen untergebracht war, der dem Ansturm der Pilger kaum standhalten konnte, erbaute man der verehrten Madonna schließlich eine schlichte Backsteinkapelle, das Roskapellchen, das sich bald zu einem eigenen Marienwallfahrtsort entwickelte. Noch zu Beginn dieses Jahrhunderts stellte man hier vor dem Gnadenbild Kerzen für kranke Kinder auf. Brannte die Kerze ruhig und gleichmäßig, galt dies als gutes Zeichen für die Genesung des Kindes. Organisierte Wallfahrten zum Roskapellchen werden nicht durchgeführt, doch findet an jedem Muttertag, dem zweiten Mai-Sonntag, eine besondere heilige Messe statt.

Auch das Oblatenkloster auf dem Salvatorberg ist ein Zentrum der Marienverehrung. Zu Ehren der Jungfrau von Fatima errichtete man hier 1954 eine Kapelle.

Altenberg

Altenberg liegt bei Odenthal im Bergischen Land, östlich von Leverkusen. Bekannt ist der Ort für seinen Dom, der 1925 zum Marienwallfahrtsort der deutschen katholischen Jugend wurde.

Im Jahr 1133 schenkte Graf Adolf I. von Berg die Stammburg seines Geschlechts den Zisterziensern. Die Mönche nutzten die Burg als Kloster und errichteten eine Basilika, die sie der Gottesmutter weihten. Nachdem die Kirche 1222 durch ein

Erdbeben zerstört worden war, legte man 1259 den Grundstein zum Dom, der 1379 fertiggestellt wurde. Das stattliche Gebäude ist vor allem für sein großformatiges Westfenster berühmt, das zu den schönsten mittelalterlichen Glasmalereien zählt. Im Jahr 1815 brannte das Kloster bis auf die Grundmauern nieder. Nach ihrer Restauration unter Friedrich Wilhelm von Preußen wurde die Kirche 1857 wiedereröffnet und den beiden großen Konfessionen zum gemeinsamen Gebrauch überlassen. Aus den Überresten des Klosters errichtete man 1924/25 eine Tagungsstätte des Bundes der katholischen Jugend Deutschlands.

Das um 1530 geschaffene Gnadenbild von Altenberg zeigt die Muttergottes mit dem Jesuskind im Arm als „Maria in der Glorie" vor einem Strahlenkranz. Das Bild verschwand während der Säkularisation im Jahr 1803 und blieb lange verschollen, bis es 1913 im Magazin eines Berliner Museums wiederentdeckt wurde. Man restaurierte das Gnadenbild und brachte es zurück in den hohen Chor des Altenberger Doms.

Nach der Fertigstellung der Tagungsstätte im Jahr 1925 entwickelte sich der Dom mit seinem auf wundersame Weise wiederaufgefundenen Gnadenbild zum Marienwallfahrtsort der katholischen Jugend. Nach dem Zweiten Weltkrieg wurde die Madonna von Altenberg schließlich zur offiziellen Schutzpatronin der deutschen katholischen Jugend erklärt.

Es sind die Pilgerzüge der Jugend aus den deutschen Diözesen, die die *Altenberger Marienwallfahrt* veranstalten. Bei Schulungen und Kursen in der Tagungsstätte trägt man die Anliegen der katholischen Jugend vor das Bild der Muttergottes und hält eine Marienandacht ab, die mit einer abendlichen Lichterprozession endet. An einem solchen *Altenberger Lichttag* brennen Tag und Nacht sieben Kerzen vor dem Gnadenbild. Gestiftet werden sie von den Pilgern oder deren Heimatgemeinde, wo am selben Tag auch eine Marienfeierstunde abgehalten wird. Seit 1949 führt die männliche katholische Jugend zudem *Altenberger Lichtstaffetten* durch, bei denen das Licht der auf dem Altenberger Altar entzündeten Kerzen in alle deutschen Diözesen, Pfarreien und Marienheiligtümer gebracht und dort mit feierlichen Andachten empfangen wird.

Der *Altenberger Rosenkranz* ist ein vereinfachter Rosenkranz mit weniger Gesätzen, der der Jugend das Erlernen des großen Rosenkranzes erleichtern soll; das von G. Thurmair verfaßte *Altenberger Wallfahrtslied* ist zu einem in allen katholischen Gemeinden bekannten Marienlied geworden:

„Wir zünden froh die Kerzen an, / daß sie sich still verbrennen, / und lösen diesen dunklen Bann, / daß wir dein Bild erkennen. / Du Mutter und du Königin, / der alles hingegeben, / das Ende und der Anbeginn, / die Liebe und das Leben."

Altötting

Altötting liegt in der Diözese Passau, etwa 100 Kilometer östlich von München. Als „bayrisches Nationalheiligtum" wird der Ort jedes Jahr von mehr als 700 000 Pilgern und Touristen besucht. Von ihnen wandern 30 000 zu Fuß nach Altötting, viele von ihnen über 100 Kilometer. Ein Großteil der Wallfahrer kommt in der Hoffnung, von Krankheiten und Gebrechen geheilt zu werden. Andere suchen Sühne für schwere Schuld. Sie alle zieht es zum Gnadenbild, der „Schwarzen Madonna" von Altötting.

Die 64 cm hohe Lindenholzfigur, eine stehende Maria mit dem Jesuskind im rechten Arm und einem Zepter in der Linken, wurde um 1330 geschaffen. Die Legende datiert die Schwarze Madonna jedoch in das Jahr 907 zurück: Beim Einfall der Hunnen sei die Statue im Feuer unversehrt erhalten geblieben, doch habe sie der Rauch geschwärzt. Vermutlich war es aber der Rauch der zahllosen Kerzen, der der ursprünglich bemalten Madonna im Lauf der Jahrhunderte ihre heutige Farbe verlieh. Das Standbild, das in der Gnadenkapelle auf einem prunkvollen Silberaltar steht, wird seit dem 17. Jahrhundert in bestickte Prachtgewänder gehüllt, die „Gnadenröckl".

Unsere Liebe Frau zu Altötting, um 1650

Aus einem alten Betrachtungsbuch: St. Rupertus bringt das Gnadenbild

Der Aufstieg des Ortes zum bedeutendsten Marienwallfahrtsort Bayerns begann gegen Ende des 15. Jahrhunderts. Zu jener Zeit war Altötting ein kleines Dorf mit einem Kloster und einer Stiftskirche. Was die Pilger zu Hunderttausenden hierher zog, war die Kunde von Wundern, die die Muttergottes, verkörpert durch die Schwarze Madonna, hier gewirkt haben soll.

Die Chronik beschreibt das erste Wunder, das sich im Jahr 1489 ereignete, so: „Ein dreijähriges Knäblein, als es zu AltenÖtting in das Wasser, die Mehren genannt, gefallen und eine halbe Stunde dahin gerunnen, ist es endlich ganz tot herausgezogen worden. Die Mutter aus großem Vertrauen zu der Mutter Gottes, trägt das tote Kind zu der heiligen Kapelle und legt es auf den Altar, fällt samt anderen auf die Knie nieder und bittet um Erlangung des Kinds-Lebens flehentlich. Alsbald wird das Kind lebendig."

Acht Jahre später geschah ein zweites Marienwunder: „Ein Bauer zu Alten-Ötting führte ein Fuder Hafer nach Haus und setzte sein Söhnlein, sechs Jahre alt, auf das Handroß. Das Knäblein fallet vom Pferd unter den Wagen und wird dermaßen zerdrückt, daß seines Lebens kein Hoffnung mehr vorhanden ist. Der Bauer tut ein Gelübde und ruft die Muttergottes an, am folgenden Tag ist der Knab wiederum ganz frisch und gesund."

Im selben Jahr wurde ein Hans Geyer aus Einsingen geheilt. Die Chronik berichtet, er sei auf Krücken in die Kapelle gekommen und habe sie dort abgelegt, da er auf einmal wieder laufen konnte. Die Weberin Susanne Ehingerin wiederum hatte „den leidigen und gefährlichen Krebs an einer Brust gehabt. Darauf ist die Brust abgenommen und sie selbst heil und gesund geworden."

Viele weitere Wunder dieser Art folgten, und die Kunde davon verbreitete sich wie ein Lauffeuer. Schon 1492 zählte man in Altötting 130 000 Pilger, die sogar aus Böhmen, Wien und Südtirol kamen – und zu jener Zeit kamen sie noch alle zu Fuß. Die Gnadenkapelle, auf deren Altar die Schwarze Madonna stand, war nun viel zu klein, so daß man um 1490 ein Langhaus mit Pilgerumgang und Turm errichtete.

Im 17. Jahrhundert wurde eine Brandstifterin vor der Hinrichtung errettet. Im heimischen Heidenheim hatte sie das Haus ihrer Nachbarin angezündet und war zum Tod auf dem Scheiterhaufen verurteilt worden. Daraufhin legte sie das Gelübde ab, im Falle einer Begnadigung wolle sie „das Gotteshaus in Altenoding heimsuchen und dann in härener Bekleidung (Büßergewand, Anm. d. Autors) auf dem Leibe ein Jahr lang in Elend herumgehen und keine Nacht bleiben, wo sie vorher gewesen war". Die Frau wurde zum Tod durch Ertränken „begnadigt", doch versuchte man vergeblich, das Urteil im Fluß Brenz zu vollstrecken: Obwohl man sie immer wieder mit einer Stange unter das Wasser drückte, ertrank sie nicht. Man ließ sie schließlich am Leben, und sie hielt ihr Gelübde: Ein Jahr lang zog sie als Büßerin durch das Land.

Ähnliches widerfuhr zur selben Zeit einem jungen Studenten aus Tirol. Wegen mehrerer Morde war er 1633 zum Tod durch Rädern verurteilt worden. Er rief die Gottesmutter um

Hilfe an und gelobte, nach Altötting zu pilgern, wenn er gerettet werde. Auch an ihm konnte die Hinrichtung nicht vollstreckt werden – trotz aller Bemühungen des Scharfrichters.

Als die Türken Ende des 17. Jahrhunderts vor Wien lagen und bereitstanden, ganz Europa unter ihre Herrschaft zu bringen, traf sich Kaiser Leopold I. mit dem bayrischen Kurfürsten Max Emanuel in Altötting. Am 8. März 1681 beteten die beiden in der Gnadenkapelle, um danach in einer geheimen Konferenz ein militärisches Bündnis gegen die drohende Gefahr zu schmieden. Als „Altöttinger Allianz" ging das Bündnis, dem sich weitere europäische Herrscher, wie der Polenkönig Sobieski und Karl V. von Lothringen, anschlossen, in die Geschichte ein. Zwei Jahre später, am 12. September 1683, gelang es den vereinten christlichen Truppen, den türkischen Eroberern eine vernichtende Niederlage zu bereiten. Das christliche Europa war gerettet.

Wesentlich älter als die Marienwallfahrtstradition ist die Altöttinger Gnadenkapelle. Sie zählt zu den ältesten Kirchen Deutschlands und läßt sich baugeschichtlich bis in das 8. Jahrhundert zurückverfolgen, in die Zeit, als Karl der Große sein fränkisches Reich errichtete und sich die Bajuwarenstämme nach und nach zum Christentum bekehrten. Der bayrische Geschichtsschreiber Aventin berichtet von einer Überlieferung, derzufolge das Altöttinger Heiligtum ursprünglich ein den sieben Planeten gewidmeter heidnischer Tempel gewesen sei. Missionsbischof Rupert habe den Tempel in ein christliches Heiligtum umgewandelt und Otto, den Bruder des bayrischen Herzogs Dieter III., dann dort getauft.

Geschichtlich belegt ist, daß die Altöttinger Kapelle in direkter Beziehung zur herzoglichen Pfalz stand. Vermutlich wollten Karolingerfürsten und bayrische Herzöge an diesem Ort ein christliches Zentrum errichten. Die achteckige Form des Heiligtums sollte die Kapelle entweder als Heiligengrab oder als herzogliche Taufkapelle kennzeichnen.

Es gibt Hinweise darauf, daß Altötting schon vor dem 15. Jahrhundert ein Wallfahrtsort war, doch was im Zentrum

Öttig hat vorzeitn ponchus gehaÿllen hat diser zeit
den römern zů gehört, allo hat ain hertzog von
nairñ mit namē otto, von dem hailigñ Sand

Die Entstehung der Wallfahrt in Altötting, um 1500

Votivtafel von 1517 mit der Darstellung eines Reitunfalls

der Pilgerfahrt stand, ist bis heute nicht eindeutig geklärt. Führte man hier eine christlich umgedeutete heidnische Tradition fort? Erkannte man in der achteckigen Form der Kirche eine Nachbildung des Grabes Christi? Verehrte man das Heiligtum als herzogliche Taufkapelle? Wurden die Pilger durch den Reliquienschatz angelockt, der vom Karolingerherrscher Karlmann, dem Urenkel Karls des Großen, gestiftet worden war, als dieser 876–880 von hier aus regierte?

Besonders bekannt ist Altötting für seine Schatzkammer, die zahlreiche kostbare Spenden der großen europäischen Adelshäuser birgt. Eine eingehende Darstellung der unzähligen Schmuckstücke und anderen Kostbarkeiten würde hier zu weit führen. Erwähnt werden soll jedoch das berühmteste Stück: das Goldene Rößl, gestiftet im Jahr 1509 von Herzog Albrecht IV. Es stellt den französischen König Karl VI. mit seinem Pferd im Gebet zur Muttergottes dar, die in einer mit Gold, Perlen und Edelsteinen verzierten Laube sitzt.

Auch kulturgeschichtlich interessant sind die Mirakelbücher, die vielen Votivtafeln, die die Außen- und Innenmauern der Kapelle bedecken, und die 60 großen Legendentafeln, die den äußeren Kapellengang zieren. Die Mirakelbücher berichten über einige ungewöhnliche Gelübdeformen: den freiwilligen Eintritt in den Stand der Hörigkeit gegenüber der Madonna von Altötting, d. h. die Übergabe des Lebens an die Muttergottes, die beispielsweise Kurfürst Maximilian I. mit seinem eigenen Blut schriftlich festgehalten hatte, oder die Weihe des Herzens an Maria, die von sämtlichen bayrischen Königen bis hin zu Ludwig III. im Rahmen der Blutweihe vollzogen wurde. Nach dem Tod des Königs setzte man sein Herz in Altötting bei, aufbewahrt in einer prachtvollen silbernen Urne. Zuletzt fand hier das Herz der bayrischen Kronprinzessin Maria Antoni 1954 seine Ruhestätte.

Die in den Mirakelbüchern erwähnten Kerzenopfer in Größe und Gewicht des Opfernden lassen sich in der Gnadenkapelle in natura betrachten. Die Tradition der Votivtafeln begann im Jahr 1501 und setzt sich mit Danksagungen heimgekehrter Weltkriegssoldaten und befreiter KZ-Häftlinge bis

DEIPARAE VIRGINI OTINGENSI SACRVM
CLARISS.QVE DVCIBVS BOIORVM
VIELMIO.LITAVICO.ARI=
ONISTO.DEDI=
CATVM.

HISTORIA NON VVLGARIS VETVSTATES
QVE OTINGAE.BOIORVM.EX ANTI=
QVIS LITERARVM MONVMEN=
TIS EXCERPTAE A IOAN=
NEAVENTINO.
QVEDAM VETERA MONVMENTA DIPLOMA=
TAQVE DE VERBO AD VER=
BVM EXSCRIPTA.

Cum Priuilegio.

Titelblatt der ältesten Beschreibung Altöttings aus dem Jahr 1518

Der Silberprinz von Wilhelm de Groff, Porträtstatue des Kurprinzen
Maximilian Joseph, die 1737 vom Kurfürsten Karl Albrecht als Dank für
die Hilfe bei schwerer Krankheit des Thronfolgers gestiftet worden ist:
ein Meisterwerk höfischer Devotion

in die Gegenwart fort. So berichtet ein junger Mann, der sein
Foto hinterließ: „Maria hat geholfen. Nach schwerster Not
eines sechsjährigen Aufenthalts im Konzentrationslager Bu-
chenwald auf Grund eines Gelübdes habe ich hierher meine
Dankwallfahrt gemacht. 31. Juli 1945. "

Ein weiteres Foto hängt im Schein des Ewigen Lichts auf der linken Seite neben dem Gnadenaltar. Es zeigt den Kapellverwalter Adalbert Vogl, der am 28.4.1945 zusammen mit fünf Leidensgenossen erschossen wurde, weil er Altötting kampflos den Amerikanern übergeben wollte.

Seit den 30er Jahren dieses Jahrhunderts wird in Altötting nicht nur die Muttergottes verehrt, sondern auch der 1934 heiliggesprochene Bruder Konrad von Parzham, der zu Lebzeiten als Pförtner im Kapuzinerkloster tätig gewesen war und heute zu den bekanntesten bayrischen Nationalheiligen zählt. Sein Altarschrein steht in der Kapuzinerkirche von Altötting, während eine fast lebensgroße Statue des heiligen Konrad den Silberaltar in der Gnadenkapelle auf der linken Seite flankiert.

Papst Johannes Paul II., der Altötting im November 1980 besuchte, betete vor der Schwarzen Madonna: „Dir, Mutter, vertraue ich die Zukunft des Glaubens in diesem alten christlichen Land an; und eingedenk der Bedrängnisse des letzten furchtbaren Krieges, der besonders den Völkern Europas so tiefe Wunden zugefügt hat, vertraue ich dir den Frieden in dieser Welt an ... Dieses Gebet richte ich an dich, Königin des Friedens und Spiegel der Gerechtigkeit ... und hinterlasse es deiner Gnadenstätte in Altötting zum bleibenden Gedenken."

Andechs

Das Benediktinerkloster Andechs liegt auf dem gleichnamigen Hügel am Ostufer des Ammersees, südwestlich von München. Der „Heilige Berg", wie Andechs auch genannt wird, gilt als ältester Wallfahrtsort Bayerns, wobei das Objekt der besonderen Verehrung im Lauf der Jahrhunderte immer wieder wechselte.

Von einem Kreuzzug in das Heilige Land brachte Graf Rasso, Stammvater der Grafen von Dießen-Andechs, einen Reliquienschatz mit nach Hause. Nach seinem Tod im Jahr 953 wurde der Graf heiliggesprochen und als Helfer gegen Steinleiden, die Nieren- und Gallensteine verursachen, verehrt.

Im 12. Jahrhundert übersiedelten die Grafen von Dießen-Andechs auf den Berg Andechs, wo der Reliquienschatz zum Ziel großer Pilgerscharen wurde. Neben den Reliquien des heiligen Nikolaus, nach dem man die spätere Klosterkirche benannte, verehrte man vor allem die „Heiligen Drei Hostien", die sich der Legende nach in der Hand des Kirchenvaters Gregor des Großen (540–603) in Fleisch verwandelt hatten, als dieser eine Heidin bekehren wollte. Der Pilgerstrom wuchs weiter an, als sich Anfang des 13. Jahrhunderts die Nachricht verbreitete, in Andechs hätten sich mehrere Wunder ereignet. So habe eine blinde Frau bei den Reliquien das Augenlicht wiedererlangt. Ein ähnlich wundersames Erlebnis hatte Graf Heinrich von Dießen-Andechs, einer der mächtigsten Männer seiner Zeit. Zum Kirchweihfest wollte er auf dem heiligen Berg beten. Als er die Kapelle betrat, leuchteten der Altar und die Reliquien in einem hellen Licht, während gleichzeitig Hymnen zu hören waren, gesungen von Engelschören. Der Graf war von dem Ereignis so überwältigt, daß er sofort Papst Honorius III. (1150–1227) in einem Brief davon berichtete.

Als der letzte Graf von Andechs 1248 starb, fiel der Besitz an das bayerische Herrscherhaus der Wittelsbacher (1180–1918). Die Schatzkiste mit den Reliquien verschwand dabei jedoch, um mehr als ein Jahrhundert später, im Jahr 1388, auf wundersame Weise wiederaufzutauchen. Die Legende schildert das Ereignis so:

„Während ein Priester in der Schloßkapelle die Messe las, hüpfte auf den Altarstufen ein Mäuschen herum. Der Ministrant versuchte, es zu vertreiben. Aber es blieb. Da entdeckten Priester und Ministrant verwundert, daß die Maus einen Zettel zwischen den Zähnen hielt. Sie nahmen dem Tier das Papier ab, was es willig geschehen ließ. Dann verschwand es. Der Zettel enthielt ein Reliquienverzeichnis und die Angabe des Ortes, wo der Reliquienschatz versteckt war, nämlich unter dem Altar." Vermutlich hatte man den Schatz dort versteckt, um ihn vor den Wittelsbachern in Sicherheit zu bringen.

Die Andechs-Wallfahrt begann von neuem, und Andechs erhielt schließlich den Beinamen „Heiliger Berg". Da die Kirche für die Pilgerscharen bald zu klein war, baute man Anfang des 15. Jahrhunderts ein größeres Gotteshaus. 1455 siedelten sich die Benediktiner auf dem heiligen Berg an, woraufhin die Wallfahrt weiteren Aufschwung nahm. Im selben Jahr kamen am Himmelfahrtstag über 40 000 Pilger auf den Berg.

Im Spätmittelalter wurde der Marienkult immer populärer, und bald wurde in Andechs neben den Drei Hostien auch die Muttergottes verehrt. Das erste Gnadenbild in der unteren Hälfte des Hochaltars, das um 1500 von einem unbekannten Meister geschaffen wurde, zeigt eine thronende Muttergottes mit dem Jesuskind. Anfang des 17. Jahrhunderts ergänzte Hans Degler den oberen Teil des Altars um eine Immaculata, eine triumphierende Strahlenmadonna. Die Wallfahrer, von denen nun jedes Jahr mehr als eine halbe Million auf den Berg kamen, verehrten beide Gnadenbilder, die sie als Einheit betrachteten.

Im Dreißigjährigen Krieg versuchten die Schweden, die Madonna vom Hochaltar zu stürzen. Es gelang ihnen nicht, so daß sie den Berg schließlich wieder verließen, erschreckt und fassungslos. Zahlreiche Beobachter bestätigten dieses Ereignis.

1669 brannte die Kirche nach einem Blitzschlag völlig aus. Die Reliquien und das Gnadenbild der Muttergottes konnten gerettet werden. Der Wiederaufbau, bei dem die Kirche von Johann Baptist Zimmermann im Rokokostil umgestaltet wurde, nahm fast ein ganzes Jahrhundert in Anspruch. Die Wallfahrt zu den Drei Hostien und zu Unserer Lieben Frau von Andechs ging auch in dieser Zeit weiter. 1685 kam eine Bäuerin aus Südtirol zu Fuß über die Alpen nach Andechs. Sie litt unter einer unheilbaren Gebärmuttererkrankung und hatte gehört, die Madonna von Andechs habe noch keine Bitte unerfüllt gelassen. Als sie den heiligen Berg erklommen hatte und vor der Muttergottes betete, fühlte sich sofort besser. Sie kehrte nach Hause zurück und war geheilt.

Bis heute genießt Bayerns heiliger Berg ungebrochene Anziehungskraft – auch wegen des von den Mönchen gebrauten

Biers. Neben vielen Touristen finden jedes Jahr etwa 150 Wallfahrtszüge ihren Weg hier herauf. Ihren Höhepunkt erreicht die Pilgerbewegung zu den Marienfesten und in der Zeit zwischen Christi Himmelfahrt und Pfingsten. Ziel der Wallfahrer sind neben dem Gnadenbild der Maria noch immer die Drei Hostien, die sich auf dem Altar der *Heiligen Kapelle* befinden, wo sie in einer 1432 gefertigten silbernen Monstranz aufbewahrt werden. Eine weitere bedeutende Sehenswürdigkeit in Andechs ist das berühmte Wachsgewölbe, das 250 prachtvolle Riesenkerzen enthält. Die teilweise bemalten Kerzen sind bis zu 400 Jahre alt.

Blieskastel

Blieskastel liegt im Saarland, auf halbem Weg zwischen Saarbrücken und Zweibrücken. Das dortige Kloster Gräfinthal war bis zum 18. Jahrhundert einer der berühmtesten Marienwallfahrtsorte Deutschlands. Gestiftet wurde das Kloster der Legende nach im Jahr 1253 von Gräfin Elisabeth von Blieskastel, die dem Kloster auch das Gnadenbild „Muttergottes mit den Pfeilen" vermachte – nachdem sie vor dem wundersamen Bild von einem Augenleiden geheilt worden sein soll. Die aus Eichenholz geschnitzte Statue ist etwa 80 cm hoch, enthält fünf Pfeilspitzen und stammt aus dem Mittelalter.

Der Legende nach hatte sich im 13. Jahrhundert ein Ritter als Einsiedler am Ufer der Blies niedergelassen. In einer hohlen Eiche hatte er ein Bild der Schmerzhaften Madonna aufgestellt, das er sehr verehrte. Eines Tages kamen Räuber zu der Einsiedelei und wollten die Einsiedelei plündern. Als sie nichts anderes vorfanden als das Marienbild, schossen sie mit Pfeilen darauf. Fünf Pfeile drangen in das Bild ein, woraufhin aus dem Herzen Marias und den Wunden Christi rosenfarbenes Blut strömte. Die Räuber bekamen Angst und flüchteten. Die Kunde von dem Wunder verbreitete sich rasch, und das Volk eilte herbei. Ein Blinder bestrich seine Augen mit dem aus dem Bild fließenden Blut und wurde sehend. Auch die

augenkranke Gräfin von Blieskastel wurde geheilt und stiftete zum Dank das nach ihr benannte Kloster und die Kirche.

Die Pilger strömten bald aus allen Himmelsrichtungen herbei; selbst aus der Schweiz kamen Pilgerzüge nach Gräfinthal.
Da das Gnadenbild durch den vielen Kerzenrauch im Lauf der
Jahrhunderte immer dunkler geworden war, erhielt es schließlich den Beinamen „Schwarze Madonna von Gräfinthal".

Zur Aufbewahrung einer Heilig-Kreuz-Reliquie errichtete
man Ende des 17. Jahrhunderts auf einem der Hügel bei Blieskastel die Heilig-Kreuz-Kapelle, die wie das nahe Kloster Gräfinthal bald zum Ziel zahlreicher Pilger wurde. Reichsgräfin
Marianne, die Blieskastel zu einer klassizistischen Residenz
ausbauen wollte, überredete 1785 die Mönche von Gräfinthal,
das Kloster zu schließen und sich in Blieskastel niederzulas-
sen. Kaum war dies geschehen, da besetzten französische Re-
volutionstruppen das Land und zerstörten die neuerrichteten
Residenzbauten. Das Gnadenbild wurde 1829 in die Heilig-
Kreuz-Kapelle verlegt und geriet in Vergessenheit. Durch einen Zufall wurde es 1911 wiederentdeckt und auf dem Hochaltar der Kapelle aufgestellt, wo es sich bis heute befindet. Die
Wallfahrt nach Blieskastel begann von neuem. Die wachsenden Pilgerzahlen machten 1924 den Bau einer größeren Wallfahrtskirche und eines Kapuzinerklosters notwendig.

Bruchhausen

Bruchhausen liegt bei Bad Honnef, südöstlich von Bonn.
Schon im 11. Jahrhundert befand sich hier, einer Urkunde zufolge, eine der Gottesmutter geweihte Kapelle. Im 13. Jahrhundert wurde eine romanische Kirche erbaut, die man um
1500 im gotischen Stil erweiterte. Bekannt ist die Kirche u. a.
durch den „Bruchhausener Totentanz", ein Gemälde aus dem
17. Jahrhundert, und eine aus derselben Zeit stammende
Statue des heiligen Sebastian. Das Ziel der Pilger, die seit dem
15. Jahrhundert hierher kommen, ist jedoch eine Marienfigur,
die als *Refugium Peccatorum* (Zuflucht der Sünder), verehrt

wird, denn die Statue war Gegenstand eines ganz außergewöhnlichen Wunders, das hier vor 250 Jahren geschah und von mehr als 100 Persönlichkeiten des öffentlichen Lebens bezeugt wurde. Und so kam es zu dem Wunder:

Ursprünglich verehrte man in Bruchhausen ein anderes Gnadenbild, eine etwa 90 cm hohe Marienstatue mit Jesuskind aus Kalkstein. Eine zweite Statue, eine aus dem 14. Jahrhundert stammende, 70 cm große Eichenholzmadonna, bewahrte man in einem Schrank hinter dem Altar auf, um ihr bei sakramentalen Prozessionen kostbare Gewänder anzulegen und sie von jungen Mädchen durch den Ort tragen zu lassen. So geschah es auch zum Fest Mariä Himmelfahrt am 15. August 1745, und als die Mädchen darum baten, die Madonna solle öffentlich ausgestellt werden, gab man ihr einen Platz vor dem Pfeiler rechts vom Chor.

Fünf Wochen später geschah das Wunder: Am Nachmittag des 21. September 1745 entdeckten zwei Mädchen, daß die Madonna aus beiden Augen weinte. „Aus beiden Augen eine cristallhelle Feuchtigkeit gleich menschlichen Zähren drang und über beide Wangen floß", berichtet das Untersuchungsprotokoll. Das Phänomen wiederholte sich jeden zweiten Tag. Schließlich bestätigte der Kölner Erzbischof, Kurfürst Clemens August, nach eingehender Untersuchung die Echtheit des Wunders und verfügte, die Statue solle fortan kostbar geschmückt verehrt werden. Man legte in dem Pfeiler eine Öffnung an und stellte am 16. März 1746 die prachtvoll bekleidete Madonna hinein. Die Tränen versiegten nun, nachdem die Gottesmutter bis dahin 94mal geweint hatte.

Die Wallfahrt zur wundersamen Gnadenmadonna von Bruchhausen erfreut sich auch heute noch großer Beliebtheit. Der Pilgerstrom erreicht seinen Höhepunkt zum Fest Mariä Himmelfahrt am 15. August und am 8. September, Mariä Geburt.

Dülmen

Die Kleinstadt Dülmen liegt südwestlich von Münster in Westfalen. Seine religiöse Bedeutung erlangte der Ort durch die große Mystikerin und Visionärin Anna Katharina Emmerick, die hier ihr Leben verbrachte.

Geboren wurde Anna Katharina Emmerick am 8. 9. 1774 im nahen Wallfahrtsort Coesfeld. Liudger, der Missionar des Münsterlandes, hatte dort im Jahr 742 die Lambertikirche gegründet. Die zwischen dem 15. und 18. Jahrhundert mehrfach umgebaute und erweiterte Kirche birgt das berühmte Coesfelder Kreuz, ein um 1350 angefertigtes frühgotisches Gabelkreuz, das seit dem Mittelalter zum Fest der Coesfelder Kreuztracht am Dienstag nach Pfingsten durch die Stadt getragen wird.

Anna entstammte einer armen, kinderreichen Familie, die großen Wert auf die religiöse Erziehung ihrer Kinder legte. Schon als Kind sah sich die außergewöhnlich fromme und bescheidene Anna durch das Coesfelder Kreuz dazu angeregt, am Leiden Christi lebendig teilzunehmen. Regelmäßig wurden ihr Visionen der Gottesmutter und des biblischen Geschehens zuteil.

Nachdem sie einige Zeit als Magd und Näherin gearbeitet hatte, trat sie 1802 in das Augustinerkloster Agnetenberg in Dülmen ein. Das Leben im Kloster entsprach jedoch nicht ihren Vorstellungen, so daß sie zehn Jahre später das mittlerweile aufgehobene Kloster wieder verließ, um fortan in Dülmen als „Jungfer Emmerick" in ärmlichsten Verhältnissen zu leben. Sie hatte nach wie vor Visionen und Erscheinungen und befolgte auch die Ordensgelübde weiterhin.

Bald ging die Kunde durch das Land, Anna Katharina Emmerick trage die Wundmale Jesu und benötige keine Nahrung mehr. Die Menschen strömten nach Dülmen, bis sich Clemens August Droste Vischering, der Generalvikar von Münster, zu einer genauen Untersuchung der Vorfälle veranlaßt sah. „Die Wunden bluten von selber, ohne menschliches Zutun", schloß der Untersuchungsbericht, „und die Stigmatisierte lebt in völliger Nahrungslosigkeit." Auch die Akten und das Tagebuch ihres Arztes bezeugten Annas Stigmata (Wundmale) und ihren Verzicht auf Nahrung.

Anna selbst, die mittlerweile fast ständig bettlägerig war, sah ihre Bestimmung darin, nach dem Vorbild des Herrn Jesu alle Leiden geduldig anzunehmen. „Ich hege die Überzeugung", schrieb Droste Vischering 1820 an den Grafen zu Stolberg, „daß sie eine besondere Freundin Gottes ist, wovon wir aber nichts bemerkt hätten, wenn Gott sie nicht gestempelt (stigmatisiert, Anm. d. Autors) hätte; deshalb, denke ich, hat Gott sie durch die äußeren Male als seine Freundin gestempelt."

Es war der Dichter Clemens Brentano, der Anna Katharina Emmerick schließlich über das Münsterland hinaus bekannt machte. Von 1818 bis 1824 saß er an ihrem Krankenlager, zeichnete ihre Visionen auf und verfaßte ein umfangreiches Tagebuch darüber. Brentanos Bericht wurde schließlich unter dem Titel „Das bittere Leiden unseres Herrn Jesus Christus" veröffentlicht. Andere Visionen wurden später in Büchern wie „Leben der Jungfrau Maria" und „Das arme Leben unseres Herrn Jesus Christus" aufgezeichnet.

Am 9. Februar 1824 starb Anna Katharina Emmerick. Sie war gerade 50 geworden. Ihr Grab befindet sich heute in der Krypta der Kreuzkirche, während man ihr im Dülmener Augustinerkloster eine Gedenkstätte einrichtete.

1892 wurde der Seligsprechungsprozeß eingeleitet. Die im Emmerick-Bund zusammengeschlossenen Verehrer der Mystikerin finden sich auch in Holland, Belgien, Frankreich und den USA.

Kevelaer

Kevelaer liegt am Niederrhein, auf halbem Weg zwischen Krefeld und Kleve an der holländischen Grenze. Mit 700 000 Pilgern pro Jahr, darunter 150 000 Holländern, ist Kevelaer zusammen mit Altötting der bedeutendste deutsche Wallfahrtsort, obwohl vermutlich nirgendwo sonst ein so unscheinbares Gnadenbild verehrt wird wie hier: eine auf das Jahr 1640 datierte Kupferstichkopie der „Trösterin der Betrübten" (Unsere Liebe Frau von Luxemburg) im Format 7,5 x 11 cm. Sie zeigt die Gottesmutter in einem weiten spanischen Mantel mit dem Jesuskind im linken Arm und einem Zepter in der rechten Hand vor der Silhouette der Stadt Luxemburg.

So unscheinbar das Gnadenbild auch ist, so bemerkenswert ist doch die Geschichte, mit der es verbunden ist und die Kevelaer zu dem großen Pilgerzentrum machte, das es heute ist.

Es war zur Zeit des Dreißigjährigen Kriegs. Im Niederrheingebiet trafen Heere aus allen Himmelsrichtungen aufeinander, bekämpften sich schrecklich und verwüsteten das Land. Wer die Kampfhandlungen und Zerstörungen überlebte, fiel dem „Schwarzen Tod" zum Opfer, der den Landstrich ab 1635 heimsuchte. Da hatte der Gelderner Handelsreisende Hendrik Busmann um Weihnachten 1641 ein seltsames Erlebnis. Er betete an einem Wegkreuz in der Heide bei Kevelaer, als ihn plötzlich eine laute Stimme aufforderte: „An dieser Stelle sollst du mir ein Kapellchen bauen!" Er maß dem Ereignis zunächst keine Bedeutung bei. „Hierüber habe ich mich gewundert und mich nach allen Seiten umgeschaut, aber niemanden bemerkt", berichtete er später. „Ich bin weitergegangen und habe jene Stimme mir für dieses erste Mal aus dem Sinn geschlagen. Sieben oder acht Tage nachher ging ich wieder desselben Weges und hörte auf der nämlichen Stelle zum zweiten Mal die vorbemerkte Stimme und dieselben Worte. Ich hörte diese Worte, welche von der Seite des Hagelkreuzes kamen, klar und deutlich. Dadurch wurde ich in großes Leidwesen versetzt, indem ich meine geringen Mittel und Verhältnisse erwog ... Nichtsdestoweniger lastete die Aufgabe auf mir, und deshalb wollte ich aus meinem geringen Verdienste täglich eine Ersparnis machen ... zur Erbauung des Heiligenhäuschens. Hiernach geschah es einen Monat vor Pfingsten, daß meine genannte Hausfrau Mechel in einer Erscheinung bei Nacht ein großes glänzendes Licht sah mit der Vorstellung eines Heiligenhäuschens und in diesem ein Bildchen von der Art, wie sie solche einige Zeit zuvor in der Hand zweier

Soldaten bemerkt hatte. Diese hatten zwei papierne Bildchen Unserer Lieben Frau von Luxemburg mitgebracht ... Die Soldaten haben diese Bildchen oder eins derselben an die gedachte Mechel ... zu verkaufen gesucht. Dies geschah jedoch nicht, weil der Preis ihr zu hoch war ... Hierdurch schenkte ich der Sache mehr Glauben und schickte meine Frau zu jenen Soldaten, um nach den Bildchen zu sehen. Sie hatten dieselben dem Leutnant übergeben, der zu jener Zeit in Kempen in Gewahrsam sich befand. Der Leutnant kam aus der Gefangenschaft. Mechel ging zu ihm und erbat sich eins der Bildchen ..."

Auf diesem Weg kam also, zur Osterzeit 1642, das Gnadenbild nach Kevelaer, und bald schon wurde der erste Kranke geheilt, nachdem er das Bild in die Hand genommen hatte. Weitere Heilungen folgten; acht davon wurden durch die Venloer Synode bestätigt, während die Bischöfe von Roermond und Mecheln Kevelaer als Marienwallfahrtsort offiziell anerkannten und die örtliche Seelsorge in die Hände der Oratianer legten. Mit Unterstützung des Pfarrers Josef Schink wurde das Kapellchen errichtet. Am 1. Juni 1642 stellte man schließlich das später in Gold gerahmte Gnadenbild in der Kapelle auf, die auch angesichts der Not und des Elends jener Zeit sofort zum Ziel vieler Pilgerströme wurde. Bald schon war das „Heiligenhäuschen" (Bethäuschen mit Schrein) dem Ansturm der Wallfahrer nicht mehr gewachsen. 1643–1645 erbaute man ein zweites Gotteshaus, die dem Erzengel Michael geweihte barocke Kerzenkapelle, in der die Pilger Kerzen darbringen konnten. Neun Jahre darauf schuf man den sechseckigen Ziegelbau der Gnadenkapelle mit seiner kupfergedeckten Kuppel. Die im Stil des ländlichen Barock erbaute Kapelle wurde 1888 kunstvoll umgestaltet.

Die Zahl der Pilger wuchs weiter. Als Ende des 19. Jahrhunderts schließlich über 100 000 Pilger jedes Jahr nach Kevelaer strömten, sah man sich gezwungen, eine weitere Kirche zu errichten. So entstand die Basilika von Kevelaer, eine neugotische Backsteinkirche mit einem imposanten, 90 m hohen Turm und farbenfrohen Wandmalereien im Inneren. Hier wurde das Gnadenbild 1899 in Anwesenheit von fünf Bischöfen feierlich eingesetzt. Es befindet sich heute auf der Rückseite des 1874 erbauten Altars der Gnadenkapelle.

Eindrucksvoll sind die großen abendlichen Lichterprozessionen, an denen sich auch die Nachbarn aus Holland mit sogenannten „Lichterbäumen" beteiligen, großen Stangen mit Querhölzern, auf denen sich mehrere Fackeln befinden.

Am 2. Mai 1987 sprach Papst Johannes Paul II. ein Weihegebet an die Muttergottes: „Unter deinen Schutz und Schirm fliehen wir, heilige Gottesmutter. Verschmähe nicht unser Gebet in unseren Nöten, sondern errette uns jederzeit aus allen Gefahren, o du glorreiche und gebenedeite Jungfrau, unsere Frau, unsere Mittlerin, unsere Fürsprecherin. Führe uns zu deinem Sohn, stelle uns vor deinen Sohn. Sei gegrüßt, Jungfrau Maria, Mutter unseres Erlösers, Mutter der Kirche und unsere Mutter! Mit dir preisen wir unseren Herrn und Gott, der auf die Niedrigkeit der Menschen schaut und Großes für uns getan hat durch den Tod und die Auferstehung seines Sohnes."

Kößlarn

Kößlarn liegt in der Nähe des Städtchens Pocking im Landkreis Passau. Der Ort ist älter als Altötting und zählte bis zur Reformation zu den wichtigsten Marienwallfahrtsorten Deutschlands. Die gewaltige, stark befestigte Kirche mit ihrem gotischen Netzgewölbe und dem 50 m hohen Turm zeugt bis heute von der einstigen Bedeutung des Ortes.

Es war eine Begebenheit aus dem Jahr 1364, die den Ort zum Ziel der Pilger machte. Zu jener Zeit gab es an dem Ort „nichts anderes als lauter Holz und Gesträuch". Da ritt einer der Grafen von Ortenberg auf seinem Weg zum Kößlhof an einem Wacholderbusch vorbei. Auf einmal scheute das Pferd und weigerte sich, den Bach zu überqueren. Der Reiter stieg ab, um nach dem Grund für das Verhalten des Pferdes zu suchen. Er lief zu dem Wacholderstrauch zurück und fand dort ein Marienbild aus Holz.

Bald verbreitete sich die Kunde, das Gnadenbild von Kößlarn, für das der Graf einen Schrein hatte errichten lassen, sei wundertätig. Viele Kranke kamen nun hierher, um vor dem Bild zu beten und geheilt zu werden. Um 1400 erbaute man der Madonna eine Kapelle aus Stein. Kaum eine Generation später wurde Kößlarn zu einem der meistbesuchten Marienheiligtümer Deutschlands. 1448 kamen aus Bayern und Österreich 137 Pfarreien mit Kreuzen und Fahnen nach Kößlarn. 1476 ging die örtliche Seelsorge in die Hände der Zisterzienser des nahen Klosters Aldersbach über. Zur selben Zeit errichtete man die mächtige Befestigungsanlage, die die Kirche bis heute umgibt. 1515 vergrößerte man den Chor und fügte sieben weitere Altäre hinzu.

Nach den Wirren von Reformation und dem Dreißigjährigen Krieg geriet Kößlarn in Vergessenheit. Trotz großer Bemühungen im 18. Jahrhundert, die Wallfahrt wieder zum Leben zu erwecken, erlangte der Ort nie mehr ganz seine frühere Bedeutung.

Im 18. Jahrhundert erhielt die Kößlarner Kirche einen prachtvollen Hochaltar, der von den Reiterfiguren des heiligen Georg und des heiligen Martin flankiert wird. Auch die Zwiebelkuppel des Turms und der wunderschöne Rokokoschrein, in dem die Madonna heute aufbewahrt wird, stammen aus dieser Zeit. Die Statue, eine stehende, bekrönte Maria mit dem Jesuskind auf dem rechten Arm, ist seit dem 18. Jahrhundert bekleidet. Das schönste und wertvollste Kunstwerk der Kirche ist jedoch eine andere Muttergottes: Balthasar Weinbergers gotische Silbermadonna aus dem Jahr 1488.

Bis heute hat sich in Kößlarn ein 300 Jahre alter Brauch erhalten. Zum Erntedankfest am zweiten Sonntag im September ziehen Kinder in einer großen Prozession zur Wallfahrtskirche.

Maria Buchen

Maria Buchen liegt in der Nähe von Lohr am Main im Spessart. Mit über 200 000 Pilgern pro Jahr zählt die Kirche zu den großen deutschen Wallfahrtsorten.

Es war im Jahr 1395, als ein junger Mann an einem Baum vorbeikam und auf einmal keinen Schritt mehr weiterlaufen konnte. Erbost zog er „seine Wehr aus der Scheide, und weil der Baum innen hohl war, stach er mit seiner ganzen Macht hinein; hörte alsbald eine klägliche Stimme sprechen: O wehe, o wehe, o wehe! Darob er sich heftig entsetzte, zog das Schwert aus dem Baum, welches an der Spitze vorn mit Blut belaufen war, und erstarrte auf der Stelle, so daß er weder das Schwert in die Scheide stecken noch einige Schritte fortgehen konnte, sondern mußte stehen bleiben, bis daß andere Leute dazu kamen. Wie er nun examiniert und gefragt worden, bekannte er alles, wie es ihm ergangen ist. Daß er keinen Menschen gestochen hat, sondern in den Baum hinein, weil er nicht vorübergehn hat können. Daraus er nun eine klägliche Stimme gehört und sei ihm das Schwert voll mit Blut angelaufen gewesen. Darauf ist der Buchbaum zur Erfahrung der Wahrheit abgehauen und darinnen das Marienbild mit dem Stich auf dem Rücken, umronnen von Blut, gefunden worden."

Wie das Bild, eine Pietà, in den Baum gekommen war, konnte sich niemand erklären. Man vermutete, daß ein Hirte das Bild geschnitzt habe, um davor zu beten. Im Lauf der Zeit sei es dann von der Baumrinde überwachsen worden. Der Entdecker der Figur deutete die Begebenheit als Zeichen Gottes. Als Einsiedler ließ er sich an der Buche nieder, um vor dem Bild zu beten. 1432 errichtete man an Stelle der Buche eine erste Kapelle.

Bald häuften sich die Nachrichten über die wundersamen Kräfte der Madonna. So soll die Statue Blut vergossen haben, als sie vom Säbel eines Soldaten getroffen wurde, ein Ereignis, das viele Pilger nach Maria Buchen lockte. Als der „Schwarze Tod", die Pest, über das Land hinwegzog, sollen viele Erkrankte durch das Gnadenbild gerettet worden sein. Vermutlich verdankt Maria Buchen seinen Aufstieg zum vielbesuchten Wallfahrtsort der Pestepidemie des 15. Jahrhunderts.

Aufgrund der ständig wachsenden Pilgerzahlen wurde die Kapelle 1613–1617 grundlegend erweitert. Einige Jahrzehnte später ereignete sich wieder ein Wunder. Die Chronik berichtet:

„Anno 1660 ist des ehrsamen Hans Körners, damaligen Kirchners, dreijähriges Töchterlein von der steinernen Treppe bei dem Messnerhaus in ein Messer gefallen, so daß das Messer tiefer als eines Mannes Fingerglied durch die Hirnschale gestoßen. So hat der Vater das Messer mit aller Gewalt herausziehen müssen. Worauf die Mutter das übel und tödlich verwundete Kind in die Arme genommen hat, sodann in die Kirche gelaufen ist, das blutige Kind vor den mirakulos heiligen Altar getragen und Maria der Muttergottes aufgeopfert hat, hernach das Kind ohne Hülfe und Rat eines Wundarztes kuriert und heil geworden ist."

Die Kunde von solchen Wundern lockte immer mehr Pilger nach Maria Buchen, so daß die umgebaute Kapelle schon bald dem Strom der Wallfahrer nicht mehr gewachsen war. Man riß sie ab und baute eine neue Kirche, die 1701 fertiggestellt und 1726 von den Kapuzinern übernommen wurde, in deren Händen die örtliche Seelsorge bis heute liegt. Der eher schlichte Bau ist bekannt für seinen barocken Hochaltar, der die Kreuzabnahme Jesu zeigt. Das Gnadenbild, eine 13 cm hohe, aus dem späten 13. Jahrhundert stammende Darstellung Marias mit dem Leichnam Christi auf dem Schoß, befindet sich heute in einem Glasschrein auf dem linken Seitenaltar. Deutlich zu erkennen ist die Stichverletzung auf dem Rücken der Pietà.

Murnau

Murnau liegt unweit des Staffelsees im bayrischen Voralpenland, am Weg von München nach Garmisch-Partenkirchen. Seit die Madonna, dargestellt als Schmerzhafte Mutter, im 18. Jahrhundert mehrmals geweint haben soll, ist das Städtchen ein bekannter Marienwallfahrtsort. Die Madonnenfigur, die wahrscheinlich aus der Gotik stammt und ursprünglich in der Murnauer Friedhofskapelle aufbewahrt wurde, ist 80 cm groß und zeigt eine stehende, bekleidete Maria mit sieben Schwertern in einem Metallherzen und einer Edelmetallkrone mit Sternenkranz.

Es geschah im Jahr 1703, als die Madonna zum ersten Mal weinte. Die Nachricht von dem Wunder verbreitete sich rasch, und die Menschen kamen nach Murnau, um vor dem Bild der Schmerzhaften Mutter zu beten. Unter Leitung des Graubündner Architekten Enrico Zuccalli begann man 1717 mit dem Bau einer neuen Kirche, da die Friedhofskapelle dem Zustrom der Pilger nicht mehr gewachsen war. Es dauerte nicht lange, bis die Madonna in die prächtige neue Barockkirche verlegt werden konnte.

1746 wütete die Pest in Murnau, und als die Zahl der Toten von Tag zu Tag wuchs, gelobten die Bürger, den Tag der Schmerzhaften Mutter (Freitag vor Palmsonntag) künftig in besonderer Weise zu begehen und einen „Ewigen Rosenkranz" zu beten. So entstand das „Murnauer Taferl", eine Holztafel, die die Unbefleckte Empfängnis darstellt und zum Gebet jenes immerwährenden Rosenkranzes von Haus zu Haus getragen wurde.

1756 zeigte das Bild erneut Tränen. Nach Anhörung von Zeugen bestätigte der Bischof von Augsburg die Echtheit der Wunders und gestattete die Verehrung des Gnadenbildes. 1777 stellte man die Madonna in einer feierlichen Zeremonie auf dem Hochaltar der Kirche auf.

Der Schmerzhafte Freitag als Höhepunkt des Pilgerjahres hat sich in Murnau bis heute erhalten, doch auch an anderen Tagen pilgern die Gläubigen zur Gnadenmadonna. Daneben wird noch ein zweites Marienbild sehr verehrt, das sich in der Mariahilfkirche befindet und wie die bekannte Darstellung von Lucas Cranach d. Ä. aus dem Jahr 1530 die Gottesmutter bei der innigen Umarmung des Jesuskindes zeigt.

Ottobeuren

Ottobeuren liegt einige Kilometer südöstlich von Memmingen im Allgäu. Der Ort scheint seit der Christianisierung ein religiöses Zentrum zu sein, wurde doch das gewaltige Benediktinerkloster, dessen zwei Türme die Landschaft der Umgebung dominieren, schon im Jahr 754 gegründet. Seit dem 15. Jahrhundert ist Ottobeuren auch ein vielbesuchter Marienwallfahrtsort, vor dessen Gnadenbild viele Kranke geheilt worden sein sollen.

Es war im Jahr 1466, als eine unheilbar kranke Frau im Traum die Botschaft erhielt, sie würde gerettet werden, wenn sie das in einem Erlenwäldchen bei Ottobeuren vergrabene Bildnis der Gottesmutter berge und verehre. Die Frau folgte ihrem Traum. Sie grub das Bild aus, betete davor und war sofort gesund. Dieses Wunder wurde schnell bekannt, und aus allen Himmelsrichtungen strömten die Menschen herbei, um ebenfalls die Hilfe der Muttergottes zu erflehen.

Ein Bauer namens Jodok Mayer errichtete in dem Erlenwald (= Eldern bei Ottobeuren) eine Holzkapelle für das Gnadenbild, doch begann man schon wenige Jahre später mit dem Bau einer richtigen Kirche. Die Wallfahrt zu Unserer Lieben Frau von Eldern florierte, wie die zahlreichen Ablaßverleihungen am Ende des 15. Jahrhunderts zeigen. Im Dreißigjährigen Krieg ging der Pilgerstrom zurück, nahm aber nach 1678 wieder stark zu. Die Wallfahrer kamen nun sogar aus dem Schwarzwald und der Schweiz und machten den Ort damit zum meistbesuchten Pilgerort im ganzen Bistum Augsburg.

1685 wurde mit dem Bau eines Wallfahrtsklosters begonnen, 1702 legte man den Grundstein für eine neue Wallfahrtskirche. Die Klosterkirche, die zu den schönsten Barockkirchen Deutschlands zählt, entstand zwischen 1737 und 1766.

Die Säkularisation im Jahr 1803 unterbrach die Wallfahrt nach Eldern. Der bayrische Staat unterband den Pilgerbetrieb und ließ das Kloster und die eben erbaute Kirche abreißen. Den Ottobeurer Mönchen gelang es, das Gnadenbild nach Augsburg zu schaffen, während ein Bauer auf dem Gelände der früheren Wallfahrtskirche zum Gedenken einen Baum pflanzte.

1835 begann man, das Benediktinerkloster wieder aufzubauen. Nachdem der Abt das Marienbild aus Augsburg zurückgeholt hatte, wurde es in der linken Seitenkapelle der Stiftskirche aufgestellt, wo es sich bis heute befindet. Die Tonfigur, die vermutlich aus dem 15. Jahrhundert stammt, zeigt eine sitzende Maria mit dem Jesuskind auf dem Schoß und mit einem Sternenkranz, der über ihr schwebt.

Die Wallfahrt zum Elderner Gnadenbild erfreut sich bis heute großer Beliebtheit. Seinen Höhepunkt erreicht das Pilgerjahr am Pfingstmontag, wenn man die Madonna in einer großen Prozession zu der 1932 am Ort der einstigen Wallfahrtskirche erbauten Gedenkkapelle trägt, um sie dort zu verehren und am Abend wieder ins Kloster zurückzubringen.

Rosenthal

Rosenthal liegt in der Oberlausitz, zwischen Dresden und Bautzen. Der Ort zählt zu den ältesten und bekanntesten Marienwallfahrtsorten Deutschlands. Die Wallfahrtsstätte ist eine Art „Nationalheiligtum" der in dieser Gegend ansässigen katholischen Sorben (Wenden), die hier in diesem überwiegend protestantischen Teil Deutschlands ältestes slawisches wie auch katholisches Brauchtum lebendig halten.

Auch wenn viele den Namen des Orts mit der rosenbekränzten Marienfigur in Verbindung bringen, leitet er sich wahrscheinlich vom sorbischen *Rozen* her, was soviel bedeutet wie „Pfahldorf". Die hier verehrte Lindenholzstatue ist 22 cm hoch und zeigt Maria mit dem Jesuskind auf dem linken Arm. Die Gottesmutter trägt ein goldfarbenes Kleid mit eingewirkten Blumen und einen purpurroten Mantel, den sie schützend um ihren Sohn hält. In ihrer rechten Hand trägt sie eine Birne, während das Kind einen Apfel in den Händen hält.

Niemand weiß genau, wann Rosenthal zum Wallfahrtsort wurde. Historisch gesichert ist, daß es hier bereits 1269 eine

Marienkapelle gab. Der Legende nach begann die Wallfahrt aber schon zur Zeit Karls des Großen, der in diesem Landstrich gegen die Sachsen Krieg führte. Einer seiner Feldherren, der hier sein Lager aufgeschlagen hatte, sah immer wieder eine königlich gekleidete Frau das Lager umrunden. Auch auf den Feldern und Wiesen der Umgebung wurde die rätselhafte Gestalt häufig beobachtet, und ein Edelmann namens Luzian berichtete, er habe die Frau gesehen, als er zur Jagd ausgeritten sei. Er habe versucht, ihr zu folgen, doch sei sie plötzlich in einer Linde verschwunden. Als Luzian sich der Linde näherte, entdeckte er in dem Baum die Statue der Muttergottes.

Der Edelmann ließ für das Bild eine Holzkapelle errichten. Einige Jahrhunderte später, im Jahr 1248, ließen sich die Zisterzienser in Rosenthal nieder, um fortan der Wallfahrt zu dienen. Mehrmals versuchten sie, das Gnadenbild in ihr Kloster Maria Stern zu verlegen, doch das Bildnis kehrte auf wundersame Weise immer wieder an seinen ursprünglichen Standort zurück.

Wunder dieser Art und viele Gebetserhörungen, von denen aus Rosenthal erzählt wurde, machten den Ort weithin bekannt. Im 16. Jahrhundert strömten so viele Pilger hierher, um sich mit dem Wasser der an der Kapelle entspringenden Marienquelle zu benetzen, daß man sich gezwungen sah, an die Stelle des Holzkirchleins eine größere Kapelle aus Stein zu errichten. In der neuen Kirche erhielt das Gnadenbild 1628 schließlich einen eigenen Altar.

1639 fiel die Madonna den Schweden in die Hände. Doch als sie die Figur mitnehmen wollten, wurden sie auf rätselhafte Weise am Weitermarsch gehindert. Erst, als sie ihre Beute wieder zurückgegeben hatten, konnten die Schweden weiterziehen. Ende des 17. Jahrhunderts suchte eine Pestepidemie das Land heim, woraufhin ganze Ortschaften geschlossen nach Rosenthal pilgerten. Aus jener Zeit stammt ein Mirakelbuch mit dem Titel: „Heilsame Rose das ist Maria Muttergottes in dem uralten Gnadenbild zu Rosenthal als eine Rose ohne Dörner (ohne Dornen, Anm. d. Autors) blühend und allerlei Krankheiten heilend."

1739 wurde Rosenthal ganz dem Kloster Maria Stern eingegliedert, unter dessen Leitung man die noch heute bestehende
dreischiffige Wallfahrtskirche erbaute, in die schließlich auch
das Gnadenbild verlegt wurde. Noch bis in die Neuzeit verlas
man hier jährlich Hunderte von Danksagungen für Gebetserhörungen von der Kanzel.

1928 bekrönte der Meißener Bischof das Gnadenbild in
einer feierlichen Zeremonie. Gegen Ende des Zweiten Weltkriegs wurde die Kirche bombardiert und durch einen Brand
zerstört, doch konnte die Madonna gerettet werden. Trotz der
schweren Beschädigungen der Kirche ging die Wallfahrt in
der Nachkriegszeit weiter, denn das sorbische Brauchtum
wurde in der damaligen DDR besonders gefördert.

Rosenthal wird heute von Deutschen wie von Sorben besucht, doch haben die Sorben ihr eigenes Wallfahrtsbrauch-
tum entwickelt. Mit einem Priester an der Spitze pilgern sie in
langen Prozessionen zur Maria von der Linde. Jeder Pilgerzug
führt eine Marienstatue mit, die von jungen Mädchen, genannt
„Druschken", in aufwendiger Festtracht aus großen schwarzen
Röcken, weißen Schürzen, Seidenbändern und schwerem
Gold- und Silberschmuck getragen wird. Eingekleidet werden
die Mädchen schon am Vorabend der Prozession, so daß sie
die Nacht auf einem Stuhl sitzend verbringen müssen. Wenn
der Pilgerzug in der Kirche eingetroffen ist, stellen die Druschken das Marienbild auf einen Tisch, damit es dort von den
Pilgern geküßt werden kann.

Straubing-Sossau

Sossau, das „bayrische Loreto", liegt am nördlichen Stadtrand
von Straubing, 40 Kilometer östlich von Regensburg. Der Ort
zählt zu den ältesten christlichen Wallfahrtsorten auf deut-
schem Boden, wobei der ursprüngliche Anlaß der Pilgerfahrt
und ihr genaues Alter im dunkeln liegen.

Historisch gesichert ist, daß Graf Albrecht von Bogen die
Sossauer Kirche 1146 dem Prämonstratenserkloster Windberg

schenkte. 1178 weihte sie der Bischof von Regensburg zu Ehren Unserer Lieben Frau. Zu dieser Zeit war Sossau bereits Marienwallfahrtsort, ohne daß bekannt wäre, welches Gnadenbild die Pilger damals anzog.

Die heute verehrte Madonna ist eine kunstvolle, um 1300 geschaffene Kalksteinplastik. Sie zeigt die Muttergottes mit dem Jesuskind im Arm. Das Kind hat die rechte Hand zum Segen erhoben und trägt einen Vogel in der linken, während seine Mutter in der linken Hand eine Rose hält. Beide Figuren sind prachtvoll bekleidet.

Aus Anlaß der florierenden Wallfahrt erhielt die Kirche 1350 einen gotischen Chor und ein erweitertes Langhaus. Interessanterweise besitzt das Gotteshaus kein Fundament. Heute weiß man, daß ein solches auf dem harten Lehmboden gar nicht notwendig war. In früheren Zeiten jedoch erklärte man dies mit einer Legende, die große Ähnlichkeiten hat mit der Sage von der wundersamen Verlegung des heiligen Hauses von Nazaret nach Loreto. Der Legende zufolge stand die Kapelle ursprünglich in Antenring, südwestlich von Straubing. Als Erbauer werden römische Soldaten genannt, die das Christentum angenommen hatten. Die von dem später als Märtyrer hingerichteten Offizier Acilius genehmigte Marienkirche soll nach ihrer Vollendung von Bischof Lucius geweiht worden sein.

Da auf dem Weg zu der tief im Wald gelegenen Kapelle immer wieder Pilger überfallen wurden, befahl Maria im Jahr 1177 den Engeln, die Kirche in die Luft zu erheben und an einen anderen Ort zu versetzen. Nach mehrfacher Umsetzung wurde sie nach einer Legende zu guter Letzt von den Engeln per Schiff über die Donau nach Sossau gerudert, wo sie auf einem grünen Rasen ihren endgültigen Platz fand. Auf einem Wandgemälde und den zahlreichen Votivtafeln, die die Rückwand der Kirche bedecken, ist die Szene dargestellt, wie die Engel die Kapelle über den Fluß rudern.

Wegen des fehlendes Kirchenfundaments wurde die Legende 1624 von den geistlichen Autoritäten als glaubwürdig anerkannt. 1777 erhielt die Kirche einen neuen Hochaltar, auf dem im Jahr 1900 schließlich das Gnadenbild seinen Platz fand.

Die Wallfahrt zur Madonna von Sossau hat über die Jahrhunderte hinweg ihre Anziehungskraft bewahrt, so daß die Kapelle auch heute noch von vielen Wallfahrern besucht wird. Zum Fest Mariä Himmelfahrt am 15. August erreicht das Pilgerjahr seinen Höhepunkt.

Wemding

Wemding, einer der bekanntesten deutschen Marienwallfahrtsorte, liegt etwa 20 Kilometer östlich von Nördlingen im bayrischen Schwaben.

Es war im Jahr 1684, als ein junger Mann namens Franz Forell aus Rom ein Marienbild in seine Heimatstadt Wemding mitbrachte. Die Mirakelbücher beschreiben die Statue als „von Holz gemacht, steht und haltet das Jesuskind auf dem linken Arm". Forell stellte die Figur in seinem Haus auf, wohin schon bald viele Menschen zur Verehrung kamen. Das Bildnis wurde noch bekannter, als es zu einer ersten Gebetserhörung kam. Ein bei Forell untergebrachter protestantischer Reiter litt unter heftigen Kopfschmerzen. Da die Ärzte ihm nicht helfen konnten, nahm er den Rat seiner Frau an und bat Maria um Hilfe. Er war sofort von seinem Leiden erlöst.

Dem Wemdinger Stadtpfarrer behagte es gar nicht, daß plötzlich Tausende von Pilgern zu Forells Wohnhaus strömten. Er wollte das Bildnis in die Pfarrkirche verlegen lassen, doch Forell war damit nicht einverstanden, da er die Figur als sein Privateigentum betrachtete. Erst als sein Schwager, der Kaplan Reinhard Keller, vermittelte, gab Forell nach. Die Madonna wurde im Pfarrhof aufgestellt – und war nach zwei Jahren in Vergessenheit geraten.

Eines Abends wurde Kaplan Keller zu einem Kranken gerufen. Als er auf seinem Heimweg an einer Quelle vorbeikam, hatte er auf einmal das Gefühl, er werde durch eine Wand am Weiterlaufen gehindert. In seiner Not versprach er der Muttergottes, an dieser Stelle eine Kapelle zu errichten. Im selben Augenblick war die geheimnisvolle Wand verschwunden, und Keller konnte seinen Weg fortsetzen. Der Kaplan hielt sein Gelübde: 1692 baute man über der Quelle eine kleine Kapelle, auf deren Altar das nun als „Maria Brünnlein" bekannte Gnadenbild aufgestellt wurde.

Am 25. Juni 1735 kam es zu einem wundersamen Ereignis, das als „Augenwende" in die Geschichte einging und die kleine Stadt mit einem Schlag weithin bekannt machte. Franz Forells elfjährige Nichte Regina steckte der Marienfigur Blumen zwischen die Finger, als die Madonna plötzlich den Kopf drehte und die Augen bewegte. Auch andere Zeugen bemerkten Veränderungen im Gesicht der Statue. Bald strömten so viele Pilger nach Wemding, daß die Kapelle, in der nur zehn Personen Platz fanden, viel zu klein war. Man plante den Bau einer richtigen Wallfahrtskirche, doch waren die Stadtväter von Wemding dagegen. Treibende Kraft hinter den Bauabsichten war der neue Stadtpfarrer Johann Michael Forster: „Wenn die ganze Höll' mit allem Anhang auf Erden gegen diesen Kirchenbau aufsteht", formulierte er seinen Standpunkt, „so würde ich doch fortfahren, den Bau mit der Gnade Gottes und dem Beistand Mariens zu Ende zu bringen."

Es war Maria selbst, die den Streit um den Kirchenneubau schließlich entschied: Vor zahlreichen Pilgern – das Protokoll erwähnt 73 schriftliche Zeugen – wechselte die Madonna am 28. Juni 1746 ihre Gesichtsfarbe und wendete die Augen in Richtung Stadt. Zwei Jahre später legte man den Grundstein zur Wallfahrtskirche Maria Brünnlein, die schließlich 1781, nach mehr als 30 Jahren Bauzeit, eingeweiht wurde. Der Gnadenaltar, der im Zentrum des prachtvollen Gotteshauses steht und das Bildnis und die Quelle umfaßt, wurde 1755 von Johann Josef Mayer geschaffen und in der Nachkriegszeit restauriert.

Noch heute benetzen sich Pilger, die nach Wemding kommen, die Augen mit dem Wasser des Gnadenbrünnleins, denn die Quelle soll viele Augenkranke geheilt haben. Die Aufzeichnungen vermerken allein 107 Fälle, in denen Blinde ihre

Sehkraft wiedererlangten. Das Wemdinger Wallfahrtslied vergleicht die Gottesmutter selbst mit einem Brunnen: „... Du Quell, dem lebendiges Wasser entspringt, / das Labung und Segen den Dürstenden bringt; / du bist wie ein Brunnen, der niemals versiegt: / Sein Ursprung in Gott dem Allmächtigen liegt. / Befrei unsre Herzen von drückender Last, / den Sündern schenk Hoffnung, den Müden gib Rast; / bleib nahe uns Pilgern im Tal dieser Zeit, / zur ewigen Heimat gib du uns Geleit."

Erscheinungsorte und Gnadenstätten in Österreich

Absam

Einige Kilometer östlich von Innsbruck, oberhalb des Solbades Hall, liegt das Dorf Absam, der meistbesuchte Marienwallfahrtsort Tirols.

Im Januar des Jahres 1797 saß Rosina Puecher im elterlichen Haus in Absam und nähte. Als sie aufsah und zum Fenster blickte, sah sie plötzlich auf der Scheibe ein Bild der Jungfrau Maria. Sie rief ihre Familie herbei, und man wischte das Bild ab. Sobald das Glas getrocknet war, erschien Maria jedoch von neuem, so oft man das wundersame Abbild auch entfernen wollte.

Die Kunde von dem Ereignis verbreitete sich rasch, und die Menschen strömten nach Absam, um das Wunder selbst zu sehen. Als die Tiroler im selben Jahr die Schlacht von Spinges gewannen, schrieb man den Sieg dem Absamer Gnadenbild zu. Das Gnadenbild zeigt eine außergewöhnlich schöne, weinende Madonna.

Die Begebenheit wurde von den Kirchenbehörden geprüft und als echtes Wunder bestätigt. Das Glasbild stellte man daraufhin in der Absamer Pfarrkirche „St. Michael" auf.

Mit seinem imposanten Turm ist der gotische Bau, dessen Ursprünge bis in das 9. Jahrhundert zurückreichen, schon von weitem zu sehen. Die Rokokohaube des Kirchturms stammt aus dem 18. Jahrhundert, als die ganze Kirche umgestaltet wurde. Der Gnadenaltar ist nicht nur wegen des Glasbildes berühmt, sondern auch wegen einer 1930 freigelegten Malerei, einem Fresko aus dem Jahr 1470, das eine thronende Muttergottes im Kreis von Heiligen darstellt.

Heiligwasser

Eine Seilbahn führt von Igls bei Innsbruck auf den 2246 m hohen Patscherkofel mit seinen dicht bewaldeten Hängen. Auf halber Höhe liegt die Station Heiligwasser mit der weithin sichtbaren Wallfahrtskirche Maria Schnee.

Es war im Jahr 1606, als die beiden Hirtenjungen Johann und Paul Mayr auf der Suche nach entlaufenem Vieh zu einer Quelle am Hang des Patscherkofels kamen. Da erschien den Brüdern plötzlich die Muttergottes mit dem Jesuskind. Sie trug ihnen auf, zum Abt des nahen Klosters Wilten zu gehen, damit dieser an der Quelle ein Kirchlein zu ihren Ehren errichten lasse. Die beiden Kinder hatten jedoch nicht den Mut, Marias Wunsch zu erfüllen.

Viele Jahre später wurde der frisch verheiratete Johann Mayr Vater eines stummen Kindes. Durch Zufall kam er 1651 mit dem Kind an jener Quelle im Wald vorbei. Da geschah das Wunder: Das Kind begann zu sprechen. Johann Mayr erinnerte sich nun an die Erscheinung in seiner Kindheit, und er erfüllte den Auftrag der Gottesmutter. An der Quelle erbaute man eine Holzkapelle, und bald schon kamen die ersten Pilger, um sich mit dem „heiligen Wasser" zu benetzen und davon zu trinken.

Zehn Jahre später wurde die Kapelle nach einem Brand durch eine Barockkirche ersetzt. Aus dem Prämonstratenserstift Wilten, das die Betreuung der Wallfahrt übernahm, brachte man eine Marienfigur und stellte sie in Heiligwasser auf.

Die frühgotische Statue zeigt eine thronende, gekrönte Madonna mit dem Jesuskind. Das Gnadenbild wurde 1971 gestohlen und später durch eine Kopie ersetzt.

Locherboden

Im oberen Inntal, etwa 40 Kilometer westlich von Innsbruck bei der Bahnstation Mötz, liegt die Wallfahrtsstätte Locherboden mit der Kirche „Maria, Hilfe der Christen". Der Ort zählt zu den jüngsten Pilgerorten Österreichs.

Sieben Jahre war Maria Kalb schon krank gewesen, als ihr im Jahr 1871 die Jungfrau Maria erschien und ihr in einer Vision eine Grotte zeigte; es war der Eingang zu einem alten Stollen oberhalb von Mötz. Zum Dank für seine Errettung beim Schürfen nach Erz hatte der Bergmann Thalmann Kluibenschädel dort Mitte des 18. Jahrhunderts eine Nachbildung des von Lucas Cranach geschaffenen Innsbrucker Mariahilf-Bildes aufgehängt.

Maria Kalb ließ sich zu dem Stolleneingang hinauftragen – und war sofort gesund. Die Nachricht von der Marienerscheinung und der Heilung verbreitete sich schnell, und bald kamen die ersten Wallfahrer zu der Grotte. Auf einem Hügel über der Höhle legte man 1896 den Grundstein zu einer neugotischen Kirche, die 1901 eingeweiht wurde – begleitet von seltsamen Lichterscheinungen. Mit ihrem schlanken Turm ist die Kirche schon vom Tal aus gut zu erkennen.

Der Stolleneingang wurde zur Kapelle ausgebaut. Das Mariahilf-Bild wurde auf den Hochaltar der neuen Kirche verlegt, während die Höhlenkapelle als Ersatz ein hölzernes Reliefbild der Schmerzensmutter mit dem goldenen Mantel erhielt.

Die Wallfahrt nach Locherboden hat bis heute nichts von ihrer Beliebtheit eingebüßt. Vor allem im Sommer kommen die Pilger herauf, wenn von Mai bis Oktober am 11. jedes Monats die „Nachtwallfahrt" durchgeführt wird.

Mariahilferberg

60 Kilometer westlich von Wiener Neustadt überragt bei Gutenstein ein Hügel das Piestingtal. Dort steht die Wallfahrtskirche Mariahilf, der die Anhöhe ihren Namen verdankt.

Es war im Jahr 1661, als die Jungfrau Maria nach der Legende dem Schmied Sebastian Schlager aus Gutenstein siebenmal im Traum erschien. Sie bat ihn, er solle ein Bild von ihr malen und auf dem Berg anbringen lassen. Tief beeindruckt pilgerte der Mann nach Mariazell und ließ dort von einem Künstler auf Eisenblech das Bildnis der Gottesmutter mit dem Jesuskind arbeiten. Auf dem heimatlichen Hügel befestigte der Schmied schließlich das Gnadenbild an einer Buche.

In den folgenden Jahren kam es an dem Bild immer wieder zu Heilungen. 1664 sah man, wie weiße Tauben den Baum umkreisten, und kurz darauf wurden bei dem Bild seltsame Lichterscheinungen beobachtet. Bald stiegen Pilger in Scharen auf den Berg, und man zimmerte eilig eine Holzkapelle. Nach Prüfung der Ereignisse durch das Passauer Konsistorium genehmigte Papst Clemens IX. (1600–1669) die Verehrung des Gnadenbildes. 1668 wurde der Grundstein zur Wallfahrtskirche gelegt, die man nach der Fertigstellung den Tiroler Serviten übergab, in deren Händen die örtliche Seelsorge bis heute liegt. Als das Gotteshaus 1708 niederbrannte, fand man das Marienbild unversehrt. Die Barockkirche wurde restauriert und prachtvoll ausgestattet. Künstlerischer Höhepunkt ist der Hochaltar, wo sich unter einem Baldachin das inzwischen gekrönte Gnadenbild befindet. Nach dem Besuch der Kirche ziehen die Wallfahrer häufig noch zu den Grotten der Umgebung, in denen man Kapellen errichtet hat.

Maria Plain

Auf einem Hügel am nördlichen Stadtrand von Salzburg, dem Plainberg, erhebt sich die Wallfahrtskirche Maria Plain, deren Silhouette schon von weitem zu sehen ist. Der Weg von der

Stadt führt an vier Kapellen, einer Kreuzigungsgruppe und 15 Steinsäulen mit den Rosenkranzgeheimnissen vorbei.

„Hochaltar Salzburgs" wird die Wallfahrtskirche auch genannt, in der seit mehr als 300 Jahren das Gnadenbild „Maria Trost" verehrt wird. Das silbern gerahmte Gemälde, das sich heute über dem Tabernakel befindet, zeigt die Gottesmutter, wie sie das vor ihr liegende Jesuskind liebevoll mit einem Schleier bedeckt. Beide tragen prachtvolle edelsteinbesetzte Kronen.

Niemand weiß, woher das Bild stammt. Bevor es nach Salzburg kam, befand es sich bei einem Bäcker im bayrischen Regen. 1633, im Dreißigjährigen Krieg, wurde der Ort in Brand gesteckt, doch das Bild erlitt keinen Schaden. Der Bäcker verkaufte es schließlich an die Frau des Pflegers von Burg Fürsteneck, Argula von Grimming, die es an ihren Sohn Rudolph weitergab. Dieser brachte es 1652 auf seinen Besitz auf dem Plainberg und ließ eine Holzkapelle errichten, in der das Bild schon bald verehrt wurde. Im Jahr 1653 kam es hier zu einer ersten Wunderheilung, die von Ärzten ebenso wie von Geistlichen bezeugt wurde.

Gegen Ende seines Lebens ließ sich Rudolph von Grimming als Einsiedler in den Allgäuer Bergen nieder. Das Gnadenbild nahm er mit, doch hinterließ er auf dem Plainberg eine Kopie. Die Wallfahrer störten sich nicht daran, statt des Originals eine Nachbildung zu verehren. Sie strömten weiter auf den Plainberg.

Die heutige Wallfahrtskirche, ein prächtiger Barockbau mit zwei Türmen, wurde 1671–1674 errichtet. Die Seelsorge legte man in die Hände der Benediktiner. Nach Rudolph von Grimmings Tod gelangte das Originalbild 1676 wieder auf den Plainberg, wo es in der neuerbauten Kirche aufgestellt wurde. 1751 wurde das Gnadenbild feierlich gekrönt. Am Ort der ursprünglichen Holzkapelle unterhalb der Kirche baute man 1710 eine Kapelle aus Stein, in der bis heute die Gnadenbildkopie aufbewahrt wird.

Wie schon die Familie Mozart vor 200 Jahren, so fühlen sich die Bürger Salzburgs auch heute noch mit Maria Plain innig verbunden. Tag für Tag kommen Pilger auf den Berg, um hier zu beten und im Anblick der Gottesmutter Trost zu finden.

Maria Saal

Einige Kilometer nördlich von Klagenfurt ragen auf einem Hügel die beiden Türme der Wallfahrtskirche Maria Saal in den Himmel. Die Gnadenstätte zählt zu den ältesten Wallfahrtsorten Europas.

Im 5. und 6. Jahrhundert wanderten germanische und slawische Stämme in die ehemalige römische Provinz Karantanien ein, das heutige Kärnten. Vom Christentum hatten die neuen Siedler damals noch nichts gehört. Sie hatten ihre eigenen Religionen. Bis heute steht auf dem Gelände von Maria Saal eine romanische Taufkapelle, die allgemein „Heidentempel" genannt wird. Vermutlich befand sich hier einst eine vorchristliche Kultstätte.

Zur Bekehrung der Heiden in den Kärntner Bergen schickte der Salzburger Bischof Virgilius im Jahr 753 eine Gruppe von Priestern und Mönchen auf den Weg nach Süden. Führer dieser Abordnung war der Bischof Modestus, der an der Stelle des heutigen Maria Saal eine der Muttergottes geweihte Bischofskirche erbauen ließ. So wurde der am Weg von Salzburg zum Mittelmeer gelegene Ort zum Zentrum der Christianisierung dieses Raums. Zwar verlegte man den Bischofssitz später in das nahe Klagenfurt, doch wird die Wallfahrtskirche Maria Saal bis heute „Dom" genannt.

Zwei Jahrhunderte später wurde Kärnten selbständiges Herzogtum. In Prag war zu jener Zeit Adalbert als Bischof tätig. Adalbert, der als „Apostel der Preußen" in die Geschichte einging und heiliggesprochen wurde, hatte einst aus Loreto eine Marienfigur mitgebracht. Kurz vor seinem Tod im Jahr 997 wollte er die Statue von zwei Edelleuten nach Italien zurückbringen lassen. Das Gefährt kam jedoch nur bis Villach, wo die Zugtiere dann eigenmächtig die Richtung wechselten. Niemandem gelang es, sie auf den vorgesehenen Weg zurück-

116

zulenken, und schon bald folgten der Kutsche viele Menschen. Schließlich erreichte man die Bischofskirche Maria Saal, wo die Madonna aufgestellt wurde. Es dauerte nicht lange, bis die ersten Pilger kamen, um die wundertätige Figur zu verehren.

Das heutige Gnadenbild jedoch ist wesentlich jünger. Die im Zentrum eines barocken Hochaltars stehende Steingußmadonna, die um 1420 geschaffen wurde, zeigt eine thronende Gottesmutter mit dem Jesuskind auf ihrem rechten Knie. Mit geneigtem Kopf und liebevollem Lächeln hält sie die Hand des Kindes, das in seiner anderen Hand einen Apfel trägt.

Mit Steinen aus den nahegelegenen Ruinen einer früheren römischen Provinzhauptstadt errichtete man zwischen 1430 und 1460 schließlich die prächtige gotische Wallfahrtskirche. Als die Türken auf ihren Eroberungszügen nach Mitteleuropa vordrangen, erhielt die Kirche ihre burgähnlichen Befestigungsanlagen.

Durch einen Brand wurde der Bau 1669 teilweise zerstört. Bei der Restaurierung, die kaum fünf Jahre in Anspruch nahm, wurde die Kirche barock umgestaltet. Damals erhielten auch die beiden Türme ihre Zwiebelkuppel. Zum Dank für die Abwehr der Türken vor Wien stellte man 1683 eine Mariensäule vor der Kirche auf.

Auch 1200 Jahre nach ihrer Gründung ist die Anziehungskraft, die dieser Wallfahrtsort auf die Menschen ausübt, ungebrochen. Die Pilger, die sich vor dem kunstvollen Marienaltar versammeln, kommen vor allem aus Österreich, Slowenien, Italien und Deutschland.

Maria Taferl

200 Meter oberhalb der Donau, zwischen Ybbs und Melk in Niederösterreich, ragen die beiden Zwiebeltürme einer Barockkirche in den Himmel: der Gnadenstätte Maria Taferl, einer der bekanntesten Marienwallfahrtsorte Europas.

Vor 300 Jahren war der Hügel, auf dem die Kirche liegt, noch dicht bewaldet. „Taferlberg" wurde der Ort genannt, denn in die Aushöhlung einer alten, dürren Eiche hatte jemand eine Holztafel gehängt, auf der ein Kreuz und die Bilder von Maria und Johannes zu sehen waren. Wer vorbeikam, betete hier. Gelegentlich fanden auch Flurprozessionen statt, zu denen sich ganze Dörfer vor dem Taferl versammelten, um der Bibellesung des Pfarrers zuzuhören. Anschließend nahm man ein gemeinsames Mahl. Als Eßtisch diente eine Granitplatte auf einem Sockel, die heute vor dem Tor der Wallfahrtskirche steht, und man setzte sich dazu auf die steinerne Rundbank, die sich um die Platte zog. Dieser Brauch, der sich bis in das 17. Jahrhundert hielt, hatte möglicherweise vorchristliche Wurzeln, wie auch die Verehrung des Berges und der Eiche auf uralte Kulte um heilige Berge und Bäume zurückgehen mag.

Im Januar des Jahres 1633 kam der Viehhirt Thomas Pachmann auf der Suche nach Brennholz an der Eiche vorbei. Er war neu in der Gegend und kannte den Baum nicht, und da er sich der Eiche von ihrer Rückseite her näherte, sah er auch die Tafel mit dem Kruzifix nicht. Er beschloß, den alten Baum zu fällen. Die Axt prallte jedoch beim ersten Hieb ab und verletzte seinen rechten Fuß. Dasselbe geschah beim zweiten Hieb, als die Axt Pachmanns linken Fuß blutig schlug. Da entdeckte der Viehhirt die Tafel mit dem Kreuz, und er fiel auf die Knie und bat Gott um Vergebung für sein Mißgeschick. Augenblicklich hörten seine Wunden auf zu bluten.

Neun Jahre später kaufte Alexander Schinagl, Förster und Richter des nahen Dorfes Krummnußbaum, von dem Schulmeister und Bildschnitzer Franz Meuß eine kleine Lindenholzfigur der Schmerzhaften Muttergottes und brachte sie in sein Haus. Schinagl litt seit langem unter einer schweren Depression, und in der Nacht nach dem Kauf der Madonna hatte er einen eigenartigen Traum. Eine Stimme sprach zu ihm folgende Worte: „Alexander, willst du gesund werden, dann nimm das Bild der Schmerzhaften Mutter und trage es auf den Taferlberg zur Eiche." Am nächsten Tag nahm Schinagl das

Taferl aus der Höhlung des Baumes und stellte die kleine Muttergottesfigur hinein. Der gemütskranke Mann wurde gesund, und der völlig verdorrte Baum begann nach einigen Jahren, wieder Blätter zu tragen.

Am 17. Juni des Jahres 1658 geschah dem Bauer Georg Straßer etwas sehr Seltsames: Er war bei der Arbeit auf seinem Acker, von dem aus er die Eiche sehen konnte, als er den Baum auf einmal von einem hellen, strahlenden Licht erleuchtet sah. „Der helle Schein war so, wie wenn sich ein weißes Dach über die Bäume gewölbt hätte", berichtete er später.

Erscheinungen dieser Art häuften sich nun. Am Mittagshimmel des 29. Mai 1659 strahlten auf einmal drei große Sterne über der Eiche. Gleichzeitig sah man, wie eine Gruppe weißgekleideter Personen, die Kreuze und rote und weiße Fahnen trugen, sich auf die Eiche zubewegte. Einige der Teilnehmer des Zuges schwebten durch die Luft. Andere liefen zu Fuß über einen Weg, der seither „Engelsweg" genannt wird, denn die Beobachter hatten keinen Zweifel daran, daß es sich bei den merkwürdigen Personen nur um Engel handeln könnte.

Die Erscheinungen wiederholten sich regelmäßig bis zum Juli 1661. Oft dauerten sie nur wenige Minuten, dann eine ganze Stunde, an einigen Tagen waren es gerade zehn weißgekleidete Engel, die zu der Eiche wanderten, dann mehrere hundert. Im gleichen Zeitraum kam es auch zu mehreren Wunderheilungen. Bezeugt wurden diese Phänomene von Menschen aller sozialen Schichten, Altersgruppen und Konfessionen. Vom Passauer Bischof wurde schließlich eine Untersuchungskommission berufen, vor der 57 Personen unter Eid ihre Beobachtungen bestätigten, so daß die Erscheinungen auch von kirchlicher Seite anerkannt wurden.

Es dauerte nicht lange, bis die Menschen auf den Berg strömten. Im März 1660 wurde vor der Eiche eine erste Messe gefeiert, und kurz darauf legte man den Grundstein zu einer Wallfahrtskirche, die um den verehrten Baum gebaut werden sollte. Die Architekten gehörten zu den berühmtesten Barockbaumeistern jener Zeit, doch dauerte es über 60 Jahre, bis das prachtvolle, allein aus den Spenden der Pilger finanzierte

Gotteshaus fertiggestellt wurde, denn viele Kriege und die Belagerung Wiens durch die Türken verzögerten die Bauarbeiten.

Ein 1748 erschienenes Mirakelbuch beschreibt viele Gebetserhörungen. Sieben Jahre später jedoch geschah etwas Schreckliches: Ein Chorknabe zündelte in der Kirche, worauf der Eichenstamm und das hölzerne Gnadenbild plötzlich Feuer fingen und verbrannten.

Man ersetzte die zerstörte Eiche durch einen Metallbaum und bestrich die neue Marienfigur, die bis heute in der Apsis des Hochaltars steht und wie ihre Vorgängerin aus Lindenholz gefertigt ist, mit der Asche der verbrannten Statue. Die 38 cm hohe Figur zeigt eine Madonna in rotem Kleid und blauem Mantel. Sie thront auf einem Sockel, trägt eine edelsteingeschmückte Goldkrone und beweint ihren toten Sohn, den sie auf dem Schoß trägt.

Die Wallfahrer ließen sich von der Zerstörung des ursprünglichen Gnadenbildes nicht abhalten: Zur Zweihundertjahrfeier 1860 versammelten sich über 200 000 Gläubige auf dem Taferlberg.

Im Mai 1944 verließen die letzten deutschen Soldaten auf einem Schiff die Festung Sewastopol. Ein junger Soldat mußte zurückbleiben und geriet in russische Gefangenschaft. Seiner Mutter wurde er als vermißt gemeldet, und sie betete zu Gott um ein Lebenszeichen ihres Sohnes. Da erschien ihr der Junge im Traum und sagte: „Mama, das Schiff ist nach Maria Taferl abgefahren, aber ich durfte nicht mit." Die Frau gelobte, auf den Taferlberg zu pilgern, wenn ihr Sohn noch am Leben sei. Vier Jahre später kehrte der junge Mann aus der Gefangenschaft zurück, und die glückliche Mutter erfüllte ihr Gelübde.

Bis heute hat der heilige Berg nichts von seiner Anziehungskraft verloren. Die Pilger strömen noch immer in großer Zahl zu der Barockkirche, und wegen der einmaligen Aussicht, die man von hier auf das Donautal und die Ausläufer der Hochalpen genießt, ist Maria Taferl auch als Ausflugsziel sehr beliebt.

Mariazell

„Via sacra" wird der Weg genannt, der von Wien hier herauf-
führt, heilige Straße. Mariazell ist das Nationalheiligtum des
alten Österreich-Ungarn und liegt im Tal der Salza in der nördlichen Steiermark. Jährlich wallfahren fast eine Million Pilger
an diesen Gnadenort.

Wann Mariazell genau gegründet wurde und ob der Ort
schon von Anfang an ein Marienheiligtum war, verliert sich
im Dunkel der Legendenbildung. Die Inschrift auf dem Stein-
relief über dem Kirchenportal vermerkt 1200 als Jahr der
Grundsteinlegung. Die Zelle des Mönchs wird erstmals 1243
erwähnt, während die erste urkundliche Nennung eines
Marienaltars an diesem Ort aus dem Jahr 1266 stammt. Der
Überlieferung nach war es jedoch am 21. Dezember 1157, als
hier eine erste Holzkapelle zu Ehren der Muttergottes errichtet wurde.

Historisch gesichert ist, daß Benediktinermönche, die die
Wallfahrtsstätte bis heute betreuen, im Jahr 1066 das weiter
südlich gelegene Kloster St. Lambrecht gründeten. Zu jener
Zeit gab es in diesem Gebiet viele Salz- und Eisenbergwerke,
die dem Kloster 1103 vom Herzog Heinrich von Kärnten gestiftet wurden. Seelsorgerisch betreut wurden die Bergarbeiter
von Mönchen aus St. Lambrecht, die in eigenen Zellen in der
Nähe der Bergwerke lebten.

Im Jahr 1156 schickte der Abt von St. Lambrecht den Mönch
Magnus zu den Bergleuten im Norden der Steiermark. Der
Mönch nahm eine von ihm selbst geschnitzte Marienfigur mit
auf den Weg. Als er die Gegend des heutigen Mariazell erreicht hatte, fand er seinen Weg plötzlich durch einen großen
Felsen versperrt. Magnus stieg vom Pferd und betete zur Muttergottes, sie möge ihm bei der Überwindung des Hindernis-
ses helfen. Da teilte sich auf einmal der Fels und bot einen
Durchlaß in ein wunderschönes Tal. Magnus ritt ein Stück hinein, hielt an, stellte die Madonna auf einen Baumstumpf und
zimmerte sich eine Klause. Der Mönch und seine Marienfigur
hatten eine Zelle erhalten – Mariazell.

Das heute verehrte Gnadenbild ist jedoch nicht die Statue, die der Mönch Magnus damals mitgebracht haben soll. Der einheimischen Überlieferung nach stammt die heutige Figur aus dem 13. Jahrhundert, doch ist sie wahrscheinlich jünger. Die 48 cm hohe Holzplastik zeigt eine thronende Gottesmutter, die das Jesuskind auf dem Schoß hält und fest an sich drückt. Das Kind reicht der Mutter einen Apfel und nimmt aus ihrer Hand eine Birne entgegen. Das unter einem Baldachin stehende Bildnis ist jedoch nur an drei Tagen im Jahr ganz zu sehen: Am Karfreitag, an Mariä Geburt (8. September) und am 21. Dezember, dem Gründungstag von Mariazell. An den übrigen Tagen sind Mutter und Kind von prachtvollen, kostbaren Gewändern verhüllt.

Am Hauptportal der Wallfahrtskirche empfangen zwei lebensgroße Figuren die Besucher: der Markgraf Heinrich I. Wladislaw von Mähren und König Ludwig I. von Ungarn. Beide Herrscher gelten als Gründer der Kirche, denn beiden hatte die Gottesmutter aus großer Not geholfen.

Heinrich von Mähren, der 1198–1222 regierte, litt wie seine Frau seit einigen Jahren an Gicht. Eines Nachts hatten er und seine Gemahlin den gleichen Traum. Sie würden Heilung finden, erfuhren sie darin, wenn sie der Gottesmutter vertrauten und in einem abgelegenen steirischen Tal eine dort schon bestehende Holzkapelle erweiterten. Sie zögerten nicht lange und machten sich auf nach Mariazell, doch unterwegs verirrten sie sich. Da erschien ihnen ein Engel – nach anderen Quellen war es der heilige Wenzeslaus – und führte sie zu der besagten Kapelle.

Ludwig I., der als „der Große" in die Geschichte einging, regierte von 1342 bis 1382 ein gewaltiges Reich, das sich von Polen bis nach Bosnien erstreckte. 1363 zog er mit seinem Heer gegen die Türken ins Feld. Mit 20000 Mann war er jedoch dem viermal größeren türkischen Heer zahlenmäßig weit unterlegen. Dennoch zog er voller Zuversicht in die Schlacht, denn in der Nacht zuvor war ihm im Traum die Gottesmutter erschienen. Als er erwachte, lag auf seiner Brust – wie ein Schild – das Marienbild, das er sonst immer mit sich führte, an

Ein man ward auff ain Rad gelegt. Mariam zw Zell rüfft er an / do viel er von dem Rad/ vnd ward gen Zell gepracht. Vnd alſpald er das gätter bey dem mittern Altar begraiff/ warden ym all ſein payn gannz.

Darstellung eines Geräderten und seiner wunderbaren Errettung durch die Muttergottes von Mariazell. Holzschnitt eines unbekannten Meisters, um 1520 jenem Tag aber daheim vergessen hatte. Ludwigs Vertrauen zur Muttergottes wurde nicht enttäuscht. Er besiegte die türkischen Truppen und pilgerte dann mit seinem Heer zum Dank nach Mariazell, wo er über der Kapelle eine gotische Kirche mit einem spitzbehelmten Turm errichten ließ, denn die alte Kapelle war dem Pilgerstrom schon lange nicht mehr gewachsen. Auch sein Marienbild hinterließ der König in Mariazell. Das Temperagemälde, das auf einem eigenen Altar in der Schatzkammer der Kirche steht, wird heute genauso verehrt wie das eigentliche Gnadenbild. Von emailliertem Goldblech umrahmt zeigt es die Gottesmutter mit dem Jesuskind.

Durch Ludwigs Sieg über die Türken wurde Mariazell auch zum Nationalheiligtum der Ungarn; noch heute besuchen sie deshalb diesen Wallfahrtsort. Auch aus anderen Teilen Europas strömten nun die Pilger. Im 16. Jahrhundert kamen die Wallfahrer den Chroniken zufolge bereits aus 16 verschiedenen Nationen. Mit der jährlichen Prozession aus Wien wurde 1632 eine Tradition eingeführt, die sich bis heute erhalten hat.

Da die von König Ludwig erbaute gotische Kirche die Pilgerströme nicht mehr fassen konnte, wurde sie von 1644 bis 1699 erweitert und im barocken Stil völlig umgestaltet. Unverändert erhalten blieben nur das Portal und der 90 m hohe spitze Turm, der seither mit den beiden hinzugefügten Zwiebeltürmen eine architektonisch einmalige Fassade bildet.

Unter Kaiser Leopold I. (1658–1705) wurde Mariazell in den Rang eines Reichsheiligtums erhoben. 1679 fand eine Bußprozession zur Abwehr der Pest statt. Neun Jahre später kamen über 2000 Büßer aus Wien. Angeführt von Fürst Esterhazy pilgerten 1692 mehr als 11000 Menschen zum Dank für die Befreiung von der Türkengefahr nach Mariazell.

„Es ist der armselige Mensch auf dieser Welt so vielen unterschiedlichen Zuständen unterworfen", schrieb 1668 der Benediktinermönch Gerhard Pettschacher in seinem Mariazeller Mirakelbuch, „daß öftermals die bewehrtesten Medici und Ärzte mit all ihrer Wissenschaft zu schwach sind ... Was aber die menschliche Kunst und Arznei nicht heilen kann, das heilt Maria, die Mutter der Erkenntnis."

em fraw ward lange czeit ser beſchwerdt mit
dem hinfallenden ſiechtum alß pald ſi ir man
gen cell verhies mit einem opfer ward ſie an
alle erczuei geſuntt

Eine Epileptikerin, deren Ehemann die Gottesmutter anfleht, erlangt in
Mariazell wieder ihre Gesundheit.
Darstellung auf dem Großen Mariazeller Wunderaltar aus dem Jahr 1522

Ain iunger Knecht von Znaym kham gen Zell/dem het der schlag dy ain
seytten vnd armb seines leybs verderbt. Als pald er sein gepett opffert/
ward Er gesundt vnd bewegt all sein glider.

Darstellung der Wunderheilung eines jungen Knechts aus Znaim in
Mariazell. Holzschnitt eines unbekannten Meisters, um 1520

Im Lauf der Jahrhunderte hat die Madonna von Mariazell immer wieder Menschen von Krankheiten geheilt und vor anderen Gefahren bewahrt. So wurde 1695 ein junger Mann namens Georg Heindl von den Türken in die Sklaverei verschleppt. Er betete verzweifelt zur Muttergottes und gelobte, nach Mariazell zu pilgern, wenn er von seinem Los befreit würde. Es gelang ihm schließlich, zu fliehen und sich bis zum österreichischen Botschafter in Konstantinopel durchzukämpfen, unter dessen Schutz er 1701 in seine Heimat zurückkehrte. Zum Dank für seine Rettung stiftete er in Mariazell eine Gedenktafel.

Im selben Jahr wurde der Feldtrompeter Daniel Mosack von einem Reitknecht in den Rücken geschossen. Es gelang dem Schwerverletzten, sich zu der Quelle zu schleppen, die oberhalb der Kirche entspringt. Er benetzte sich mit dem Wasser aus der Quelle und war geheilt.

1703 fiel die kleine Tochter eines gewissen Johannes Saam vom Tisch. Sie überlebte den Sturz, war jedoch von da an stumm. Als sie ein halbes Jahr später immer noch nicht wieder sprach, pilgerte die verzweifelte Mutter nach Mariazell und betete dort um Hilfe. Am selben Tag sprach das Kind wieder.

Zwei Jahre später wurde die Wiener Gastwirtin Maria Magdalena Ammer in ihrem Lokal überfallen und ausgeraubt. Kurz darauf kam ein zweiter Räuber und verlangte ebenfalls Geld. Als Frau Ammer sagte, sie habe keines, zückte er seine Pistole und bedrohte sie. Als die Frau auf die Knie fiel und die Muttergottes von Mariazell anrief, schoß der Übeltäter sie in den Kopf. Vom Lärm angelockt, eilten die Nachbarn herbei. Sie fanden Maria Magdalena Ammer unverletzt: Die Kugel war ins Mieder gerutscht, ohne Schaden anzurichten.

Wunder dieser Art setzten sich fort bis in die heutige Zeit. So berichtete ein Bewohner eines Nachbardorfes von Mariazell: „Es geschah in Stalingrad. Ich war Offizier im Verband der preußischen Infanteriedivision ‚Rheingold‘ und führte eine Kompanie Sturmgrenadiere. Nach den Kämpfen im Traktorenwerk Dscherschinski und am kleinen Brückenkopf der

Ein Kranker aus dem Lundgau (Salzburg) wird von schwerer Krankheit
geheilt, um 1520

Russen, dem Roten und dem Weißen Haus, lagen wir verwildert, ausgehungert und bis auf einen kleinen Haufen zusammengeschmolzen am Steilufer der Wolga. Unsere Armee war schon sechs Wochen eingekesselt. Am 20. Januar 1943 wurden wir von dort abgelöst. Der neue Einsatzbefehl verlangte von uns die Errichtung eines Auffangkessels in der Steppe, um dort eine der Hauptrollbahnen nach Stalingrad zu sperren. Wir waren ein Himmelfahrtskommando geworden. Die kurzen Abschiedsworte unseres Regimentskommandeurs klangen wie Beileid zu unserem bevorstehenden Begräbnis. So schlurften wir in eisstarrender Mondnacht fort aus den fahlen, rauchgeschwärzten Ruinen von Stalingrad. Auf improvisierten Schlitten schleppten wir Waffen, Munition und Gerät. Im zerbombten Dorf Gorodischtsche begann der Tag zu grauen. Als wir an den Erdbunkern des Armeestabes von Feldmarschall Paulus vorüberkamen, war es schon heller Vormittag, und die düsteren Rauhreifnebel lösten sich auf. Nach Gumrak gelangten wir bei strahlender Sonne: blau der Himmel, glitzernd der Schnee. Ein Prachttag, wenn nicht der Hunger, die Kälte und der furchtbare Krieg gewesen wären.

Aber was ist? Vom nahen Flugfeld in Gumrak knallen vereinzelte Schüsse. Dort schießen sich deutsche Soldaten um die Plätze in den letzten Flugzeugen! Überall liegen die starren Leiber erfrorener Kameraden. Man hat ihnen Stiefel, Socken, Uniformen, ja sogar die Unterwäsche ausgezogen. In Gruppen oder auch einzeln taumeln uns Verwundete entgegen. Ihre Füße und Hände haben sie in dicke Lumpenbündel eingewickelt. Die Nasen sind weiß erfroren, und erloschen liegen ihre Augen tief in den Höhlen. Diese Kameraden sind jetzt schon tot, bevor sie sterben.

Kurz nach Gumrak geschah es an einer Rollbahnkreuzung, als uns russische Schlachtflieger ausmachten. Ich brüllte noch: ‚Auseinander! Fliegerdeckung!' Keuchend rennen wir nach links und rechts der Straße, wühlen uns in den Schnee, und schon sind sie da. Alles spielt sich binnen weniger Sekunden ab. Mir scheint es eine Ewigkeit zu dauern. Ich starre auf die heranbrausenden Flugzeuge. Eine Maschine kippt vornüber, um in Schußposition für ihre Bordwaffen zu kommen. Man sieht nur noch, wie die blauen Blitze der Bordkanonen und das rötliche Mündungsfeuer der Maschinenwaffen zucken. Aus einer Entfernung von 400–500 m rast eine Reihe von Einschlägen auf mich zu. Die Geschosse schleudern den Schnee meterhoch in die Luft. In meiner Todesangst erlebe ich etwas Wunderbares. Über dem auf- und niederstäubenden Schnee breitet sich ein strahlender Glanz aus, und inmitten des Glanzes erblicke ich auf einmal klar und deutlich wie nie zuvor das Gnadenbild der Muttergottes von Mariazell. Gleichzeitig durchströmt mein Herz ein Gefühl beglückender Ruhe und unsagbarer Freude. Im niedersinkenden Schnee entschwindet auch die himmlische Erscheinung, und mein Verstand kann es vorerst kaum fassen: Etwa 50 m vor mir hatte der Feuerstoß des angreifenden Flugzeugs ausgesetzt, um wenige Meter hinter mir erneut den Schnee zu peitschen und zu zerhacken. 48 Stunden später zogen die kläglichen Reste unserer Einheit in das Dunkel der russischen Gefangenschaft. Mitten unter ihnen stapfte auch ich. Nach fünf langen Jahren kehrte ich in die Heimat zurück. Mein erster Gang führte mich zum Gnadenbild von Mariazell."

Die Menschen, die Mariazell heute besuchen, kommen aus der ganzen Welt, wie die in 14 europäischen Sprachen veröffentlichten Prospekte und Gebetbuchbildchen zeigen. Die Mehrheit stammt jedoch noch immer aus den Ländern des einstigen Habsburgerreichs, aus Ungarn, Tschechien, Polen, Slowenien, Kroatien und der Slowakei, trägt die Madonna von Marienzell doch die Beinamen „Großherrin Ungarns" und „Mutter der slawischen Völker". 1975 wurde der ungarische Kardinal Mindszenty hier bestattet. Er war nach dem Aufstand 1956 in die amerikanische Botschaft in Budapest geflohen, die er 25 Jahre nicht mehr verließ, bis er 1971 schließlich nach Wien ausreisen konnte. Nach dem Ende der kommunistischen Herrschaft überführte man die sterblichen Überreste des Kardinals 1991 von Mariazell in die ungarische Heimat.

Im Rahmen seines Österreichbesuchs kam am 13. September 1983 auch Papst Johannes Paul II. nach Mariazell. Seine Wallfahrt hatte er zuvor mit den Worten angekündigt: „Ich selbst, Römer und Pole, bin glücklich, in den nächsten Tagen als Wallfahrer nach Mariazell zu kommen!"

Maria Waldrast

Südlich von Innsbruck, in den steilen Bergen Tirols, liegt eines der idyllischsten Marienheiligtümer Europas: das 1640 m hoch gelegene Maria Waldrast am Fuß der schneebedeckten Serlesspitze.

Der Ursprung der Wallfahrt verliert sich im Dunkel der Legendenbildung. So wird berichtet, die Gottesmutter habe einen Engel auf die Erde geschickt, er solle einen Platz für ein ihr geweihtes Heiligtum suchen. Die Stelle, an der heute die Wallfahrtskirche steht, habe dem Engel so gut gefallen, daß er zu einem Lärchenbaum gesprochen habe: „Du sollst fruchten unserer Lieben Frauen Bild, denn bald wird allda eine Wallfahrt entstehen."

Am Ostersonntag des Jahres 1407 kamen zwei Hirtenjungen mit ihrer Herde an diesen Ort. Da hörten sie auf einmal ein Glockenläuten und sahen vor sich, im Schein eines hellen Lichts, die Muttergottes. Die Jungen liefen eilig nach Hause und berichteten dort von ihrem Erlebnis, worauf einige Männer des Dorfes sich auf den Weg machten, um den Ort der Erscheinung näher zu betrachten. Da fanden sie in einer Lärche ein Bildnis der Gottesmutter mit dem Jesuskind. Sie schnitten das Bild aus dem Stamm heraus und brachten es nach Matrei am Brenner, wo es in der Pfarrkirche aufgestellt wurde.

Wenige Wochen später, am Pfingstsonntag, hörte der Waldarbeiter Christian Lusch im Traum eine Stimme, die ihn aufforderte, für die Madonna eine Kirche zu errichten. Die Stimme kehrte zweimal wieder und nannte ihm schließlich als Bauplatz einen „grünen Fleck im Moos", den er im Wald finden sollte. Lusch machte sich auf den Weg und fand den Platz.

Es war derselbe Ort, an dem man das Bildnis in der Lärche entdeckt hatte. Lusch legte sich hin, um ein wenig auszuruhen, als er plötzlich eine Frau im weißen Kleid mit einem Kind auf dem Arm vor sich stehen sah. Auf seiner Rast im Wald war dem Holzfäller die Muttergottes erschienen.

Christian Lusch jedoch war arm und wußte nicht, wie er die Kirche finanzieren sollte. Da hörte er im Traum wieder die Stimme: Das Geld für die Kirche solle er in den Häusern frommer reicher Leute sammeln, trug ihm die Stimme auf. Der Holzarbeiter sprach mit dem Pfarrer des Ortes, der ihn an den Bischof von Brixen verwies. Der Bischof schenkte der wundersamen Erzählung anfänglich keinen Glauben und schickte ihn fort, doch Lusch gab nicht auf. Er kam so lange immer wieder zum Bischof, bis dieser schließlich bereit war, den Bau der Kapelle zu genehmigen.

1414 legte man den Grundstein zu der Wallfahrtskirche. Während der Bauarbeiten war mehrere Male ein geheimnisvolles Glockenläuten zu hören, dessen Herkunft sich niemand erklären konnte. 1429 wurde der Bau fertiggestellt. In einer großen Prozession brachte man die Madonna von Matrei zu der neuen Kapelle und stellte sie auf den Altar. Da geschah ein weiteres Wunder: Die Kranken unter den Prozessionsteilnehmern waren auf einmal gesund.

Bald machten sich viele Wallfahrer auf den Weg zur Maria an der Waldrast. Sie kamen aus dem gesamten Alpenraum, angelockt durch die Kunde, an jenem Ort erlöse die Gottesmutter jeden, der darum bitte, aus seiner Not. Ein 1778 erschienenes Mirakelbuch vermerkt über 1000 Gebetserhörungen.

Auf Veranlassung von Erzherzog Leopold errichtete man 1621 ein Kloster für die Serviten, in deren Händen die Seelsorge in Maria Waldrast bis heute liegt. Zur selben Zeit vergrößerte man die Kirche und gab ihr eine barocke Gestaltung. 1785 jedoch ließ Kaiser Joseph II. aufgrund überstürzter Reformen die Wallfahrt verbieten und das Kloster schließen, so daß es verfiel. Erst 1844 kehrten die Mönche zurück. Sie errichteten ein neues Kloster auf den Ruinen des alten und holten das

Gnadenbild, das nach der Schließung der Wallfahrt in einer
nahen Pfarrkirche aufbewahrt wurde, wieder nach Maria
Waldrast. Auch die Wallfahrtskirche restaurierte man zu jener
Zeit. 1908 wurde die Madonna schließlich in einer feierlichen
Zeremonie gekrönt. Die 60 cm hohe Holzfigur, die ein Gewand aus der Barockzeit schmückt, ist eine Darstellung der
sitzenden Gottesmutter, die dem Jesuskind einen Apfel reicht.
Als die Nationalsozialisten Österreich annektierten, hoben
sie das Kloster auf. Glücklicherweise hatten die Mönche das
Gnadenbild noch rechtzeitig ins Ausland schaffen können.
Nach dem Ende der Naziherrschaft kehrten die Mönche und
die Madonna wieder nach Maria Waldrast zurück. Jedes Jahr
pilgern viele Menschen nach Maria Waldrast, eine der am meisten besuchten Gnadenstätten Tirols.

Wien

Auch die österreichische Hauptstadt beherbergt zwei Marienheiligtümer: Maria Baum im XI. und Mariabrunn im XIV.
Bezirk.

Die Wallfahrtskirche Maria Baum liegt im Zentrum von
Kaiser-Eberdorf. Sie geht zurück auf einen Bauern, der in seinem Haus eine Madonna verehrte, die er nach dem Vorbild
des Mariahilf-Bildes von Dorfau hatte anfertigen lassen. Auf
dem Totenbett nahm er seinem Sohn das Versprechen ab, das
Bildnis anderen Gläubigen zugänglich zu machen. Der Sohn
erfüllte den Wunsch seines Vaters und befestigte das Bild an
einem Baum bei Kaiser-Ebersdorf, wo es bald von zahlreichen
Menschen verehrt wurde. 1746 übertrug man die Madonna
schließlich in die nahe Pfarrkirche St. Peter und Paul, einen
um 1700 entstandenen Bau im Stil des ländlichen Barock mit
einem Zwiebelturm. Die heute gekrönte Madonna befindet
sich auf dem Hochaltar. Dahinter steht der Stamm des Baumes, an dem das Bild ursprünglich befestigt war.

Mariabrunn liegt am westlichen Stadtrand, am Ufer des
Flüßchens, dem die Stadt Wien ihren Namen verdankt. Die

Ursprünge der hiesigen Wallfahrtskirche Maria Heimsuchung reichen vermutlich bis in das 11. Jahrhundert zurück!

Zu jener Zeit gab es hier dichte Wälder. Wie die Legende berichtet, kam eines Tages die ungarische Königin Gisela auf einem Spaziergang an diesen Ort. Die Monarchin litt seit langem an einem Fieber, das allen Behandlungsversuchen trotzte. Als sie nun plötzlich Durst verspürte, suchte sie nach einer Quelle, bis sie schließlich einen Brunnen fand. Sie schaute hinein und sah eine Marienfigur darin liegen, und nachdem sie von dem Wasser getrunken hatte, war sie sofort gesund. Zum Dank für die wundersame Heilung ließ die Königin eine Kapelle errichten, in der die im Brunnen gefundene Figur aufgestellt wurde.

Das heute verehrte Gnadenbild stammt aus dem 16. Jahrhundert und zeigt eine gekrönte Maria mit dem Jesuskind, über der ein Engel mit einem Sternenkranz schwebt. Auch die Kirche ist jüngeren Datums: Das Gotteshaus mit seinem prunkvollen barocken Hochaltar wurde im 17. Jahrhundert erbaut.

Erscheinungsorte und Gnadenstätten in der Schweiz

Einsiedeln

Im Kanton Schwyz, zehn Kilometer südlich des Zürichsees, liegt das Benediktinerkloster Einsiedeln, einer der ältesten und bedeutendsten Wallfahrtsorte Europas.

„Unser Herr Jesus Christus hat im Waldkloster seiner hochheiligen Mutter in eigener Person den Gnadenthron aufgeschlagen und geweiht", schrieb Papst Leo VIII. im 10. Jahrhundert über die Gnadenstätte. „Damit will der Herr uns sagen, daß dieser Ort erhaben sei wie jene Stätten im Heiligen Land, die er mit seiner heiligen Mutter bewohnt hat (...)

Älteste Darstellung des Todes des heiligen Meinrads. Initiale der Stiftbibliothek, 12. Jh.

Eine Pilgerfahrt in jenes Heiligtum kommt daher einer Pilgerfahrt in das Heilige Land gleich."

Wie schon am Namen des Heiligtums zu erkennen ist, geht die Wallfahrtsstätte auf einen Einsiedler zurück – den aus Rottenburg am Neckar stammenden und in Reichenau zum Mönch geweihten und später heiliggesprochenen Meinrad. Auf der Suche nach einem geeigneten Platz für eine Einsiedelei war er 835 in den „finstern Wald" südlich des Zürichsees gekommen und hatte sich an der Stelle des heutigen Klosters niedergelassen. 861 töteten ihn hier zwei Räuber, die daraufhin von zwei Raben verfolgt und gestellt wurden. Die beiden Vögel wurden so zum Wappentier des Ortes, während Meinrads Einsiedelei von anderen Eremiten übernommen wurde.

934 ließ der Domherr Eberhard von Straßburg aus der Einsiedlerkolonie ein Benediktinerkloster errichten. Im Jahr 948 wurde eine erste Klosterkirche erbaut, die von dem Konstanzer Bischof Konrad der Muttergottes geweiht werden sollte. Vermutlich handelte es sich bei der Kapelle um eine Nachbildung des heiligen Grabes Christi.

In der Nacht vor der Kirchweihe hatte der Bischof einen Traum: Er sah, wie Christus selbst im Beisein von Engeln die Kapelle zur Gnadenstätte weihte. Als er am folgenden Tag in der Kirche mit der Liturgiefeier beginnen wollte, ertönte plötzlich vom Himmel her ein lauter Ruf: „Halt ein, Bruder, die Kapelle ist schon von Gott geweiht!" Später deutete man fünf Löcher in der Kapellenmauer als Fingerabdrücke Christi, die er bei der himmlischen Weihe des Gotteshauses zurückgelassen habe.

Ältestes Bild des Stiftes Einsiedeln; in: Diebold Schillings Chronik,
um 1511–1513

1061 erbaute man eine romanische Kirche, die in den folgenden Jahrhunderten immer wieder durch Brände beschädigt und daher anschließend umgestaltet wurde. Im 12. Jahrhundert wurde aus der ursprünglich Christus geweihten Kapelle ein Marienheiligtum. Bald kam es an dem neuen Gnadenbild zu ersten Wunderheilungen und Gebetserhörungen.

Es dauerte nicht lange, bis die nun „Maria Einsiedeln" genannte Stätte zu den meistbesuchten Wallfahrtsorten der Welt wurde. Sogar aus Ungarn, Holland und Spanien kamen die Pilger, denn der Ort war auch Sammel- und Rastplatz auf dem Weg nach Santiago de Compostela. Bei dem großen Kirchenbrand im Jahr 1465 wurde das ursprüngliche Gnadenbild zerstört. Ein Jahr später, zur Feier der jährlichen „Engelweihe", versammelten sich über 130 000 Menschen vor dem neuen Gnadenbild, das bis heute in Einsiedeln zu bewundern ist. Die spätgotische Plastik zeigt eine stehende Muttergottes mit dem Jesuskind auf dem Arm. Das Kind hält einen Vogel in der Hand und hat die Rechte zum Segen erhoben. Seit dem 17. Jahrhundert ist das Gnadenbild bekleidet.

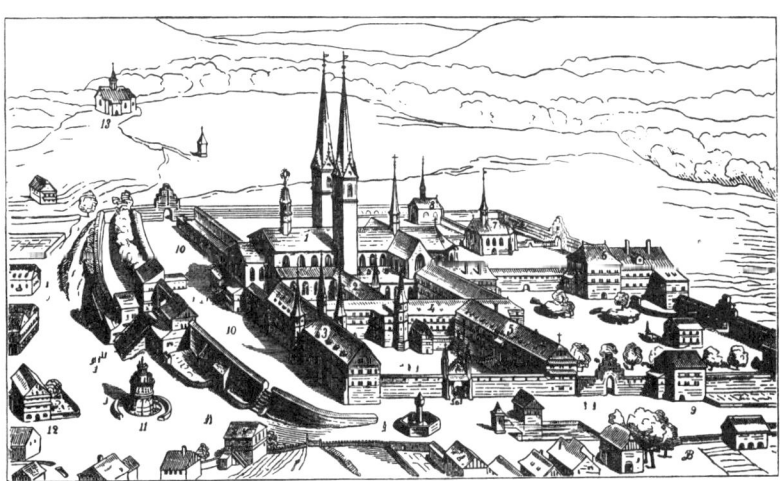

Das Stift Einsiedeln in den Jahren 1577–1630. 1 Das Münster, 2 Johanneskapelle, 3 Der Hof (die fürstliche Abtei), 4 u. 5 Gasthäuser, 6 Bibliothek, 7 Magdalenenkapelle, 8 Kirchhofkapelle, 9 Marstall, 10 Kramgasse, 11 Liebfrauenbrunnen, 12 Rathaus, 13 Gangulfkapelle

Im Dreißigjährigen Krieg pilgerte die Bevölkerung ganzer Städte nach Einsiedeln. 1775 und 1797 kam auch Goethe hierher. Zu jener Zeit besuchten jährlich etwa 150 000 Wallfahrer das Kloster. 1789 zerstörten französische Soldaten die im Zentrum des gewaltigen Kirchenraums eingerichtete Gnadenkapelle des heiligen Meinrad. Die Madonna hatten die Mönche zuvor noch nach Trient in Sicherheit bringen können. 1817 wurde die Kapelle in der gleichen quadratischen Form, aber wesentlich prunkvoller und im klassizistischen Stil wieder erbaut. 1934 krönte man das Gnadenbild in einer feierlichen Zeremonie.

Wie seit Jahrhunderten ist Einsiedeln auch heute noch das Zentrum des kirchlichen Lebens der Schweiz. Noch immer wird jedes Jahr das Engelweihfest gefeiert. Noch immer stiften Kantone, Gemeinden und Stände gewaltige Votivkerzen, die in langen Reihen in der Kirche aufgestellt werden. Noch immer kommen die Pilger aus ganz Europa und opfern einfache

Widmung und Titelbild des Marienbreviers von Albrecht von Bonstetten aus dem Jahr 1493

gelbe Wachsfigürchen, die Menschen, Gliedmaßen oder Haustiere darstellen, und noch immer befolgen die Mönche den Brauch, den Johannes von Lenzingen, der aus seinem Heimatkloster vertriebene Abt von Maulbronn, 1547 hier einführte: Jeden Tag nach der Vesper ziehen sie zur Gnadenkapelle und singen dort das *Salve Regina*.

Madonna del Sasso, Orselina-Locarno

Ein steiler Felsen über dem Lago Maggiore ist der heilige Berg des Tessins. An diesem Ort, den man von Locarno aus mit einer Seilbahn erreicht, wird Madonna del Sasso verehrt, „Unsere Liebe Frau vom Felsen". Auch ein kapellengesäumter Prozessionsweg und eine steile Autostraße führen zum Marienheiligtum hinauf.

Im Franziskanerkloster von Locarno lebte der Mönch Bartolomeo d'Ivrea, der die Jungfrau Maria sehr verehrte. Am Vorabend des Festes Mariä Himmelfahrt 1480 wollte er sich gerade schlafen legen, als sich plötzlich der Himmel öffnete. Am gegenüberliegenden Berghang sah d'Ivrea, wie die Gottesmutter das Jesuskind liebkoste.

Von einem Mailänder Künstler ließ der Mönch seine Visionin einer gotischen Holzfigur festhalten, die schon bald zum Ziel vieler Pilger wurde. Auch einen Schrein ließ d'Ivrea an der Stelle der Erscheinung errichten. Er selbst zog sich für den Rest seines Lebens in eine nahe Grotte als Einsiedler zuruck.

Das Bethaus konnte die Pilgerscharen bald nicht mehr fassen, so daß man schließlich eine Kirche erbaute, in die man später die sterblichen Überreste des Mönchs übertrug. Eine weitere Kirche entstand 1617 auf dem Felsen. Der kunstvolle Barockbau zählt zu den schönsten Kirchen der Schweiz. Für die örtliche Seelsorge erbaute man ein Kloster, das die Kapuziner 1852 von den Franziskanern übernahmen. 1618 wurde das Gnadenbild vom päpstlichen Nuntius Sarego gekrönt und in einer großen Prozession durch Locarno getragen.

1949 schickte man die Madonna auf Wallfahrt durch das Tessin. Auf dem Dach eines geschmückten Autos reiste sie vier Monate lang von Pfarrei zu Pfarrei und besuchte Schulen, Rathäuser und Fabriken. Mit Mitternachtsmessen und „Nachtwachen", bei denen jeweils das ganze Dorf die Nacht betend in der Kirche verbrachte, wurde die Marienstatue jede Nacht in einer anderen Kirche geehrt. Der Brauch der „Wandernden Madonna" wurde danach von mehreren italienischen Bistümern übernommen.

Mariastein

Südwestlich von Basel, im Kanton Solothurn direkt an der französischen Grenze, sind zwei Höhlenkapellen auf einem Felsplateau des Jura das Ziel vieler Wallfahrer. Hier wird das Gnadenbild „Unsere Liebe Frau im Stein" verehrt. Durch seine eindrucksvolle Lage über dem tief eingeschnittenen Leimental ist das Heiligtum einer der romantischsten Wallfahrtsorte der Schweiz. Man hat einen weiten Blick auf die Oberrheinebene, den Schwarzwald und die Vogesen in der Ferne.

Es war am Ende des 14. Jahrhunderts, als ein kleiner Hirtenjunge die Felswand hinabstürzte, während seine Mutter schlief. Nach langer Suche fand die Frau ihren Sohn völlig unverletzt in der Schlucht, wo er gerade dabei war, Blumen zu pflücken. Eine wunderschöne Frau habe ihn aufgefangen, berichtete der Junge. Sie sei die Jungfrau Maria, habe sie ihm offenbart, und wolle künftig auf dem Felsen verehrt werden.

Die erste urkundliche Erwähnung eines Marienheiligtums „im Stein" stammt aus dem Jahr 1434, als man aus einer natürlichen Höhle in der Felswand eine Kapelle errichtete. Zehn Jahre später entsandte der Basler Kirchenrat einen Priester an die neue Wallfahrtsstätte. 1471 übernahm der Augustinerorden die Seelsorge, bis diese 1515 in die Hände der Benediktiner überging.

1541 ereignete sich ein zweites „Fallwunder". Auf der Flucht vor der Pest war Hans Thüring Reich von Reichenstein mit seiner Familie nach Mariastein gekommen. Nach dem Mittagessen im Bruderhaus ging der Junker ein wenig spazieren. Als er den Rand der Schlucht erreicht hatte, lehnte er sich an einen Ast, um in die Tiefe schauen zu können. Der Ast brach, und der Edelmann stürzte ins Tal. Drei Stunden später fand man ihn lebend, aber verletzt, mit einigen Knochenbrüchen. Er pries die Muttergottes, die ihn gerettet habe, und sein Vater stiftete zum Dank eine große Holztafel, die älteste Votivtafel der Schweiz, auf der der Vorfall von einem Künstler festgehalten wurde. An der Unglücksstelle selbst ließ man ein Kreuz errichten.

Als der Pilgerstrom Mitte des 17. Jahrhunderts seinen Höhepunkt erreicht hatte, verlegte man das Benediktinerkloster Beinwil nach Mariastein und errichtete eine Klosterkirche. In den Jahren 1670–1691 wurden hier über 1000 Ehen geschlossen. Die Madonna in der Grotte wurde von den Wallfahrern als heilkräftig verehrt; in einem 1693 erschienenen Mirakelbuch sind 266 Gebetserhörungen vermerkt. 1830–1834 wurde die Kirche renoviert und klassizistisch umgestaltet. Der Hochaltar ist eine Schenkung des französischen Königs Ludwig XIV. Im Rahmen des Kulturkampfs wurde die Abtei 1874 geschlossen. Erst 100 Jahre danach konnte das Kloster nach einer Volksabstimmung im Kanton Solothurn wieder eröffnet werden.

Von der Klosterkirche führen Stufen hinab in die über 500 Jahre alte Felskapelle, in der das Gnadenbild aufgestellt ist. Die bemalte Steinplastik, eine im 17. Jahrhundert geschaffene Kopie der ursprünglichen Holzstatue, zeigt eine gütig lächelnde Jungfrau Maria mit dem Jesuskind auf dem rechten Arm. Die Figur ist bekleidet und trägt eine Krone aus Gold.

Heute pilgern etwa 120 000 Menschen im Jahr nach Mariastein. Die Wallfahrer kommen aus allen Teilen der Schweiz, aus dem Elsaß und aus Süddeutschland. An jedem ersten Mittwoch eines Monats findet hier ein „Gebetskreuzzug" statt, mit Beichte, Eucharistiefeier und Rosenkranz. Im Sommer werden zudem besondere Krankentage abgehalten.

Werthenstein

Westlich von Luzern überragt auf einem Felsen eine Kirche das Tal der kleinen Emme: das Marienheiligtum Werthenstein. Es war um das Jahr 1500, als ein Einsiedler unter dem Felsen Schutz vor einem Gewitter suchte. Der aus Holland stammende Mann, der sich vom Goldwaschen im Fluß ernährte, war ein leidenschaftlicher Verehrer der Muttergottes. Er sprach gerade sein Abendgebet, als er plötzlich einen wunderschönen Gesang hörte und einen hellen Lichtschein wahrnahm. Umringt von zahllosen Engeln erschien dem Mann die Jungfrau Maria.

Als die Vision vorüber war, hängte der Eremit ein Papiergemälde an eine Tanne auf dem Felsen, das die Krönung der Gottesmutter zeigte. Es dauerte nicht lange, bis die ersten Pilger diesen Ort aufsuchten. 1518 kam es an dem Bild erstmals zu einer Heilung. Ein Kind hatte sich einen Pflaumenstein tief in die Nase gesteckt. Seine Eltern brachten es zur Erscheinungsstätte, wo der Stein von selbst herausfiel. Die Mutter bewahrte ihn auf und stiftete ihn dann für die Holzkapelle, die man nun eilig erbaute.

Einige Zeit später brachte man einen Jungen hierher, der von den Hufen eines Pferdes schwer verletzt worden war. Drei Tage nach seiner Ankunft in Werthenstein war das Kind wieder völlig gesund, und die Regierung von Luzern genehmigte den Bau einer neuen, größeren Kapelle.

Es dauerte nur drei Tage, bis die Bauern der Umgebung das neue Bethaus mit vereinten Kräften fertiggestellt hatten. 1522 wurde die Kapelle vom Konstanzer Bischof geweiht. 1528 ersetzte man das alte Papiergemälde durch ein neues Andachtsbild. Es zeigt eine sitzende Schmerzensmutter mit dem toten Jesus auf dem Schoß.

Die Zahl der Pilger wuchs stetig. Anfang des 17. Jahrhunderts, als man in einem Jahr fast 40 000 Besucher zählte, war die Kapelle endgültig zu klein geworden, und man beschloß, eine neue Kirche zu errichten. Nach sechs Jahren Bauzeit wurde das Gotteshaus 1616 eingeweiht. Kurz darauf ließ die Luzerner Regierung ein Kloster erbauen, das 1630 den Franziskanern übergeben wurde.

Am Ostersonntag des Jahres 1633 fing die Luzerner Hofkirche Feuer. Der Brand griff schnell auf die umliegenden Gebäude über und bedrohte die ganze Stadt. Doch schließlich konnte das Feuer eingedämmt werden. Man schrieb die Rettung der Stadt der Jungfrau Maria zu und führte zum Dank einen jährlichen Kreuzgang der Luzerner Bürger nach Werthenstein ein, der am Donnerstag vor Pfingsten begangen wurde.

Im 18. Jahrhundert waren es schließlich 80 000 Wallfahrer, die alljährlich in Werthenstein die Kommunion empfingen. Der Ort zählte nun zu den meistbesuchten Wallfahrtsstätten der Schweiz.

In der Neuzeit wurde es zwar etwas stiller um das Marienheiligtum, doch besuchen noch immer Tausende von Wallfahrern jedes Jahr den Felsen, vor allem an den Marienfesten. Nach mehreren Renovierungen hat die Klosterkirche mit ihrer Kuppel seit 1913 ihren alten Glanz zurückerhalten.

Ziteil

Auf einer Höhe von 2434 Meter über dem Meeresspiegel ist die Marienkapelle auf dem Berg Ziteil bei Salouf in Graubünden, etwa 25 Kilometer südlich von Chur, der höchstgelegene Wallfahrtsort Europas. Der Berg bietet einen weiten Blick auf das „Oberhalbstein" genannte Tal, in dem die Julia fließt, ein Nebenfluß des Rheins.

Am 16. Juni 1580 kam der Hirte Jakob Dietegen von Marmels auf den Ziteil, als er seine Herde auf die dortige Alm trieb (anderen Quellen zufolge war es ein 18jähriges Mädchen, das Holz sammelte). Da erschien die Muttergottes und sprach: „Sage dem Volk im Land Oberhalbstein, es habe so viel gesündigt, daß der Herr es nicht länger ertragen kann. Wenn es sich nicht bessert, wird Gott es streng bestrafen: Die Feldfrüchte werden verdorren, Pest, Hunger und Krieg werden ausbrechen, und das Volk wird sterben! Lasse mir zu Ehren hier eine

Kirche bauen; fürchte dich nicht und gehe nur zu dem Volk; deine Aussage wird Glauben finden, indem der Himmel ein Zeichen geben wird." Die Erscheinung verschwand und ließ drei Blutstropfen auf dem Stein, auf dem sie gestanden hatte, zurück, die noch heute zu sehen sind. Am Abend der Erscheinung sah man den Ziteilberg schon von weitem in strahlendem Glanz, und eine Epidemie, die in dem Tal ausgebrochen war, kam zum Stillstand.

An den nächsten beiden Tagen erschien Maria erneut und bat, ihre Botschaft an die Menschen der Gegend weiterzuleiten. Die Berichte über die Werthensteiner Ereignisse verbreiteten sich wie ein Lauffeuer, und die Zahl der Pilger, die zur Erscheinungsstelle kamen, wuchs von Tag zu Tag, denn immer mehr Wunderheilungen wurden bekannt.

1581 wurde in Ziteil eine Kapelle erbaut, die man den Kapuzinern zur Betreuung übergab und in der als Hochaltar der wundersame Stein mit den drei Blutstropfen aufgestellt wurde. Als Salouf einer Feuersbrunst entging, schrieb man die Rettung der Gottesmutter zu. Zum Dank errichtete man zu ihren Ehren eine Kirche mit drei Altären. Zahlreiche weitere Wunder folgten: Kranke wurden geheilt, Lahme konnten wieder gehen, und Verbrecher wandelten sich zu gottesfürchtigen Menschen.

Bis heute erklimmen viele Pilger den rauhen und steilen Weg hinauf zum Ziteil, der auch heute noch nur zu Fuß erreicht werden kann. Der Aufstieg beginnt in Salouf, dessen Pfarrer die Ziteilkapelle seelsorgerisch betreut. Traditionelle Wallfahrtstage sind die Sonntage von Juli bis September und der 15. August, Mariä Himmelfahrt.

Erscheinungsorte und Gnadenstätten in Süd- und Südwesteuropa

Loreto

Im Mündungsdelta des Po in der italienischen Provinz Marken erhebt sich auf einem Hügel das Städtchen Loreto, einer der bedeutendsten Marienwallfahrtsorte der Welt.

Seine Bedeutung verdankt der Ort einer Legende, deren historischer Hintergrund der Kreuzzug Friedrichs II. im Jahr 1228 ist. Unter den Kreuzfahrern befand sich auch eine Gruppe aus der Gegend von Loreto, deren Anführer, Rinaldi Antici, zum Landvogt von Nazaret ernannt wurde. Als der Mann bei der Verteidigung der Stadt getötet wurde, stritten sich seine beiden Söhne um den Besitz des Hauses der Heiligen Familie.

1263 eroberten die Muslime das Heilige Land zurück und zerstörten den Dom von Nazaret. Das Heilige Haus jedoch wurde der Legende nach von den Engeln gerettet. Sie hoben es hoch und trugen es durch die Lüfte nach Dalmatien, wo sie es 1291 auf den Berg Trsat bei Rijeka stellten. Drei Jahre später verlegten sie es von dort an das gegenüberliegende Ufer der Adria. Hirten, die gerade bei ihrer Herde Nachtwache hielten, sahen, wie ein von einem Lichtschein umgebenes Haus heranschwebte und in einem Lorbeerhain (*Lauretum* = Loreto) unweit der Küste abgesetzt wurde. Als die Menschen dorthin eilten, um das Haus zu bewundern, sahen sie im Innern einen Altar mit einer Statue der Muttergottes.

Bald verbreitete sich die Kunde, an dem wundersamen Haus seien Kranke geheilt worden, und die Pilger strömten zu dem Lorbeerhain. Der Weg dorthin aber war gefährlich, und immer wieder wurden Wallfahrer ausgeraubt. Die Engel verrückten das Haus deshalb um weitere 100 Schritte auf ein Grundstück, das zwei Brüdern gehörte. Es dauerte nicht lange, bis die beiden Männer sich über die Opfergaben der Pilger entzweit hatten und die Engel das Haus ein weiteres Mal verlegen mußten. Am 7. September 1295 setzten sie es an seinen heutigen Platz, kaum 200 m vom Grundstück der beiden feindlichen Brüder entfernt. Zu jener Zeit verlief eine Landstraße an dem Haus vorbei.

Die Form des in Loreto verehrten „Heiligen Hauses" entspricht zwar nicht dem Baustil des alten Palästina, doch entdeckte man bei Ausgrabungen in den Jahren 1962–1965, daß die *Santa Casa* Anfang des 14. Jahrhunderts ohne Fundament auf einer öffentlichen Straße errichtet wurde. Schon 1954–1960 hatte man in Nazaret einen früheren Keller unter einem später verschwundenen Mauergebäude freigelegt. Möglicherweise wurde das Heilige Haus also aus Steinen und Mauerresten erbaut, die die Kreuzfahrer aus Nazaret mitgebracht hatten.

Eine Gerichtsurkunde aus dem Jahr 1315, die Plünderern schwere Strafen androht, belegt, daß Loreto schon damals ein vielbesuchter Wallfahrtsort war, zu dem Pilger aus allen Teilen Europas strömten. Ende des 14. Jahrhunderts baute man um das Heilige Haus eine erste Kirche. 1450 besuchte Papst Nikolaus V. den Ort, wodurch die Wallfahrt weiteren Aufschwung nahm. Zehn Jahre später wurde der schwerkranke Kardinal Pietro Barbo nach Loreto gebracht, wo er die Jungfrau Maria um Heilung anflehte. Im Traum teilte ihm die Muttergottes daraufhin mit, er werde bald genesen und zum Papst gewählt werden.

Die Prophezeiung erfüllte sich: 1464 bestieg der Kardinal als Pius II. den Stuhl Petri. Zum Dank ließ er 1468 in Loreto den Grundstein zu einer Basilika legen. Das mächtige Gotteshaus mit seiner gewaltigen Kuppel wurde erst 1587 vollendet. Den spätbarocken Glockenturm fügte man 1751–1754 hinzu.

Im 15. Jahrhundert stieg Loreto zum berühmtesten Marienwallfahrtsort Europas auf. 1493 pilgerte die Mannschaft des Schiffs von Christoph Columbus nach Loreto, um der Muttergottes für die glückliche Heimkehr zu danken. Sieben Jahre später kam der Dichter Torquato Tasso auf den Hügel und verfaßte zu Ehren der Madonna ein Gedicht. Als 1552 ein türkischer Pascha in Konstantinopel schwer erkrankte, erhielt er von seinem christlichen Sklaven den Rat, er solle sich der Jungfrau von Loreto versprechen. Der Sultan befolgte den Rat und wurde gesund. Er schenkte seinem Sklaven die Freiheit und schickte ihn mit einem Dankesschreiben nach Loreto.

1921 kam es an der Gnadenstätte zu einem verheerenden Brand, bei dem das Innere des Heiligen Hauses geschwärzt und die Madonna zerstört wurde. Man ersetzte die Figur jedoch durch eine exakte Kopie.

Der Wallfahrtsort an der Adria hat bis heute nichts von seiner Anziehungskraft verloren. Wenn die jährliche Pilgersaison im Mai ihren Höhepunkt erreicht, drängen sich Tausende von Menschen auf dem Platz vor der Basilika. Sogar Piloten und Astronauten haben die Jungfrau von Loreto zu ihrer Schutzpatronin erwählt, im Gedenken an den legendären Flug der Engel.

Santa Maria Maggiore, Rom

Eines der ältesten Marienheiligtümer der christlichen Welt erhebt sich auf einem der sieben Hügel der Ewigen Stadt Rom: die Wallfahrtskirche Santa Maria Maggiore auf dem Monte Cispio, der damals Esquilin genannt wurde.

Es war im Jahr 363, als der reiche Senator Johannes, dessen Ehe kinderlos geblieben war, die Muttergottes zur Erbin seines Vermögens einsetzen wollte. Da erschien die Jungfrau Maria in der Nacht zum 5. August dem Senator, seiner Frau und Papst Liberius. Sie wünsche die Errichtung einer Kirche auf dem Esquilin, teilte sie ihnen mit, und zwar an jener Stelle, wo am nächsten Morgen Neuschnee die Erde bedecke.

Man fand am folgenden Tag, mitten im Hochsommer, tatsächlich etwas frischen Schnee auf dem Hügel. Von Priestern und Laien begleitet stieg der Papst hinauf und zeichnete in den Schnee die Umrisse der Kirche, die nun aus dem Vermögen des reichen Ehepaares errichtet wurde und zur Erinnerung an das Wunder den Namen „Maria Schnee" erhielt.

Auf dem Konzil zu Ephesus wurde 431 das Dogma von der Gottesmutterschaft Mariens verkündet. Zum Gedenken daran legte Papst Sixtus kurz nach seinem Amtsantritt im Jahr 432 auf dem Esquilin den Grundstein zu einer großen Wallfahrtskirche. Beim Bau der Basilika, die bis heute weitgehend erhalten geblieben ist, verwendete man Baumaterial aus römischen Ruinen.

In den folgenden Jahrhunderten wurde die mächtige Kirche mit ihrem 86 m langen Mittelschiff immer wieder erweitert und umgestaltet. Die heutige Apsis mit ihren prachtvollen Mosaikarbeiten entstand Ende des 13. Jahrhunderts. Der Campanile, mit 75 m höchster Kirchturm Roms, wurde 1377 erbaut. Ende des 15. Jahrhunderts ließ Papst Alexander VI. die Decke des Hauptschiffs mit Gold aus dem eben entdeckten Amerika verzieren. Die kuppelgekrönten Seitenkapellen und die Barockfassade mit der großen Freitreppe sind Ergänzungen aus dem 16. und 17. Jahrhundert.

Das von den Pilgern hochverehrte Gnadenbild wurde vermutlich im 12. Jahrhundert nach einem byzantinischen Vorbild geschaffen. Es zeigt eine in einen dunkelroten Umhang gehüllte Muttergottes mit überkreuzten Händen. Im Arm trägt sie das Jesuskind, das in der linken Hand ein Buch hält. Mutter und Kind erheben die Rechte zum Segen. Der Altar, auf dem das Gnadenbild steht, ist mit Lapislazuli, Jaspis und Achat reich verziert. Auf einem Relief sieht man, wie Papst Liberius die Kirche in den Schnee zeichnet. Das Gnadenbild wurde ab dem 16. Jahrhundert immer wieder kopiert. Die ersten sieben Nachbildungen ließ der heilige Franz Borgia fertigen, von denen eine Kopie heute im Ingolstadter Liebfrauen-Münster als „Dreimal Wunderbare Mutter" verehrt wird. Man findet allein in Bayern noch weitere zwölf „Maria Schnee"-Bilder, die regelmäßig das Ziel von Pilgern sind.

Fatima

Mit Ausnahme von Lourdes ist kein anderer Marienerscheinungsort der Neuzeit weltweit so bekannt geworden wie das kleine Dorf Fatima, etwa 125 Kilometer nordöstlich von Lissabon. Wie in Lourdes, La Salette oder Banneux waren die Seher auch hier Kinder, denen sich die Jungfrau Maria offenbarte. Der hohe Bekanntheitsgrad des Ortes gründet sich vor allem auf mehrere aufsehenerregende Wunder, die sich dort vor Tausenden von Zeugen ereigneten, und auf eine Prophezeiung Marias, die unter dem Namen „Drittes Geheimnis" bis heute unveröffentlicht in den Archiven des Vatikan ruht und zu zahllosen Spekulationen Anlaß gab, an denen wir uns nicht beteiligen wollen.

Drei Kinder waren es, die bei den Erscheinungen von Fatima die entscheidende Rolle spielten: die zehnjährige Lucia dos Santos, ihr neunjähriger Cousin Francisco Marto und dessen siebenjährige Schwester Jacinta. Zwischen Mai und Oktober 1917 erschien die Muttergottes den Kindern insgesamt sechsmal, und zwar immer am 13. eines Monats. Bei der letzten Erscheinung am 13. Oktober 1917 ereignete sich zudem ein einzigartiges Sonnenwunder, das von vielen Menschen beobachtet wurde.

Nach langjähriger Prüfung bestätigte der Diözesanbischof Correia da Silva 1930 die Echtheit der Erscheinungen. Eine Basilika wurde gebaut, Klöster, Krankenhäuser und Beherbergungsbetriebe entstanden, und das nun zur Kleinstadt herangewachsene Fatima zählte bald zu den meistbesuchten Wallfahrtsorten der Welt.

Am Vorabend ihrer Erstkommunion im Jahr 1913 erhielt die sechsjährige Lucia dos Santos, das jüngste von sieben Kindern einer Bauernfamilie, von ihrem Pfarrer den Rat, sie solle ihr Herz der Gottesmutter weihen.

Als sie daraufhin vor einer Marienfigur betete, lächelte das Bild sie vertrauensvoll an und teilte ihr durch Gesten mit, ihr Wunsch sei erhört worden.

Mit acht Jahren begann Lucia, die wie die meisten Kinder der Region nicht zur Schule ging, in Begleitung von drei Freundinnen die Schafe ihrer Familie zu hüten. Als die vier Kinder dabei einmal den Rosenkranz beteten, sahen sie plötzlich eine Lichtgestalt über den Bäumen schweben. Die Erscheinung wiederholte sich noch zweimal. Die Dorfbewohner schenkten den Kindern jedoch keinen Glauben, und statt ihrer

Freundinnen nahm Lucia schließlich Francisco und Jacinta mit zur Arbeit.

Es dauerte nicht lange, bis die Erscheinung wiederkehrte. Aus dem Licht kam ein schöner Jüngling auf die Kinder zu und sprach: „Fürchtet euch nicht! Ich bin der Engel des Friedens. Betet mit mir!" Der Engel kniete nieder und lehrte die Kinder das folgende Gebet: „Mein Gott, ich glaube an dich, ich bete dich an, ich hoffe auf dich, ich liebe dich: Ich bitte um Verzeihung für die, die nicht glauben, dich nicht anbeten, nicht hoffen und dich nicht lieben."

Einige Zeit darauf erschien der Engel im Hof von Lucias Elternhaus, wo die drei Kinder gerade spielten. Diesmal stellte er sich als Schutzengel Portugals vor und lehrte die Kinder, Opfer zu bringen und mit Ergebung die Leiden zu tragen, die der Herr ihnen schicken werde.

Der 13. Mai des Jahres 1917 war ein Sonntag. Nach der Messe hatten die Kinder ihre Schafe wie immer in die gut zwei Kilometer entfernte Talmulde Cova da Iria („Friedensmulde") am Berg Cabaco getrieben. Plötzlich leuchtete am Mittagshimmel zweimal ein Blitz auf. Die Kinder erwarteten ein Gewitter und wollten die Schafe ins Dorf zurücktreiben, als sie über einem Steineichenstrauch einen strahlenden Lichtschein erblickten, in dessen Mitte eine wunderschöne Frau stand. Ihr Kleid strahlte weiß wie Schnee und in den gefalteten Händen hielt sie einen Rosenkranz mit einem Goldkreuz. „Fürchtet euch nicht!" beruhigte sie die verängstigten Kinder. Sie sei vom Himmel herabgekommen, um die Kinder zu bitten, auch in den folgenden fünf Monaten am selben Tag und zur selben Stunde wieder an diesen Ort zu kommen. Am Ende werde sie ihnen dann offenbaren, wer sie sei und was sie wolle.

Am 13. Juni erlebten die Kinder eine einzigartige Vision: „In dem Augenblick, als sie die letzten Worte sagte, öffnete sie die Hände und übermittelte uns zum zweiten Mal den Widerschein dieses unermeßlichen Lichts. Darin sahen wir uns wie in Gott versenkt. Jacinta und Francisco schienen in dem Teil des Lichts zu stehen, der sich zum Himmel erhob, und ich in dem Teil, der sich über die Erde ergoß. Vor der rechten Handfläche Unserer Lieben Frau befand sich ein Herz, umgeben von Dornen, die es zu durchbohren schienen. Wir verstanden, daß dies das Unbefleckte Herz Mariä war, verletzt durch die Sünden der Menschheit, das Sühne wünscht."

Die Erwachsenen, die die Kinder begleitet hatten, hatten die Erscheinung nicht gesehen, und auch die Eltern glaubten den Kindern nicht. Sie beschuldigten sie, gelogen zu haben, und schlugen sie. Auch Lucias Schwestern ergriffen Partei gegen sie, und das kleine Mädchen fühlte sich einsam und verzweifelt.

Bei der nächsten Erscheinung, am 13. Juli 1917, hatten sich über 3000 Menschen an der Steineiche versammelt, und wie zuvor erschien die Jungfrau, als die Kinder den Rosenkranz beteten. Lucia bat die Erscheinung, zu sagen, wer sie sei, und ein Wunder zu wirken, „damit alle glauben, daß Sie uns erscheinen". Die Frau versprach, sich am 13. Oktober zu offenbaren. Bis dahin sollten die Kinder weiter den Rosenkranz beten, für den Frieden der Welt und die Bekehrung der Sünder. Die Kinder berichteten später: „Bei diesen letzten Worten öffnete sie aufs neue die Hände wie in den zwei vorangegangenen Monaten. Der Strahl schien die Erde zu durchdringen, und wir sahen gleichsam ein Feuermeer und eingetaucht in dieses Feuer die Teufel und die Seelen (...) Erschrocken und wie um Hilfe zu bitten, erhoben wir den Blick zu Unserer Lieben Frau, die voll Güte und Traurigkeit zu uns sprach:

‚Ihr habt die Hölle gesehen, wohin die Seelen der armen Sünder kommen. Um sie zu retten, will Gott in der Welt die Andacht zu meinem Unbefleckten Herzen begründen. Wenn man tut, was ich euch sage, werden viele Seelen gerettet werden, und es wird Friede sein. Der Krieg geht zu Ende. Wenn man aber nicht aufhört, Gott zu beleidigen, wird unter dem Pontifikat Pius' XI. ein anderer, schlimmerer Krieg beginnen. Wenn ihr eine Nacht von unbekanntem Licht erhellt seht, dann wisset, daß dies das große Zeichen ist, das Gott euch gibt, daß er nun die Welt für ihre Missetaten durch Krieg, Hunger, Verfolgung der Kirche und des Heiligen Vaters bestrafen wird. Um dies zu verhindern, werde ich kommen, um die Weihe Rußlands an mein Unbeflecktes Herz und die

Sühnekommunion an den ersten Samstagen des Monats zu erbitten. Wenn man auf meine Bitte hört, wird Rußland sich bekehren, und es wird Friede sein. Wenn nicht, dann wird es seine Irrlehren in der Welt verbreiten und Kriege und Verfolgungen der Kirche entfachen, und der Heilige Vater wird viel zu leiden haben; verschiedene Nationen werden vernichtet werden. Am Ende aber wird mein Unbeflecktes Herz triumphieren. Der Heilige Vater wird mir Rußland weihen. Es wird sich bekehren, und der Welt wird eine Zeit des Friedens geschenkt werden. Portugal wird immer an der Lehre des Glaubens festhalten (...) Sagt niemandem etwas davon!'"

Doch worüber sollten die Kinder nicht sprechen? Was sagte Maria, nachdem sie Portugal als Hort des Glaubens pries? Lucia dos Santos brach ihr Schweigen erst 1943, als sie ihre Erinnerungen an jene Ereignisse notierte und den Kirchenbehörden in einem versiegelten Umschlag übergab. Die Veröffentlichung des Berichtes war für 1960 vorgesehen, ist jedoch bis heute nicht erfolgt.

Einige Tage später wurde Lucia von ihrer Mutter zum Pfarrer gebracht, der die Erscheinungen als Täuschungen des Satans abtat. Auch die Presse glaubte den Erzählungen der Kinder nicht. Am nächsten Erscheinungstag, dem 13. August, war wieder eine gewaltige Menge an der Steineiche zusammengekommen – es waren nunmehr fast 18 000 Menschen. Die Kinder jedoch fehlten. Der Kreisvorsteher hatte sie einsperren lassen, um die Preisgabe des von Maria verkündeten Geheimnisses zu erzwingen. Die Menschenmenge am Berg Cabaco sah einen Blitz, der von zwei heftigen Donnerschlägen begleitet wurde. Danach strahlten die Wolken in den Farben des Regenbogens.

Zwei Tage später gab man die Kinder an die Eltern zurück, und am 19. August hüteten die drei wieder ihre Schafe an der Steineiche. Da erschien die Muttergottes wieder und trug ihnen auf, für die Seelen der Sünder in der Hölle täglich den Rosenkranz zu beten und mit den Spenden der Pilger eine ihr geweihte Kapelle errichten zu lassen. Erneut versprach sie, bei ihrer Erscheinung im Oktober ein Wunder zu wirken.

Über die fünfte Erscheinung am 13. September berichtete Lucia später: „Als die Stunde sich näherte, ging ich mit Jacinta und Francisco durch die Reihen vieler Menschen, die uns kaum vorbeiließen. Die Wege waren voll von Menschen: Alle wollten uns sehen und mit uns sprechen. Es gab dort keine Menschenfurcht. Viele Leute, sogar vornehme Damen und Herren, drängten sich durch die Menge hindurch, die uns umgab. Sie warfen sich vor uns auf die Knie und baten uns, Unserer Lieben Frau ihr Anliegen vorzutragen. Andere, die nicht bis zu uns gelangen konnten, riefen von weitem: ‚Um der Liebe Gottes willen, bittet Unsere Liebe Frau, sie möge meinen verkrüppelten Sohn heilen‘, ein anderer rief: ‚Sie möge mein blindes Kind heilen‘, und wieder ein anderer: ‚Und das meine, das taub ist‘; ‚Sie möge meinen Mann und meinen Sohn aus dem Krieg heimbringen‘; ‚Sie möge mir einen Sünder bekehren‘; ‚Sie möge mich von der Tuberkulose heilen‘, usw. usw. Dort zeigte sich all das Elend der armen Menschheit, und einige riefen von den Bäumen und Mauern herab, auf die sie gestiegen waren, um uns vorbeigehen zu sehen. Indem wir einigen versprachen und anderen die Hände reichten, um ihnen vom Boden aufzuhelfen, gingen wir weiter mit Hilfe einiger Männer, die uns einen Durchgang durch die Menge bahnten (…) Wir kamen schließlich in der Cova da Iria bei der Steineiche an und begannen, mit dem Volk den Rosenkranz zu beten. Kurz darauf sahen wir Kinder den Lichtschein und danach Unsere Liebe Frau über der Steineiche.

‚Betet weiterhin den Rosenkranz, um das Ende des Krieges zu erlangen‘, sprach sie. ‚Im Oktober wird auch unser Herr kommen. Unsere Liebe Frau von den Schmerzen und vom Karmel, der heilige Josef mit dem Jesuskind, um die Welt zu segnen (…) Im Oktober werde ich das Wunder wirken, damit alle glauben.‘ Und sie begann, sich zu erheben, und verschwand wie gewöhnlich.“

Von Osten her sahen alle eine leuchtende Kugel heranschweben, und die Eiche und die Kinder wurden von einer weißen Wolke verhüllt, aus der weiße Blumen wie Schneeflocken niederfielen, um kurz vor dem Boden zu verschwinden.

Die Ereignisse in Fatima waren mittlerweile weithin bekannt geworden, und sämtliche Tageszeitungen Portugals berichteten über das von der Jungfrau Maria angekündigte Wunder. Trotz strömenden Regens warteten rund 70 000 Menschen am Mittag des 13. Oktober 1917 an der Eiche. „Nicht einmal der Schlamm auf den Wegen konnte diese Leute aufhalten, sich in demütiger und bittender Haltung niederzuknien", beschrieb Lucia die Szenerie am Berg Cabaco. „Wir kamen in der Cova da Iria bei der Steineiche an, und unter einer inneren Eingebung bat ich das Volk, die Regenschirme zu schließen, um den Rosenkranz zu beten. Kurz darauf sahen wir den Lichtschein und dann Unsere Liebe Frau über der Steineiche."

Die Muttergottes forderte erneut den Bau einer Kapelle zu ihren Ehren. Der Krieg sei bald zu Ende, versprach sie, und die Soldaten würden nach Hause zurückkehren. „Nachdem Unsere Liebe Frau in der unendlichen Ferne des Firmaments verschwunden war, sahen wir dann zur Seite der Sonne den heiligen Josef mit dem Jesuskind und Unsere Liebe Frau in Weiß gekleidet mit einem blauen Mantel. Der heilige Josef mit dem Jesuskind schien die Welt mit einer Handbewegung in Kreuzesform zu segnen. Kurz darauf verschwand diese Erscheinung; dann sahen wir Unseren Herrn und Unsere Liebe Frau; ich hatte den Eindruck, es sei Unsere Liebe Frau von den Schmerzen. Unser Herr schien die Welt in der gleichen Weise zu segnen wie der heilige Josef."

Plötzlich zeigte Lucia zum Himmel und rief: „Seht, die Sonne!" Das angekündigte Wunder geschah: Zehn Minuten lang rotierte die Sonne und schoß Strahlenbündel in allen Regenbogenfarben aus. Dann verfärbte sie sich blutrot und bewegte sich dreimal auf die Erde zu, als sei sie dabei, abzustürzen. Vor Angst gingen die Menschen in die Knie und baten Gott um Vergebung ihrer Sünden. Das Sonnenwunder wurde auch von Menschen beobachtet, die mehr als fünf Kilometer von dem Ort entfernt waren. Gleichzeitig fand eine erste Krankenheilung statt: Eine 47jährige Frau wurde von ihrer schweren Tuberkulose geheilt.

154

Dies war die letzte der sechs Erscheinungen, die die Jungfrau Maria für den 13. jeden Monats angekündigt hatte. Sie werde aber auch später wiederkehren, hatte sie den Kindern gesagt, als sie an jenem 13. Mai 1917 das erste Mal zu ihnen sprach. Wann und wo wußten die Kinder jedoch nicht.

Ein Jahr später, im Oktober 1918, erkrankte Jacinta an einer schweren Grippe, die damals in einer weltweiten Epidemie rund 20 Millionen Menschenleben forderte. Bald darauf infizierte sich auch ihr Bruder Francisco. Als Lucia die beiden Kinder besuchte, erzählte Jacinta, die Jungfrau Maria sei wieder erschienen und habe kundgetan, das Mädchen werde bald ins Krankenhaus gebracht werden, wo sie viel leiden müsse. Jacinta solle jedoch keine Angst haben, denn sie, Maria, werde dorthin kommen und sie mit in den Himmel nehmen. Als Jacinta fragte, ob Lucia mitkommen dürfe, verneinte Maria dies.

Die Erscheinung wiederholte sich noch einmal. Am 4. 4. 1919, als man gerade Lucias Vater beerdigt hatte, starb Francisco an den Folgen der Infektion. Am 20. 2. 1920 folgte Jacinta ihm nach. Im Querschiff der später erbauten Wallfahrtskirche befinden sich heute die Gräber der beiden Kinder.

1919, als Francisco gerade gestorben war, errichtete man eine Kapelle in Fatima. Eine erste Statue der Jungfrau wurde ein Jahr später gesegnet. Am 13. 10. 1921, dem vierten Jahrestag des Sonnenwunders, feierte man erstmals eine Messe am Erscheinungsort. Am 6. 3. 1922 wurde die Kapelle von unbekannten Gegnern der Marienverehrung gesprengt. Im selben Jahr begann die vom Bischof eingesetzte Kommission mit einer Untersuchung der Begebenheiten.

1925 trat Lucia in das Kloster der Dorotheerinnen in Pontevedra ein. In der Nacht des 10. Dezember desselben Jahres stand auf einmal Maria mit dem Jesuskind in ihrer Zelle und sprach: „Schau meine Tochter, mein Herz umwunden von den Dornen, mit denen es die undankbaren Menschen zu jedem Augenblick aufgrund ihrer Lästerungen und Undankbarkeiten durchbohren. Versuche wenigstens du, mich zu trösten, und verkünde, daß ich verspreche, all denen in der Todesstunde mit den zur ewigen Seligkeit notwendigen Gnaden

beizustehen, die am ersten Samstag von fünf aufeinander-
folgenden Monaten beichten, die heilige Kommunion empfangen, den Rosenkranz beten und mir 15 Minuten lang Gesellschaft leisten, indem sie die Rosenkranzgeheimnisse betrachten, um mir Sühne anzubieten."

Am 13. Mai 1928, dem 11. Jahrestag der ersten Marienerscheinung, legte man den Grundstein zu einer Wallfahrtskirche. Auch die Kapelle wurde wiederaufgebaut. 1931 vollzogen die portugiesischen Bischöfe hier vor 30 000 Pilgern die
Weihe ihres Landes. Zu dieser Zeit waren die kirchlichen Un-
tersuchungen gerade abgeschlossen. Der Bischof von Leiria
hatte die Berichte der drei Kinder in einem Hirtenbrief für
glaubwürdig befunden und die Verehrung der Jungfrau von
Fatima genehmigt. Auf Wunsch des Bischofs begann Lucia
1935, ihre Erinnerungen schriftlich festzuhalten.

Bald schuf man überall in der Welt Nachbildungen der ersten Kapelle von Fatima und stellte Madonnenfiguren auf, die
die Jungfrau von Fatima als Rosenkranzkönigin oder mit dem
von Dornen umgebenen Herzen zeigten. Eine der ersten Fa-
tima-Gedenkstätten, die außerhalb Portugals entstanden, ist
die Kapelle in Langen bei Bregenz, die 1934 geweiht wurde.
Der Brauch der „Pilgermadonna", der von Kirche zu Kirche
reisenden Fatimastatue, wurde vor allem in Amerika beliebt.
Dort bildete sich 1947 auch der Gebetskreis des „Fatima-Welt-
apostolats", der 1998 weltweit 24 Millionen Mitglieder zählte,
darunter über 40 000 Deutsche. Viele andere Fatima-Gemein-
schaften blieben auf ein Land oder eine Region beschränkt.

Zum 25. Jahrestag der Erscheinungen weihte Papst Pius XII.
1942 die gesamte Menschheit dem Unbefleckten Herzen Mariä. Vier Jahre später krönte ein päpstlicher Legat das Gnadenbild von Fatima in einer feierlichen Zeremonie. 1947 wurde eine Figur der Jungfrau von Fatima als Pilgerin durch das
Europa der Nachkriegsjahre geschickt. „Reise der Wunder"
nannte der Papst diese Wallfahrt.

Nach mehr als 30 Jahren Bauzeit wurde die Rosenkranz-
kirche, ein prächtiges Gotteshaus mit großen Säulengängen
und einem 65 m hohen Turm, 1951 fertiggestellt. Drei Jahre

später erhob man sie zur Basilika. Zum Abschluß des II. Vatikanischen Konzils erneuerte Papst Paul VI. 1964 die Weihe an das Unbefleckte Herz. Drei Jahre später kam der Heilige Vater selbst als Pilger nach Fatima, begleitet von Schwester Lucia. Sein Nachfolger Johannes Paul II. besuchte Fatima 1982. Er kam, um der Jungfrau dafür zu danken, daß sie ein Jahr zuvor beim Anschlag auf dem Petersplatz sein Leben gerettet hatte, und „um von neuem und im Namen der ganzen Kirche die Botschaft zu hören, die aus dem Munde der gemeinsamen Mutter, die sich um das Los ihrer Kinder sorgt, erklang". Gleichzeitig vollzog der Heilige Vater nun die Weihe Rußlands an das Unbefleckte Herz Mariens. Am 13. 5. 1989 sprach man schließlich Francisco und Jacinta selig.

Was ist nun die Botschaft, die Gott uns durch das Wunder von Fatima mitteilen will? Kardinal Cerejeira faßt sie mit folgenden Worten zusammen: Es sei „die Offenbarung des Unbefleckten Herzens Mariä an die gegenwärtige Welt zu ihrer Rettung". Durch die jungfräuliche Gottesmutter und die drei unschuldigen Kinder ruft Gott uns auf, zu beten und für die Sünden der Welt Buße zu tun. Nur so können die die Welt bedrohenden Katastrophen abgewendet und der Menschheit eine Zeit des Friedens geschenkt werden. Das Unbefleckte Herz der Jungfrau von Fatima zeigt die Liebe Gottes zu den Menschen.

Erscheinungsorte und Gnadenstätten in Westeuropa

Banneux

Unweit des wallonischen Kurorts Spa, auf halbem Weg zwischen Lüttich und Malmédy, liegt das Dorf Banneux. Seit die Jungfrau Maria dort 1933, 75 Jahre nach den Ereignissen von Lourdes, einem kleinen Mädchen erschien, zählt der kleine

Ort im Hochland des Hohen Venn zu den bekanntesten Marienwallfahrtstätten der neueren Zeit.

Mariette Bèco, die zu jener Zeit zwölf Jahre alt war, war das älteste von sieben Kindern einer armen Arbeiterfamilie, die der Kirche schon lange entfremdet war. Am 15. Januar 1933 gegen 19 Uhr, als die Familie auf die Heimkehr eines Sohnes wartete, schaute Mariette durchs Fenster in den Garten und sah auf einmal eine strahlende Frauengestalt, die ihr lächelnd zuwinkte. Sie trug ein langes, weißes Gewand mit einem blauen Gürtel und einem durchsichtigen Kopfschleier. Auch die Mutter hatte eine Gestalt bemerkt, ohne sie jedoch deutlich zu erkennen.

Am selben Tag begann das kleine Mädchen zu beten. Drei Tage später um dieselbe Zeit kniete Mariette im Garten und betete den Rosenkranz, als sie am nahen Waldrand erneut die Lichtgestalt erblickte. Sie folgte der Erscheinung, die auf einer Wolke einen halben Meter über dem Boden zu einer kleinen Quelle an der Straße schwebte. Mariettes Vater, der gerade mit einem Nachbarn vorbeikam, sah, wie seine Tochter die Hände in das Wasser der Quelle tauchte und die Worte sprach: „Diese Quelle ist mir vorbehalten."

Mariette ging jetzt jeden Abend in den Garten, um den Rosenkranz zu beten. Am 19. 1. hörte der Vater, der selbst keine Erscheinung sah, seine älteste Tochter sagen: „Ich bin die Jungfrau der Armen." Am nächsten Abend teilte Maria dem Kind mit, man solle an der Quelle eine Kapelle errichten. Am 11. 2. kehrte die Gottesmutter zurück und sprach: „Ich komme, das Leid zu lindern."

Die wunderbaren Begebenheiten sprachen sich in dem kleinen Ort schnell herum. Auch der Pfarrer erfuhr davon, und er erbat sich von Mariette ein Zeichen der Muttergottes. Am 15. 2. kam Marias Antwort: „Glaubt an mich – und ich werde an euch glauben! Betet viel!" Dann zeigte die heilige Jungfrau auf die Quelle und sagte: „Sie ist für alle Nationen – für die Kranken."

Fünf Tage später sah man Mariette an der Quelle knien und weinen. Maria habe sie mehrfach zum Beten angehalten, erklärte sie später und habe dann zu weinen begonnen, wodurch sie ebenfalls traurig geworden sei.

Am Abend des 2. März 1933 weinte Mariette erneut. Es hatte heftig geregnet, als sie mit dem Rosenkranz begonnen hatte, doch plötzlich hatte der Regen aufgehört, und Maria war gekommen und hatte gesprochen: „Ich bin die Mutter des Heilands, die Mutter Gottes. – Betet viel! Lebe wohl!" Die Jungfrau Maria hatte sich verabschiedet, nachdem sie Mariette zuvor segnend die Hände aufgelegt hatte. Weinend kniete das kleine Mädchen auf der Erde, bis der Vater es ins Haus trug.

Während noch im selben Jahr die ersten Pilger in Banneux eintrafen, kam es bald überall in Belgien zu ähnlichen Wundern. Aus insgesamt zehn belgischen Orten wurden 1933 Marienerscheinungen gemeldet.

Am 25. Mai 1933 legte man an der Erscheinungsstelle von Banneux den Grundstein zur Gnadenkapelle, die schon am 15. August desselben Jahrs geweiht werden konnte. Der Lütticher Diözesanbischof Josef Kerkhofs, der vom Pfarrer des Dorfs informiert worden war, schickte einen Bericht über die Ereignisse nach Rom. Das Heilige Offizium gab die Entscheidung über die Echtheit der Erscheinungen am 1. 1. 1942 an den Lütticher Bischof zurück, der wenige Wochen später die Verehrung der „Jungfrau der Armen" genehmigte. Am 22. 8. 1949 erklärte er schließlich die „Echtheit der acht Erscheinungen ohne Vorbehalt".

Nach Mariettes Angaben schuf man eine lebensgroße Keramikfigur der „Jungfrau der Armen", die 1956 von dem päpstlichen Nuntius als „Königin der Nationen" gekrönt wurde. Das kleine Dorf und seine Madonna waren nun weltweit bekannt. Auf allen Kontinenten errichtete man Kapellen und Kirchen mit Nachbildungen der Jungfrau von Banneux, während in der Gnadenstätte selbst viele Wunderheilungen bezeugt wurden. Eine in Banneux entstandene internationale Gebetsvereinigung für den Weltfrieden zählte 1998 mehr als drei Millionen Mitglieder. 1953 weihte der Bischof von Lüttich seine Diözese der Muttergottes von Banneux.

Neben vielen weiteren Kapellen erbaute man in Banneux auch eine große neue Wallfahrtskirche, ein Krankenhospiz und einen überdachten Freialtar mit Raum für große Gottesdienste. Jährlich kommen heute fast 500 000 Wallfahrer hierher. Viele trinken aus der gefaßten Quelle und benetzen sich die Augen mit dem Wasser. 1985 besuchte auch Papst Johannes Paul II. die Gnadenstätte.

La Salette

Das 1770 m hoch gelegene Südalpendorf La Salette, rund 70 km südlich von Grenoble, war der erste jener großen Erscheinungsorte, an denen sich die Jungfrau Maria in der Neuzeit Kindern als Sehern offenbarte. Die Ereignisse in La Salette gingen somit den Wundern von Lourdes (1858), Fatima (1917), Banneux (1933) und Medjugorje (1981) voraus.

Es war der 19. September 1846. Zwei Hirtenkinder, die 14-jährige Mélanie Mathieu-Calvat und der elfjährige Maximin Giraud, die im Dienst eines örtlichen Bauern standen, hatten ihre Herden am Morgen auf eine Almwiese getrieben. Als sie nun von einem Mittagsschlaf erwachten und nach ihren Tieren Ausschau hielten, sahen sie an einer ausgetrockneten Quelle einen strahlenden Lichtkranz „wie die Sonne". Darin saß auf einem Stein eine Frauengestalt, die die Ellbogen auf die Knie gestützt hatte und, das Gesicht in den Händen verborgen, bitter weinte. Als sie die Kinder bemerkte, rief sie: „Kommt näher, meine Kinder, fürchtet euch nicht! Ich bin hier, um euch eine große Nachricht kundzutun." Da verloren die beiden Kinder ihre Angst und liefen auf die schöne Frau zu, obwohl sie sie in dem hellen Lichtschein nur mit Mühe erkennen konnten. Dennoch sahen sie das an einer schweren Kette hängende Kreuz auf ihrer Brust mit dem blutüberströmten Gekreuzigten daran und den Passionswerkzeugen Hammer und Zange am Querbalken sowie strahlende Rosen, die Kopf, Schultern und Schuhe der Frau schmückten. Die Frau setzte ihre Rede fort:

160

„Wenn mein Volk sich nicht unterwerfen will, bin ich gezwungen, den Arm meines Sohnes fallenzulassen. Er lastet so schwer auf mir, daß ich ihn nicht länger zu stützen vermag. So lange schon leide ich um euch! Wenn ich will, daß mein Sohn euch nicht verlasse, muß ich ihn unaufhörlich bitten. Ihr aber macht euch nichts daraus. Ihr könnt beten und tun, soviel ihr wollt, nie werdet ihr mir die Mühe vergelten können, die ich euretwegen auf mich genommen habe. Ich habe euch sechs Tage zum Arbeiten gegeben und habe mir den siebten vorbehalten, und man will ihn mir nicht gewähren; das ist es, was den Arm meines Sohnes so schwer macht. Die Fuhrleute können nicht fluchen, ohne dabei den Namen meines Sohnes zu mißbrauchen. Das sind die beiden Dinge, die den Arm meines Sohnes immer schwerer machen. Wenn die Ernte verdirbt, geschieht es nur euretwegen. Ich habe es euch letztes Jahr an den Kartoffeln gezeigt. Ihr habt euch nichts daraus gemacht. Ganz im Gegenteil: Wenn ihr verdorbene Kartoffeln fandet, habt ihr geflucht und dabei den Namen meines Sohnes mißbraucht. Sie werden weiter verderben, und an Weihnachten wird es keine mehr geben."

Die beiden kleinen Hirten hatten Mühe, der Frau zu folgen, denn sie sprach französisch, während die Kinder nur ihren provenzalischen Dialekt beherrschten. Als die Dame dies bemerkte, sagte sie: „Ihr versteht nicht, meine Kinder? Dann will ich es euch anders sagen." Und sie sprach weiter in der Mundart der Gegend. Getreide, Nüsse und Trauben würden bald verderben, und eine große Hungersnot stehe bevor. Vorher aber „... werden die Kinder bis zu sieben Jahren von einem Zittern befallen werden und in den Armen der Erwachsenen sterben, die sie halten. Die Großen aber werden durch Hunger büßen." Sie sollte recht behalten: Im Winter 1846/47 kam es in der Region zu einer Hungersnot.

Schließlich erfuhr Mélanie von der Dame ein „Geheimnis", das erst einige Jahre später bekannt wurde. Die Priester seien korrupt geworden und vom wahren Glauben abgefallen, doch schwebe die Rache bereits über ihnen. Auch die Regierenden seien den Täuschungen Satans verfallen, doch werde Gott

Strafgerichte senden, die mehr als 35 Jahre andauern würden. Der christliche Glaube werde von Materialismus, Atheismus, Spiritismus und anderen Lastern verdrängt werden, die Kirche werde schweren Verfolgungen ausgesetzt sein, und der Papst werde viel zu leiden haben. In Europa werde ein furchtbarer Krieg ausbrechen, das Blut werde auf den Straßen fließen, und mehrere große Städte würden durch Feuer und Erdbeben vernichtet werden. Schließlich werde Jesus Christus seinen Engeln befehlen, seine Feinde dem Tod zu überliefern. Gott werde sich wieder mit den Menschen versöhnen, der Glaube an das Evangelium werde wiedererwachen, und auf der Erde werde Frieden herrschen.

Nach 25 Jahren jedoch werde ein neuer großer Antichrist ein Heer aus vielen Völkern zusammenstellen, um gegen Jesus Christus zu Felde zu ziehen. Bald schon würden die Jahreszeiten sich verändern, die Erde werde nur noch schlechte Früchte hervorbringen, die Sterne würden ihre Bahn verlassen, ganze Berge und Städte würden in Erdbeben untergehen, und Rom werde zum Sitz des Antichristen werden.

Die schöne Frau fuhr fort: „Ich richte einen dringenden Aufruf an die Erde: Ich rufe auf die wahren Jünger Gottes, der im Himmel lebt und herrscht. Ich rufe auf meine Kinder, meine wahren Frommen; jene, die mir demütig ergeben sind, damit ich sie zu meinem göttlichen Sohn führe; jene, die ich sozusagen in meinen Armen trage; jene, die in meinem Geist leben (...) Geht und zeigt euch als meine geliebten Kinder. Ich bin mit euch und in euch, wenn der Glaube euer Licht ist, das euch in diesen Tagen der Drangsal erleuchtet. Euer Eifer macht euch hungrig nach dem Ruhm und der Ehre Jesu Christi. Kämpft, Kinder des Lichts, ihr, die kleine Zahl, die ihr sehend seid; denn die Zeit der Zeiten, das Ende der Enden ist da."

Sie schloß ihre lange Ansprache mit den Worten: „Nun, meine Kinder, teilt dies meinem Volk mit!" Dann schwebte sie über den Bach auf einen nahen Hügel, wo sie sich in Licht verwandelte und entschwand.

Die Kinder berichteten den Bewohnern des Weilers, deren Vieh sie hüteten, von der Erscheinung. Der Ortspfarrer und eine alte Frau waren davon überzeugt, die Kinder hätten die Muttergottes gesehen. Zwei Tage später kam Mélanie mit ihrer Herde wieder zum Erscheinungsort und sah, wie aus der bis dahin trockenen Quelle Wasser hervorsprudelte. Als die ersten Krankenheilungen an der Gnadenstätte bekannt wurden, strömten die Menschen in Scharen zu der Almwiese hinauf. Kaum zwei Wochen nach der Erscheinung traf schon der erste Pilgerzug mit 700 Wallfahrern an der Quelle ein. Dem Bürgermeister von La Salette jedoch waren die Begebenheiten gar nicht geheuer. Vergeblich versuchte er, die Kinder mit Geldangeboten dazu zu bringen, ihre Geschichte zu widerrufen. Auch die Presse sah in der Erscheinung von La Salette nur „Irrtum und Schwindel".

Die Wallfahrer ließen sich von all dem nicht beeindrucken – in den ersten beiden Jahren nach der Erscheinung kamen 300 000 Pilger nach La Salette. In deutscher Sprache erschien bereits 1847 ein erstes Buch über die erstaunliche Begebenheit. Im selben Jahr setzte der Bischof von Grenoble eine Untersuchungskommission ein, zur Klärung der Vorfälle an Ort und Stelle. Nach vierjähriger Arbeit wurde die Echtheit der Erscheinungen in einem bischöflichen Hirtenbrief wie folgt bestätigt: „Die Erscheinung (...) weist in sich alle Merkmale der Echtheit auf, und die Gläubigen sind berechtigt, sie als unzweifelhaft und sicher anzunehmen." Die Gründe für die Anerkennung waren die Hungersnot, die wie vorhergesagt eintraf, und der beschränkte geistige Horizont der beiden armen Kinder, die weder Lesen und Schreiben beherrschten, noch jemals eine religiöse Erziehung genossen hatten, so daß sie sich das Ereignis in der geschilderten Form kaum hätten ausdenken können (sie waren zudem nicht miteinander verwandt und mochten sich gegenseitig nicht sonderlich).

1851 brachten die Kinder Mélanie und Maximin (die mittlerweile Lesen und Schreiben gelernt hatten) das von der Muttergottes geoffenbarte Geheimnis zu Papier und schickten es nach Rom, wo es Pius IX. sichtlich beeindruckte. 1852 legte man den Grundstein zu einer Wallfahrtskirche und einem Kloster für die neu entstandene und bald zum Orden erhobene Gesellschaft der „Missionare von La Salette", kurz Salettiner genannt; ein entsprechender Nonnenorden entstand 1869.

1852 wurde Unserer Lieben Frau von La Salette mit Billigung Roms der Titel „Versöhnerin der Sünder" verliehen. 1879 erhob man die Kirche in den Rang einer Basilika und ließ das Gnadenbild Unserer Lieben Frau von La Salette feierlich krönen.

Drei lebensgroße Bronzefiguren erwarten die Wallfahrer heute in der Mulde von La Salette: die sitzende und weinende Maria, die stehende Muttergottes mit den beiden Kindern und die in den Himmel entschwebende Jungfrau. Die bis heute mit unverminderter Kraft sprudelnde Quelle wird von den Pilgern als heilkräftig verehrt. Das Gnadenbild befindet sich über dem Hochaltar der Wallfahrtskirche, deren beide mächtige Türme die Stätte weithin sichtbar überragen.

Auf der ganzen Welt gibt es heute Kirchen, die „Unserer Lieben Frau von La Salette" geweiht sind, darunter in Leutkirch-Engerazhofen im Allgäu, in Italien, Polen, Belgien, Lateinamerika, Madagaskar, Angola, Indien, auf den Philippinen und in den USA.

Auch eineinhalb Jahrhunderte nach den Ereignissen von La Salette ist die dort verkündete Botschaft der Muttergottes hochaktuell: Maria, die Fürsprecherin der Sünder im Himmel, will das Gewissen der Menschen wachrütteln, damit „die Schöpfung von der Verderbnis der Sünde und des Todes frei wird". Als Papst Piux IX. nach der Bedeutung von La Salette gefragt wurde, erwiderte er: „Sie wollen die Geheimnisse von La Salette wissen? Nun, das sind sie: Wenn ihr nicht Buße tut, werdet ihr alle zugrunde gehen!"

Lourdes

Vor 1858 kannte kaum jemand die französische Kleinstadt in den nördlichen Ausläufern der Pyrenäen, rund 160 km südwestlich von Toulouse. Seit in jenem Jahr jedoch die Jungfrau Maria dem Mädchen Bernadette Soubirous insgesamt 18mal erschien, zählt der Ort zu den bekanntesten und meistbesuchten Wallfahrtsstätten der Welt. Fast acht Millionen Menschen kommen jedes Jahr nach Lourdes. Jeder vierte von ihnen hofft auf Heilung von einem Gebrechen, denn durch die Gnade der Muttergottes wurden hier viele Menschen von Krankheiten erlöst.

Am 11. Februar 1858 kam die damals 14jährige Bernadette mit ihrer Schwester Marie und deren Freundin Jeanne zum Flüßchen Gave. Die Kinder liefen am Ufer entlang und suchten nach Brennholz und Knochen, um von dem Verkaufserlös Brot kaufen zu können. Plötzlich war Bernadette allein und sah am anderen Ufer die Grotte von Massabielle. Sie wollte gerade die Schuhe ausziehen und hinüberwaten, als sie auf einmal zwei Windstöße hörte und in der Höhle, von strahlendem Licht umgeben, eine „schöne Dame" sitzen sah. Sie war vielleicht so alt wie Bernadette und trug ein weißes Kleid mit einem blauen Gürtel, einen langen, weißen Kopfschleier und zwei goldgelbe Rosen auf den bloßen Füßen. In den gefalteten Händen hielt sie einen Rosenkranz. Die Frau sah Bernadette lange an und forderte sie dann auf, mit ihr den Rosenkranz zu beten. Als das Gebet zu Ende war, war die „Dame" verschwunden.

Zu Hause erzählten sie, was geschehen war, doch man glaubte ihr nicht und schlug sie. Drei Tage später begleitete Bernadettes beunruhigte Mutter die Kinder zu der Grotte, um die Erscheinung dort mit Weihwasser auf die Probe zu stellen. Plötzlich fiel Bernadette in Ekstase, und ihr Gesicht erstrahlte in einem eigenartigen Licht. Die „Dame" war zurückgekehrt, und Bernadette forderte sie auf: „Wenn du von Gott bist, so nähere dich!" Die geheimnisvolle Frau trat näher und verbeugte sich vor dem Weihwasser. Die übrigen Anwesenden, die außer Bernadettes verzücktem Gesicht nichts sehen konnten, bekamen Angst. Das Mädchen wurde daraufhin zu einem Müller einer nahen Mühle gebracht.

Auch bei ihrem nächsten Besuch an der Grotte, am 18. Februar 1858, war Bernadette nicht allein. Eine Frau, die der Meinung war, bei der Erscheinung handle es sich um eine arme

Seele, war zusammen mit ihrer Tochter mitgekommen. Um die Anweisungen der rätselhaften „Dame" notieren zu können, hatte Bernadette Papier und Feder mitgebracht. Die Lichtgestalt jedoch sprach: „Sie brauchen nicht aufzuschreiben, was ich Ihnen mitteilen will. Machen Sie mir nur die Freude, zwei Wochen lang jeden Tag hierher zu kommen! Ich verspreche Ihnen nicht, Sie in dieser Welt glücklich zu machen, wohl aber in der anderen." Bernadette, die erstaunt war, mit „Sie" angesprochen zu werden, fragte, ob ihre beiden Begleiterinnen auch dabeisein dürften. Die Erscheinung erwiderte: „Sie mögen mit Ihnen kommen, sie und noch andere. Ich wünsche viele Menschen hier zu sehen." Im selben Augenblick war die Lichtgestalt verschwunden.

Wie es ihr die Dame aufgetragen hatte, lief Bernadette am nächsten Morgen wieder zu der Grotte. Diesmal waren es fast hundert Menschen, die dem Mädchen folgten. Die Jungfrau erschien wie am Tag zuvor, und nachdem sie mit Bernadette den Rosenkranz gebetet hatte, kündigte sie weitere Offenbarungen an.

Von Tag zu Tag wuchs die Zahl der Neugierigen, die das Mädchen nun zu der Grotte begleiteten. Am folgenden Morgen zeigte die Erscheinung Bernadette, wie sie beten solle, und versprach ihr, sie vor künftigen Gefahren zu bewahren. Am 21. Februar kam ein Wissenschaftler mit zum Erscheinungsort, Dr. Dozous aus Montpellier, der seine Erinnerungen später in einem Buch veröffentlichte. Mittlerweile hatten die Ereignisse die Aufmerksamkeit der Gendarmerie geweckt, und nach ihrer Rückkehr in die Stadt wurde Bernadette vom örtlichen Polizeikommissar einem strengen Verhör unterzogen. Schließlich untersagte der Vater von Bernadette seiner Tochter jeden weiteren Besuch an der Erscheinungsstelle.

Bernadette wollte ihrem Vater gehorchen und blieb darum am nächsten Morgen daheim. Gegen Mittag jedoch hielt sie es nicht mehr aus; sie lief zum Felsen von Massabielle zurück und betete kniend den Rosenkranz. Dennoch wartete sie an diesem Tag vergeblich auf die Erscheinung. Schließlich lief sie bitter weinend nach Hause.

Bernadettes Freude war groß, als ihr Vater sein Verbot am nächsten Tag zurücknahm und die „schöne Dame" sie dann in der Grotte mit ihrem Namen ansprach: „Ich habe Ihnen ein Geheimnis anzuvertrauen, das nur Sie allein betrifft und für Sie allein bestimmt ist. Versprechen Sie mir, es niemandem auf der Welt zu offenbaren!" Dann bat sie das Mädchen, den Priestern mitzuteilen, man solle ihr an dieser Stelle eine Kapelle errichten. Bernadette lief sofort zum Pfarrer und erzählte ihm, was ihr aufgetragen worden war. Der Geistliche jedoch blieb skeptisch; er werde erst dann an die Echtheit der Erscheinung glauben, sagte er, wenn der Rosenstrauch an der Grotte zu blühen beginne. Als Bernadette ihr am nächsten Tag berichtete, was der Pfarrer gesagt hatte, bat die Gestalt das Mädchen, in die Grotte zu kommen. „Küssen Sie als Sühne für die Sünder die Erde", forderte sie Bernadette auf. Dann sprach sie die rhythmischen Worte „Buße! Buße! Buße!" Am Ende vertraute sie Bernadette ein zweites Geheimnis an, wiederum mit der Bitte, es niemandem zu offenbaren.

Am 25. Februar erschien Maria zum neunten Mal in der Grotte. Sie teilte Bernadette ein drittes Geheimnis mit und befahl ihr dann: „Trinken Sie aus der Quelle, und waschen Sie sich darin, und essen Sie von den Kräutern, die dort wachsen!" Bernadette wollte zum Fluß gehen, doch da gab ihr die Erscheinung ein Zeichen, und das Mädchen begann, in der Grotte zu graben. Auf einmal sickerte Wasser aus der rötlichen Erde, und Bernadette kniete nieder, benetzte ihr Gesicht damit, trank ein wenig von dem schlammigen Rinnsal, wusch sich die Hände und aß dann von den Kräutern, die an der Stelle wuchsen.

Als sie am nächsten Tag, wieder begleitet von einer großen Menschenmenge, zu der Grotte zurückkam, war aus dem trüben Wässerchen eine reichlich sprudelnde klare Quelle geworden, deren Kraft bis heute ungebrochen ist: Mehr als 122000 Liter ergießen sich hier an jedem Tag in den Fluß Gave.

Die am Felsen von Massabielle versammelten Menschen waren nun davon überzeugt, daß nur die Gottesmutter selbst das Wunder gewirkt haben konnte. Zwar wurde Bernadette an diesem Tag keine Erscheinung zuteil, doch kam es zu ersten Wunderheilungen: Eine Mutter tauchte ihr todkrankes Kind in das Quellwasser, woraufhin dieses sofort gesund war; eine Catherine Latapie-Chouat konnte ihre durch einen Sturz deformierte Hand wieder bewegen, und der von Erblindung bedrohte Steinmetz Louis Bouriette wurde von seinem Augenleiden geheilt. Zum Dank für die Heilung brach die Steinbrecherzunft noch am selben Tag einen Weg durch den Felsen, über den nun Hunderte von Menschen in die Grotte drängten, um das heilkräftige Wasser mit nach Hause zu nehmen.

Am 27. Februar forderte die Erscheinung Bernadette ein weiteres Mal auf, zur Buße für die Sünder die Erde zu küssen. Die Behörden waren nun nervös geworden. Man stationierte Soldaten an der Quelle und ließ das Mädchen erneut zum Verhör holen. Bernadette jedoch war nicht bereit, ihre Wahrnehmungen zu widerrufen und sich von der Grotte fernzuhalten. Auch an den folgenden Tagen kehrte sie zum Erscheinungsort zurück, und die Menge, die ihr folgte, wuchs von Tag zu Tag.

Als die Dame am 2. März zum 13. Mal erschien, trug sie dem Mädchen auf: „Sagen Sie den Priestern, daß man eine Prozession hierherführt und eine Kapelle baut!" Bernadette tat, wie ihr geheißen. Sie ging wieder zum Pfarrer, doch der war noch immer skeptisch. Er besprach die Ereignisse mit dem Bischof, und man kam überein, abzuwarten und Gott um Erleuchtung zu bitten.

Am 4. März hatten sich Tausende von Menschen an beiden Ufern des Gave versammelt. Viele waren schon am Vorabend gekommen und hatten die ganze Nacht an der Grotte verbracht, denn man rechnete mit einem großen Wunder. Bald sah man, wie Bernadette sich in der Quelle die Hände wusch und von den dort wachsenden Kräutern aß. Am Abend wurde in der Höhle ein zweijähriger Junge geheilt, ein gewisser Jean Bouhorts, der 79 Jahre alt werden sollte.

Die angekündigten 14 Erscheinungen waren nun geschehen, und Bernadette blieb der Grotte eine Zeitlang fern. Am 25. März jedoch, dem Fest Mariä Verkündigung, erwachte sie sehr früh am Morgen mit dem Gefühl, die Lichtgestalt rufe sie wieder an die Quelle. Sie eilte zur Erscheinungsstätte, wo die Frau, von der Bernadette bis dahin nur als „Aquerò" („das da") gesprochen hatte, schon auf sie wartete, wie immer umgeben von einem überirdischen Lichtschein. Bernadette kniete nieder, um den Rosenkranz zu beten. An diesem Tag jedoch konnte sie die Frage, die ihr schon so lange auf den Lippen brannte, nicht mehr zurückhalten: Sie bat die Erscheinung, ihren Namen zu nennen. Es dauerte eine Weile, bis die „Dame" antwortete, doch schließlich blickte sie zum Himmel, faltete ihre Hände und sprach in der okzitanischen Mundart der Gegend: „Qué soy éva Immaculata Concepció" – Ich bin die Unbefleckte Empfängnis.

Bernadette jedoch verstand nicht, was die Frau sagte. Es war erst vier Jahre her, seit der Papst jenes Dogma verkündet hatte, und das Mädchen hatte den Begriff noch nie gehört. Die an der Grotte versammelte Menge aber jubelte, als Bernadette den Namen der Erscheinung laut wiederholte. Das Mädchen wurde aus all dem nicht klug; es lief zum Pfarrer und berichtete ihm, was geschehen war. „Es ist also die seligste Jungfrau, die du siehst?" fragte dieser. „Ich glaube nicht", erwiderte Bernadette, „es ist die Unbefleckte Empfängnis." Erst als man ihr die Bedeutung des Wortes erklärte, glaubte die Seherin, daß ihr wirklich die Muttergottes erschienen war. Auch der bis dahin skeptische Pfarrer war nun davon überzeugt, daß das Mädchen wirklich die Muttergottes gesehen hatte.

Am 7. April erschien Maria erneut, und Bernadette verfiel in eine tiefe Verzückung, aus der sie erst Stunden später wieder erwachte. Dr. Dozous, der bei dem Ereignis anwesend war, sah, wie Bernadette ihre linke Hand eine Viertelstunde lang in eine Kerzenflamme hielt, ohne dabei Brandverletzungen zu erleiden.

Die Behörden wehrten sich weiterhin mit aller Kraft gegen den Kult um die Grotte von Lourdes. Man erklärte Bernadette für geisteskrank, untersagte das Betreten der Höhle und versperrte schließlich am 8. Juni den Eingang zur Felsengrotte mit einem Bretterzaun.

Am 16. Juli 1858 feierte man das Fest Unserer Lieben Frau vom Berg Karmel. Bernadette war am Abend in die Kirche gegangen, um zu beten, als sie sich plötzlich wieder zur Grotte hingezogen fühlte. Da der Zugang blockiert war, blieb sie am anderen Flußufer stehen, als sie plötzlich die Jungfrau Maria erblickte, schöner als je zuvor. Sie sprach kein Wort, sondern lächelte nur, bis sie schließlich verschwand. „Niemals zuvor habe ich sie so schön gesehen", berichtete Bernadette später.

Im September desselben Jahrs erkrankte der Sohn von Kaiser Napoleon III. schwer, ohne daß die Ärzte ihm helfen konnten. Da brachte eine Hofdame Kräuter aus der Grotte von Lourdes und gab sie dem Kranken zu essen. Bald schon war der Prinz gesund. Der Kaiser befahl die Öffnung der Erscheinungsstätte und kam am 4. Oktober sogar selbst nach Lourdes.

Der Bischof von Tarbes setzte einen Ausschuß ein, der mit der Untersuchung der Vorkommnisse beauftragt wurde. Es dauerte über zwei Jahre, bis die Kommission ihr Urteil fällte, das am 18. 1. 1862 in einem Hirtenbrief bekanntgegeben wurde: „Die Jungfrau Maria ist tatsächlich Bernadette Soubirous erschienen." 1866 weihte man die erste Wallfahrtskirche, die dreischiffige Krypta mit fünf Altarnischen, von denen sich die rechte genau über der Grotte befindet. 1869 bestätigte Papst Pius IX. die Entscheidung der Kirche. 1871–1876 erbaute man eine weitere Kirche, die neugotische obere Basilika mit ihrem 70 m hohen Turm.

1872 zählte man bereits eine Million Pilger in Lourdes. Mit 85 Wallfahrern aus Aachen besuchte 1875 ein erster deutscher Pilgerzug die Gnadenstätte. Elf Jahre später kamen erstmals die Österreicher mit 600 Wallfahrern.

An der Erscheinungsstätte stellte man eine Marienstatue auf, die nach Bernadettes Angaben gefertigt wurde. Im Rahmen der Weihe der Basilika wurde die Figur 1876 in einer feierlichen Zeremonie gekrönt. 1883 errichtete man ein drittes Gotteshaus, die untere Rosenkranz-Basilika (Notre Dame du Rosaire).

Bernadette selbst trat 1866 in das Kloster der „Sœurs de la Charité" in Nevers ein, wo sie am 16. 4. 1879 an Knochentuberkulose starb. Als man ihr Grab 1918 öffnete, stellte man fest, daß ihr Leib nahezu unverwest geblieben war. 1925 wurde die Seherin von Lourdes seliggesprochen, acht Jahre später erfolgte die Heiligsprechung.

Bis heute wurden etwa 5000 Heilungen gemeldet, von denen immerhin 65 als echt anerkannt wurden. Zu den ersten, die in Lourdes geheilt wurden, zählte ein Rechtsanwalt, der 1862 von einem Augenleiden befreit wurde. Vier Jahre später wurde ein protestantischer Kapellmeister, der den Kult um die Quelle eigentlich für Aberglauben hielt, von einem Tumor geheilt.

Erstes Ziel der nach Lourdes kommenden Pilger ist die Grotte, die fast unverändert erhalten ist. Auf einem Freialtar wird hier den ganzen Tag über in den Sprachen der jeweiligen Pilgergruppen die heilige Messe gefeiert. Mit Kerzen in den Händen ziehen die Wallfahrer dann am Abend in einer langen Prozession zum großen Platz, um dort den Segen der Priester zu empfangen.

Auch die kranken Wallfahrer, die man Tag für Tag hierher bringt, werden in Sprachgruppen eingeteilt. Das Gitter am Eingang zur Grotte ist mit Krücken behängt, die Gehbehinderte nach ihrer Heilung zurückließen. Bittbriefe an die Jungfrau Maria legen die Wallfahrer in den eisernen Korb, der vor der Grotte steht. Viele der Briefe stammen von Menschen, die selbst nicht nach Lourdes kommen konnten.

Die von Bernadette freigelegte Quelle ist heute mit einer Glasplatte zugedeckt. Das heilkräftige Wasser ist an den Hähnen links von der Höhle für die Wallfahrer zugänglich. Auf der rechten Seite der Grotte befinden sich nach Geschlechtern getrennte Badehallen. Es sind vor allem die nach Lourdes kommenden Kranken, die hier in der Hoffnung auf Heilung ins Wasser steigen. Unter denen, die an der Grotte um ein Wunder beten, finden sich auch Kranke, die nur mit großen Mühen befördert werden können, wie Dialysepatienten oder Gelähmte. 15 000 Mitglieder zählt die freiwillige Hilfsgemeinschaft „Hospitalité Notre Dame de Lourdes", deren Krankenträger den Transport der Schwerkranken zur Gnadenstätte übernehmen. Viele Freiwillige opfern ihren Jahresurlaub für den Dienst an den Kranken.

In der Rosenkranz-Basilika, wo viele Votivgaben, wie Fahnen, Orden und Schiffsmodelle, ausgestellt sind, hat Bernadette seit ihrer Heiligsprechung 1933 einen eigenen Altar. Zum Jahrhundertjubiläum 1958 weihte Kardinal Roncalli, der spätere Papst Johannes XXIII., ein drittes Gotteshaus ein, eine unterirdische Halle aus Stahlbeton, die 25000 Menschen aufnehmen kann. Jeden Mittwoch- und Samstagvormittag versammeln sich hier die Pilger zu einem feierlichen Gottesdienst.

1982 besuchte erstmals ein Papst die Pyrenäenstadt. Am 15. August kam Johannes Paul II. als Wallfahrer an die Grotte.

1949 rief der Bischof von Lourdes die internationale Jugendbewegung „Pax Christi" ins Leben, die sich für den Erhalt des Weltfriedens einsetzt.

In allen Teilen der Welt findet man heute Kirchen und Kapellen, die der Jungfrau von Lourdes geweiht sind. So erhebt sich auf einem Berg bei Zeil am Main eine Kapelle, die als „fränkisches Lourdes" gerühmt wird. In China gilt die Stadt Qingyang seit 1902 als „chinesisches Lourdes", nachdem Wallfahrer, die während der damaligen Pestepidemie hier gebetet hatten, der Seuche entgangen waren. Auch andere Kirchen in China wurden Unserer Lieben Frau von Lourdes geweiht, während man in Japan eine Höhle auf der Insel Goto als Lourdes-Grotte verehrt. Ähnliche Höhlenkirchen finden sich auf den Philippinen, in Sri Lanka, Südindien, Madagaskar, Benin und Ghana. Das folgende Gebet an die Jungfrau von Lourdes verfaßte der französische Schriftsteller Paul Claudel im Jahr 1907: „Nichts sprechen, Dein Angesicht schauen, bei Dir sein, Maria, an diesem Ort, wo Du bist."

Rue du Bac, Paris

Die Klosterkapelle in der Rue du Bac Nr. 140 im 7. Pariser Arrondissement ist ein vielbesuchter Wallfahrtsort. Bekannt wurde der Ort durch die „Wundertätige Medaille von Paris", die man prägen ließ, nachdem die Muttergottes 1830 dreimal der heiligen Cathérine Labouré erschienen war.

Als neuntes Kind eine Bauernfamilie wurde Zoé Labouré 1806 in Burgund geboren. Als sie acht Jahre alt war, starb ihre Mutter.

Mit 24 Jahren trat sie unter dem Namen Cathérine in das Pariser Mutterhaus der Barmherzigen Schwestern des heiligen Vinzenz von Paul ein.

Es geschah in der Nacht vom 18. auf den 19. Juli 1830. Die junge Frau hatte sich in ihrer Zelle gerade schlafengelegt. „Um halb zwölf Uhr in der Nacht hörte ich mich bei meinem Namen gerufen: ‚Schwester! Schwester! Schwester!' (...) Ich zog den Vorhang meiner Zelle zurück und sah einen weißgekleideten Jungen, etwa vier oder fünf Jahre alt, der zu mir sagte: ‚Komm in die Kapelle; die seligste Jungfrau wartet auf dich.' (...) Ich kleidete mich rasch an und wandte mich nach der Seite dem Jungen zu, der am Kopfende meines Betts stehengeblieben war.

Er folgte mir, oder vielmehr ich folgte ihm; er ging immer zu meiner Linken. Überall, wo wir durchgingen, war das Licht angezündet, worüber ich sehr erstaunt war. Noch größer war meine Überraschung, als ich zur Kapelle kam und die Tür sich von selbst öffnete, sobald der Knabe sie mit dem Finger berührte. Doch am größten war mein Staunen, als ich alle Kerzen und Lichter angezündet sah, was mich an die Mitternachtsmette von Weihnachten erinnerte (...)

Der Junge führte mich in den Chor der Kapelle neben den Stuhl des hochwürdigen Herrn Direktors; dort kniete ich nieder (...) Endlich meldete mir der Junge: ‚Das ist die seligste Jungfrau.' Ich hörte dann ein Geräusch wie das Rauschen von Seide, das von der Empore, vom Bild des heiligen Josef herzukommen schien. Die Gestalt ließ sich vor den Stufen des Altars auf einem Stuhl nieder (...)

Als ich dann auf die seligste Jungfrau blickte, stürzte ich mich sozusagen auf sie zu und warf mich an den Stufen des Altars auf die Knie, indem ich meine Hände der seligsten Jungfrau auf den Schoß legte. Da verbrachte ich die süßesten Augenblicke meines Lebens. Es wäre mir unmöglich zu sagen, was ich alles empfand."

Weinend kündigte die Muttergottes große Leiden an, die der Welt bevorstünden. Dem Kloster jedoch versprach sie Schutz für die Zeit der bevorstehenden Prüfungen. „Sie wies dann mit der Hand auf den Fuß des Altars und sagte, ich solle mich oft am Fuß des Altars niederwerfen und dort mein Herz ausschütten; dort würde ich allen Trost finden, den ich nötig hätte (...)

Ich erhob mich von den Stufen des Altars und bemerkte nun den Jungen noch an derselben Stelle stehen, wo ich ihn zurückgelassen hatte. Er sagte mir: ‚Sie ist fort', und wir traten den Rückweg an, wobei wieder alle Lichter angezündet waren (...)

Ich glaube, daß dieser Junge mein Schutzengel war, der mir sichtbar erschien, um mir die seligste Jungfrau zu zeigen, weil ich ihn inständig gebeten hatte, mir diese Gnade zu gewähren. Er war weiß gekleidet und trug ein wunderbares Licht, das heißt, er war ganz strahlend von Licht (...)

Als ich zu meinem Bett zurückkam, war es zwei Uhr morgens; ich hörte die Uhr schlagen. Ich konnte dann nicht mehr einschlafen."

Am 27. November 1830 erschien Maria der jungen Frau ein zweites Mal in der Klosterkapelle. Im weißen Gewand mit einem bodenlangen Schleier stand sie auf der Weltkugel. Unter ihren Füßen wand sich der Teufel in Gestalt einer Schlange, und in ihren mit kostbaren Ringen geschmückten Händen hielt sie eine Kugel. Schließlich breitete sie ihre Arme aus und sprach: „Die Strahlen sind Zeichen der Gnade, die ich über alle ausgieße, die darum bitten." Die Lichtstrahlen bildeten dann einen Kranz um die Muttergottes, auf dem zu lesen war: „O Maria, ohne Sünde empfangen, bitte für uns, die wir unsere Zuflucht zu dir nehmen!"

Die heilige Jungfrau fuhr fort: „Laß nach diesem Muster eine Medaille prägen! Alle, die sie tragen, werden große Gnaden erlangen." Das Bild wechselte nun. In einem Kranz von zwölf Sternen sah Cathérine das von einer Dornenkrone umgebene Herz Jesu und das von einem Schwert durchbohrte Herz Mariens. Darüber waren ein Kreuz und der Buchstabe „M" zu sehen.

Die Nonne vertraute sich ihrem Seelsorger Pater Aladel an, der jedoch mit Zurückhaltung reagierte und nichts unternahm. Wenige Tage später erschien Maria der jungen Frau erneut und erinnerte sie an ihren Auftrag, eine Medaille prägen zu lassen. Cathérine sprach noch einmal mit Pater Aladel, der schließlich den Pariser Erzbischof unterrichtete. 1832 wurden die ersten Medaillen geprägt.

Durch Berichte über Heilungen und andere Wunder, die sich durch die Medaillen ereignet hatten, wurde die „Wundertätige Medaille von Paris" schnell bekannt. Bald hatte man Millionen von Exemplaren in alle Teile der Welt verschickt.

Pater Aladel brachte 1834 Cathérines Berichte über die Erscheinungen zu Papier. In einem Hirtenbrief empfahl der Pariser Erzbischof 1839 den Gläubigen, die Medaille zu tragen und die darauf geschriebenen Worte zu beten. Den Namen der Seherin gab er nicht bekannt. Erst nach dem Tod der Seherin wurde er veröffentlicht.

Cathérine Labouré starb 1876, nachdem sie 40 Jahre lang die Bewohner eines Pariser Altenheims gepflegt hatte. 1947 wurde sie heiliggesprochen. 1980 besuchte Papst Johannes Paul II. die Pariser Erscheinungskapelle, wo der bis heute unversehrt gebliebene Leib der Heiligen aufgebahrt ist.

Erscheinungsorte und Gnadenstätten in Nordeuropa

Knock (Cnoc Mhuire)

1847 erklärte das Parlament der Grünen Insel die Jungfrau Maria zur „Königin von Irland". Drei Jahrzehnte später erschien die Muttergottes in dem Dorf Knock (gälisch *Cnoc Mhuire)* im Westen des Landes. Der Ort in der Grafschaft Mayo, der seither auch „irisches Lourdes" genannt wird, ist heute ein vielbesuchtes Zentrum der Marienverehrung.

Es geschah am Abend des 21. August 1879. Im strömenden Regen lief die Haushälterin des Dorfpfarrers in Begleitung zweier Mädchen an der Kirche entlang, als auf einmal an der Giebelwand drei Gestalten zu sehen waren. Die Frauen riefen die Nachbarn herbei, die sich eilig vor dem Gotteshaus versammelten. 22 Augenzeugen sahen nun die weißgekleidete Muttergottes. Sie war von einem Lichtkranz umgeben, trug eine goldene Krone und hatte die Hände zum Gebet erhoben. Rechts von ihr stand der heilige Josef mit gefalteten Händen, während auf der anderen Seite der Evangelist Johannes zu erkennen war. In der linken Hand hielt der Apostel ein geöffnetes Buch, die Rechte hatte er zum Segen erhoben. Auf einem Altar daneben stand unter einem leuchtenden Kreuz ein Lamm, während im Hintergrund viele Engel zu sehen waren.

Es dauerte zwei Stunden, bis die himmlische Erscheinung wieder verschwand. Man versuchte, den Priester zu holen, doch dieser weigerte sich, zu kommen. Die Ereignisse wurden jedoch schnell bekannt, und aus allen Teilen der Insel eilten die Gläubigen nach Knock. Als die ersten Kranken geheilt wuden, setzte der Bischof von Tuam eine Untersuchungskommission ein, die die Zeugen getrennt voneinander zur gleichen Zeit vernahm. Da die Aussagen bis in die Einzelheiten übereinstimmten, wurde das Wunder von der Kirche anerkannt.

Bereits im Frühjahr darauf kam der erste Pilgerzug in den neuen Wallfahrtsort. Die Zahl der Besucher wuchs nun rasch. Vor allem zum jährlichen Erscheinungstag am 21. August versammelten sich Tausende von Menschen an der Gnadenstätte, darunter viele Kranke. Pilgerunterkünfte wurden gebaut, Kreuzwege und Kapellen entstanden, und ein italienischer Künstler hielt die Erscheinungsgruppe in einer Marmorskulptur fest.

Zur feierlichen Krönung einer Marienfigur kamen 1954 eine Million Wallfahrer nach Knock. Die alte Dorfkirche war für die Menschenmassen nun zu klein geworden, so daß man in den 70er Jahren eine neue Wallfahrtskirche errichtete. Vor zwei Millionen Pilgern erhob Papst Johannes Paul II. das neue Gotteshaus 1979 in den Rang einer Basilika.

Walsingham

Nur wenige wissen, daß es auch im protestantischen England einen Marienwallfahrtsort gibt. Im Mittelalter zählte der Erscheinungsort Walsingham, rund 150 km nördlich von London, zu den meistbesuchten Gnadenstätten Europas.

Seine Bedeutung erlangte der kleine Ort durch eine Erscheinung, die an die legendäre Übertragung des Heiligen Hauses von Nazaret nach Loreto erinnert. Es geschah im Jahr 1061, als in Walsingham eine adlige Witwe namens Richeldis de Faverches lebte. Eines Tages erschien der Frau die Muttergottes und führte sie im Geist nach Nazaret. Dort zeigte sie der Witwe das Haus, in dem Maria der Erzengel Gabriel die Geburt des Erlösers verkündet hatte. Sie solle die Maße des Hauses genau aufnehmen, bat Maria die Lady, um in Walsingham als getreue Nachbildung eine Kapelle errichten zu können.

Die Erscheinung wiederholte sich dreimal, und Lady Richeldis machte sich voller Freude an die Planung des „Heiligen Hauses", ohne jedoch zu wissen, an welcher Stelle das Gebäude entstehen sollte. Da fand sie eines Morgens auf einer taubedeckten Wiese eine trockene Fläche, deren Maße genau dem ihr gezeigten Gebäude entsprachen. Hier begannen die Dorfbewohner nun, den Schrein zu erbauen, doch immer wieder stürzte das Holzhaus ein. Die verzweifelte Richeldis betete schließlich zur Jungfrau Maria um Hilfe. Als sie am nächsten Morgen zum Bauplatz kam, stand 200 Schritte weiter das fertige Haus. Auf Veranlassung von Geoffrey Faverches, dem Sohn der Witwe, wurde für die Seelsorge am „Heiligen Haus" ein Kloster errichtet, das im 12. Jahrhundert dem Augustinerorden übergeben wurde. Das Dorf in der Grafschaft Norfolk war nun als Gnadenstätte weithin bekannt. Bethäuser und Herbergen säumten die Pilgerwege, die aus allen Richtungen in den Ort führten, und viele Wallfahrer liefen das letzte Wegstück bis zur Gnadenstätte barfuß. „Slipper Chapel", Sandalenkapelle, heißt der im 14. Jahrhundert erbaute Schrein zwei Kilometer vor Walsingham, wo die Wallfahrer ihre Schuhe auszogen.

Selbst vom europäischen Festland kamen Schiffe mit Pilgern nach Walsingham, während Kreuzfahrer nach ihrer glücklichen Heimkehr aus dem Heiligen Land der Madonna im „englischen Nazaret" zum Dank für ihre gesunde Rückkehr Palmzweige darbrachten.

Über dem Heiligen Haus entstand schließlich, ähnlich wie in Loreto, eine große Kirche. Auch die dort aufgestellte Holzfigur der Muttergottes glich dem Gnadenbild von Loreto.

Im Jahr 1226 kam König Heinrich III. als Pilger nach Walsingham, ein Brauch, der bis zur Reformation von allen englischen Herrschern fortgesetzt wurde. Der letzte König, der an die Gnadenstätte kam, war Heinrich VIII. Kurz bevor er 1534 die Kirche von England von der römisch-katholischen Kirche abspaltete, hatte er hier der Muttergottes für die Geburt seines Sohnes gedankt. Einige Jahre vor ihm war auch der Philosoph Erasmus von Rotterdam in den heiligen Ort gekommen.

Mit der Trennung der englischen Kirche vom Vatikan begann der Niedergang des Wallfahrtsorts. Das Kloster wurde geschlossen und abgerissen, die Kapelle wurde geplündert, und das Gnadenbild übergab man dem Feuer. Die Bewohner des Ortes versuchten, sich den Schergen des Königs zu widersetzen, doch die „Rebellion von Walsingham" wurde blutig niedergeschlagen. Auf einer Erhebung, die heute noch als „Marterhügel" bekannt ist, wurden der Abt des Klosters und zehn weitere Aufrührer öffentlich verbrannt.

Der Ort blieb lange vergessen. Erst als der katholische Glaube im 19. Jahrhundert durch die „Oxford-Bewegung" zu neuem Leben erwachte, erinnerte man sich wieder der alten Gnadenstätte. Man restaurierte die Slipper Chapel und stellte dort 1921 eine Kopie des alten Gnadenbildes auf, die nach den Siegeln des Klosters geschaffen war.

1922 kam der erste Pilgerzug in den Ort. Nach den überlieferten Maßen wurde auch das „Heilige Haus" neu aufgebaut. Beim Ausheben des Fundaments stieß man durch Zufall auf einen Brunnen, der sich nach der Freilegung schnell mit Wasser füllte. Die Wallfahrer, die heute nach Walsingham kommen, verehren das Wasser als heilkräftig.

Auch die Wallfahrtskirche über dem „Heiligen Haus" errichtete man wieder. Vor 6000 Besuchern wurde das Gotteshaus am 6. Juni 1937 geweiht. Ein Jahr später waren es schon 30 000 Pilger, die die zu der neuerstandenen Gnadenstätte kamen. 1961 würdigte auch Papst Johannes XXIII. den Ort, indem er allen Walsingham-Pilgern seinen Segen versprach. Der Wallfahrtsort wurde so wieder zum Zentrum der britischen Marienverehrung, und unter den Wallfahrern finden sich Anglikaner ebenso wie Katholiken.

Erscheinungsorte und Gnadenstätten in Ost- und Südosteuropa

Tschenstochau

Seit dem 14. Jahrhundert ist die südpolnische Industriestadt Tschenstochau mit der berühmten „Schwarzen Madonna" Nationalheiligtum des Landes und einer der meistbesuchten Pilgerorte der Welt. Jasna Góra, „Heller Berg", heißt der knapp 300 m hohe Hügel im Westen der Stadt mit dem weithin sichtbaren hohen Turm der Wallfahrtskirche.

Es war im Jahr 1382, als Herzog Wladyslaw von Oppeln ein von ihm sehr verehrtes Marienbild von seinem Schloß in Belz nach Allenstein bringen lassen wollte. Als der Wagen mit dem Bild den Hügel bei Tschenstochau erreicht hatte, weigerten sich die Zugtiere, weiterzugehen. Die Madonna wollte offenbar an diesem Ort bleiben, und der Herzog stiftete schließlich auf dem Hügel ein Kloster, das ungarischen Paulinermönchen übergeben wurde. Noch im selben Jahr, am 7. September, ließ er die Ikone in der Klosterkapelle aufstellen.

Das 120 cm x 82 cm große Holzbild, das sich heute über dem Altar der Kapelle befindet, stammt der Legende nach vom Evangelisten Lukas, der es auf den Tisch des Heiligen Hauses in Nazaret gemalt haben soll. Über Byzanz und den Palast von

Kaiser Konstantin, der das Bild bis zum Jahr 431 in seinem Zimmer verehrt haben soll, sei das Bild schließlich nach Polen gelangt. Eine Liste der in der Santa Casa von Loreto aufbewahrten Gegenstände enthält den Vermerk: „Der Tisch der heiligen Jungfrau befindet sich in Polen in der Stadt Tschenstochau."

Fachleute sind der Meinung, das Bild sei zwischen dem 6. und 9. Jahrhundert in Süditalien entstanden. Das Temperagemälde zeigt Maria mit dem Jesuskind im linken Arm. Mit ernstem Blick weist sie auf das Kind, das die rechte Hand zum Segen erhoben hat und in der Linken das Evangelium hält. Wegen ihrer dunklen Gesichtsfarbe erhielt die Muttergottes den Beinamen „Schwarze Madonna".

In den folgenden Jahrhunderten, als Polens Nachbarstaaten das Land immer wieder unter sich aufteilten, war die Madonna von Tschenstochau ein Kristallisationspunkt für das polnische Nationalbewußtsein. Im Jahr 1430 drang ein Hussitenheer in das Kloster ein und zerstörte dort auch das Archiv, so daß es heute keine Quellen mehr über den Ursprung des Bildes gibt. Auf die Madonna stachen die Angreifer mit ihren Säbeln ein, ohne daß das Bild dabei Schaden nahm. Schließlich warfen die Eindringlinge es zu Boden, wo es in drei Teile zersprang. Der polnische König Wladyslaw Jagiello ließ die Ikone in Krakau restaurieren und in einer feierlichen Prozession auf den „Hellen Berg" zurückbringen.

Als immer mehr Pilger zu dem Gnadenbild strömten, mußte die Kapelle vergrößert werden. Im Jahr 1619, zu Beginn des Dreißigjährigen Krieges, erbaute man mächtige Wehranlagen um die Wallfahrtskirche. Es dauerte nicht lange, bis die Festung angegriffen wurde. Von Norden her kamen schwedische Truppen und belagerten fast zwei Monate lang den Klosterberg, der nur von einer Handvoll Soldaten und Mönche verteidigt wurde. Als die Schweden schließlich abzogen und bald auch ganz Polen räumten, schrieb man den Sieg der Muttergottes zu. König Jan Kazimierz ernannte Maria 1656 zur „Königin von Polen" und stellte seine Nation unter den Schutz der Jungfrau von Tschenstochau.

1683 stand König Sobieski vor dem Gnadenbild. Er bat die Gottesmutter um Beistand für die bevorstehende Schlacht gegen die vor Wien stehenden Osmanen. Am 12. September 1683 gelang es den vereinten Truppen der mitteleuropäischen Nationen, die türkischen Angreifer in die Flucht zu schlagen.

Da die Marienkapelle zu klein geworden war, fügte man nun ein dreischiffiges Langhaus hinzu und schmückte die neue Kirche im Stil des Barocks. Eine zweite Kirche, die man neben der Marienkapelle errichtet hatte, brannte 1690 nieder, wurde aber wiederaufgebaut. 1717 ließ Papst Klemens XI. das Gnadenbild feierlich krönen. Seit jener Zeit trägt die *Serdeczna Matko*, die „Liebreiche Mutter", auch edelsteinbesetzte Kleider. Vor 600 000 Wallfahrern feierte man 1782 das 400jährige Jubiläum der Gnadenstätte.

1906 erhielt die Wallfahrtskirche ihren 106 m hohen Glockenturm. Im gleichen Jahr erhob der Heilige Vater die Gnadenstätte in den Rang einer Basilika. 1909 wurden die Kronen des Gnadenbildes zum wiederholten Male gestohlen, so daß man die Madonna im folgenden Jahr vor 750 000 Pilgern von neuem krönte. 1918, zum Ende des Ersten Weltkriegs, feierte man in Tschenstochau die wiedergewonnene Unabhängigkeit der polnischen Nation. Zwei Jahre später versuchten russische Soldaten vergeblich, den Klosterberg einzunehmen.

In der Nacht zum 2. Juli 1951 hatte ein Mann namens Lubinsz, später als Seher anerkannt, in der Marienkapelle eine bewegende Vision: Begleitet von vielen Engeln und Heiligen verließ die Schwarze Madonna die Kirche auf dem „Hellen Berg", um eine Reise durch das ganze Land zu machen. Wenige Jahre später wurde die Vision des Mannes Wirklichkeit: Am 3. Mai 1957 stellte Kardinal Wyszynski, der erst im Vorjahr nach dem niedergeschlagenen Aufstand gegen die kommunistische Herrschaft aus dem Gefängnis freigekommen war, vor Tausenden von Gläubigen am Jasna Góra zwei Kopien der Schwarzen Madonna vor. Die eine Nachbildung war ein Geschenk für Papst Pius XII., das andere Bild trat an diesem Tag eine Pilgerfahrt durch das Land an. Von Pfarrei zu Pfarrei wanderte es jahrelang durch ganz Polen und in die polnischen

Gemeinden im Ausland. Die Behörden versuchten vergeblich, die Reise der Ikone zu beenden. Von Milizionären bewacht wurde die Kopie in einer Seitenkapelle der Wallfahrtskirche „eingesperrt". Die Kirche schickte daraufhin einen leeren Rahmen auf die Pilgerfahrt von einer Gemeinde zur nächsten.

Seit dem Ende der kommunistischen Herrschaft ist die Wallfahrt nach Tschenstochau zu neuer Blüte gelangt. Zum nationalen Wallfahrtstag am 26. August kommen jedes Jahr Hunderttausende von Pilgern in die Stadt. Die Wallfahrer gehören allen sozialen Schichten an, und viele von ihnen stammen aus den katholischen Nachbarländern Polens. Als Papst Johannes Paul II. 1979 die Gnadenstätte besuchte, versammelten sich hier mehr als drei Millionen Menschen.

Jeden Abend um 21 Uhr wird das Bild für die Nacht verschlossen. Zuvor erklingt ein Lobgesang auf die Muttergottes, der in früheren Zeiten auch die polnische Nationalhymne war.

Medjugorje

Im Bergland der überwiegend katholisch besiedelten West-Herzegowina, einige Kilometer abseits der Straße, die die Stadt Mostar mit der Adriaküste verbindet, liegt das Dorf Medjugorje, die jüngste der großen Gnadenstätten, an denen die Jungfrau Maria in der Neuzeit Kindern erschien.

Es war der 24. Juni 1981. Am Fuß des Berges Crnica gingen zwei Mädchen spazieren, die hier, in ihrem Heimatdorf, gerade die Schulferien verbrachten: die 15jährige Ivanka Ivankovi und ihre Freundin, die ein Jahr ältere Mirjana Dragicevi . Auf einmal erblickte Ivanka eine leuchtende Frauengestalt, die über dem Gipfel schwebte. „Schau mal", sagte sie zu ihrer Freundin, „da ist die Gospa auf dem Berg." *Gospa*, „Herrin", ist der kroatische Ehrentitel der Muttergottes.

Mirjana jedoch hatte nichts gesehen. „Wie sollte uns die Gospa erscheinen!" wies sie ihre Begleiterin zurecht.

Als die beiden am Abend wieder zu der Stelle kamen, um gemeinsam mit ihrer Freundin Milka die Schafe heimzutreiben, sah Ivanka erneut die Gospa auf dem Berg. Auch ihre beiden Gefährtinnen sahen die Erscheinung, eine wunderschöne junge Frau, die ein Kind im Arm trug. Sie war vielleicht 20 Jahre alt und 1,60 m groß. Ihre Augen waren blau, und unter dem langen, weißen Schleier, der ihr Haupt bedeckte, kamen schwarze Locken hervor. Darüber funkelte eine Sternenkrone. Sie winkte die Mädchen herbei, doch diese konnten sich vor Schreck nicht rühren.

Kurz darauf stieß die 17jährige Vicka Ivankovi dazu. Als sie die Frau auf dem Gipfel erblickte, wurde sie von Panik erfaßt und lief fort, kam jedoch gleich wieder zurück. Nicht so der 16 Jahre alte Ivan Dragicević. Er ließ seine mit Äpfeln vollgepackte Tasche fallen und rannte davon.

Am nächsten Abend liefen die Kinder wieder zu der Stelle. Diesmal wurden sie begleitet von der 16jährigen Marija Pavlovi, dem 10 Jahre alten Jakov Colo und einer erwachsenen Frau, die ihr kleines Kind mitnahm. Am Berg Crnica empfing die Muttergottes die Gruppe mit weit geöffneten Armen. Die Kinder liefen auf die Gospa zu, knieten nieder, beteten und weinten schließlich vor Aufregung. Ivanka erkundigte sich nach ihrer Mutter, die zwei Monate zuvor gestorben war. „Es geht ihr gut", gab Maria zur Antwort. „Mach dir keine Sorgen um deine Mutter, sie ist mein himmlischer Engel." Sie sprach kroatisch, und ihre sanfte Stimme klang „wie eine Glocke". Die Kinder fragten die Gospa, ob sie auch am nächsten Tag erscheinen werde. „Ja", sagte sie. „Ich werde kommen (...) Geht hin in Gottes Frieden!" Einige Leute aus dem Dorf, die dazugestoßen waren, sahen nur einen Lichtschein am Himmel, ohne sonst etwas wahrzunehmen.

Die wundersamen Ereignisse am Berg Crnica hatten sich mittlerweile herumgesprochen. Als die Kinder am nächsten Abend wieder zur Erscheinungsstelle gingen, wurden sie von einigen hundert Neugierigen begleitet. Mirjana und Jakov berichteten der Gospa, man habe sie der Lüge bezichtigt. Die Muttergottes beruhigte sie: „Meine Kinder, in der Welt gab es immer Unrecht, so auch hier. Kümmert euch nicht darum!"

Die Kinder baten darum, sie solle sich auch der Menschenmenge zeigen, doch Maria sagte nur: „Selig, die nicht sehen und doch glauben!"

An diesem Tag war der Dorfpfarrer Jozo Zovko von Exerzitien in Nordkroatien zurückgekehrt. Man erzählte ihm von der Gospa, und er befragte die Kinder. Glauben wollte er die Geschichte jedoch nicht. Er diskutierte den Fall mit einem Arzt aus dem Ort, der die Kinder aber für gesund erklärte.

Am Sonntag, dem 28. Juni 1981, dem fünften Erscheinungstag, waren es schon 15 000 Menschen, die sich am Berg Crnica versammelten. Einen Tag später brachte man die sechs Kinder zur psychiatrischen Untersuchung nach Mostar, bei der man jedoch nichts Auffälliges feststellte. „Nicht die Kinder sind verrückt", kommentierte eine Ärztin den Fall, „sondern eher der Umstand, der sie hierher gebracht hat." An diesem Abend begleitete eine Ärztin die Kinder zur Erscheinungsstelle, wo sie darum bat, die Gospa berühren zu dürfen. Als sie es mit Marias Erlaubnis tat, durchfuhr die Frau, die nicht religiös war, ein Schauder. „Das ist aber sonderbar", sagte sie verwirrt. An diesem Tag kam es auch zu ersten Wundern: Der von seinen Eltern zum Berg Crnica gebrachte fünfjährige gelähmte Daniel Setko stand auf und konnte laufen. Ein alter Mann, der ebenfalls gelähmt und außerdem halb erblindet war, ließ sich Erde vom Erscheinungsort bringen. Er rührte sie mit Wasser an, rieb seinen Körper damit ein und betete dabei das Glaubensbekenntnis. Als er am nächsten Morgen erwachte, war er gesund.

Zwei Frauen, die sich als Sozialarbeiterinnen aus Sarajevo vorstellten, luden die Kinder am nächsten Tag zu einer Spazierfahrt im Auto ein. Der Ausflug zog sich bis zum Abend hin. Gegen 18 Uhr hatten sie das Dorf Crno, drei Kilometer von Medjugorje entfernt, erreicht, und die Kinder ließen den Wagen anhalten. Sie stiegen aus, sahen die Gospa und fielen auf die Knie. Als die beiden Sozialarbeiterinnen eine Zigarette anzünden wollten, schien es ihnen, als stürzten die Sonne und eine Lichtsäule herab, und vor Schreck ließen sie die Zigaretten fallen. Am Abend gaben sie dem Pfarrer gegenüber zu, man habe sie beauftragt, die Kinder vom Erscheinungsort fernzuhalten.

Die Behörden griffen nun zu drastischeren Mitteln. Die Eltern der Kinder und der Pfarrer wurden zum Verhör geholt, die Kinder selbst unter Bewachung gestellt. Es gelang ihnen jedoch, den Milizionären zu entkommen und zum Pfarrhaus zu laufen. Pater Jozo Zovko versteckte die Kinder, nachdem er eine innere Stimme vernommen hatte: „Geh hinaus und nimm die Kinder in Schutz!" An diesem Abend erschien die Gospa den Sehern im Pfarrhaus, wo sie ihnen versprach, sich künftig in der Kirche zu zeigen.

Am 2. Juli, dem Fest „Mariä Heimsuchung", feierte Pater Zovko eine Abendmesse, zu der sich Tausende von Menschen aus der ganzen Region in der Kirche und auf dem Platz davor versammelten. Von nun an kamen die Gläubigen täglich in Medjugorje zusammen, um gemeinsam den Rosenkranz zu beten und die heilige Messe zu feiern, ein Brauch, der bis heute fortgeführt wird.

Einige Tage später ereignete sich ein weiteres Wunder. Auf einem nahen Berg hatte man 1934 zum Dank für die Befreiung von der türkischen Herrschaft zum Ende des 19. Jahrhunderts ein 12 m hohes Betonkreuz aufgestellt. Križevac, Kreuzberg, wird der Hügel seither genannt. An diesem Tag sahen Tausende von Zeugen, wie am Himmel über dem Berg in feurigen Buchstaben das Wort *Mir*, „Friede", erschien.

Vergeblich versuchten die Behörden des damals noch vereinten, kommunistisch regierten Jugoslawiens, die Entstehung einer Wallfahrt in Medjugorje zu verhindern. Als am 15. August über 25000 Menschen in den Ort kamen, wurde Pater Zovko verhaftet und durch Pater Tomislav Vasič ersetzt. Man beschlagnahmte auch das im Pfarrhaus aufbewahrte Geld, gab es jedoch bald wieder zurück, denn alle, die an der Aktion beteiligt waren, wurden von großen Schreckensvisionen heimgesucht.

Mitte Oktober 1981 waren es bereits 500000 Menschen, die sich in dem kleinen Ort versammelten. Viele von ihnen waren zu Fuß gekommen, oft aus 60 oder 80 km Entfernung, und unter den Pilgern fanden sich Orthodoxe und Muslime genauso wie Katholiken. Die Dorfbewohner nahmen die Wallfahrer freundlich auf und kümmerten sich um Verpflegung und Übernachtungsquartiere. Etwa 140 Wunderheilungen und Gebetserhörungen wurden im ersten Jahr der Erscheinungen registriert. Die Muttergottes deutete die Wunder selbst, und zwar mit folgenden Worten: „Auch die Naturgesetze können durch Gebet, Fasten und einen festen Glauben außer Kraft gesetzt werden."

Die Gospa von Medjugorje, die „Königin des Friedens", kündigte die Bekehrung Rußlands und eine Zeit des Friedens für alle Völker an. Sie rief die Menschen zu Bekehrung, Buße, Versöhnung, Glauben und Gebet auf und teilte jedem der sechs Kinder zehn Geheimnisse mit, die die Zukunft der Kirche und der ganzen Welt betrafen. Sie gemahnte die Kinder jedoch zum Schweigen darüber. Nicht einmal dem Papst sollten sie diese Geheimnisse anvertrauen.

Die Seher reagierten zum Teil verstört und verängstigt auf das, was Maria ihnen offenbarte. Die Gottesmutter erklärte dazu, man könne den angekündigten Ereignissen zwar nicht entkommen, sich jedoch so darauf vorbereiten, daß man von den schlimmsten Verheerungen verschont werde: „Bekehrt euch, solange es noch Zeit ist! Ihr könnt alles verlassen und verlieren, nur Gott und den Glauben auf keinen Fall (...) Der Glaube hat in vielen Ländern sehr abgenommen, besonders in Deutschland, Österreich und der Schweiz (...) Der Friede muß im Innern der Menschen beginnen, erst dadurch wird er auch zwischen den Menschen und den Völkern herrschen; er ist eine Folge des Glaubens, der Hingabe an Gott, des Gebetes, der Buße, des Fastens."

Die Ereignisse von Medjugorje liegen zur weiteren Klärung bei der jugoslawischen Bischofskonferenz.

Im August 1991, zehn Jahre nach den ersten Erscheinungen, meinte Kardinal Joseph Ratzinger, es stehe zwar nicht endgültig fest, daß sich in Medjugorje „etwas Übernatürliches" ereignet habe, doch werde man versuchen, die Stätte als „Ort des Gebetes" zu erhalten. Ein endgültiges Urteil der Kirchenbehörden über die Vorgänge in Medjugorje ist bis heute jedoch noch nicht erfolgt.

Der französische Arzt Professor Henri Joyeux, der die Kinder untersuchte und vor allem von der Gleichzeitigkeit der Visionen bei allen sechs Sehern fasziniert war, kam wie sein jugoslawischer Kollege Dr. Ludvik Stopar zu dem Schluß, die Geschehnisse von Medjugorje seien auf natürliche Weise nicht zu erklären.

Die Erscheinungen setzten sich auch in den folgenden Jahren fort. Die Gospa zeigte sich nun an ganz unterschiedlichen Orten, mal in der Kirche oder der angeschlossenen Kapelle, mal im Pfarrhaus. Als Maria 1982 auch im 60 km entfernten Izbično erschien, fragten die Kinder sie nach dem Grund dafür. „Habt ihr nicht gemerkt, daß der Glaube zu erlöschen begonnen hat?" gab die Muttergottes zur Antwort. „Viele kommen in die Kirche nur aus Gewohnheit. Den Glauben muß man wecken (...) Wenn es notwendig ist, werde ich in jedem Haus erscheinen!"

Am 15. Dezember 1982 hörte die elfjährige Jelena Vasilj auf einmal innere Stimmen. Acht Tage später erschien ihr ein Engel. Ab dem 28. Dezember schließlich zeigte sich Maria dem kleinen Mädchen, um fortan fast täglich mit neuen Botschaften zu erscheinen, die die Gläubigen dazu aufriefen, Gebetsgruppen zu gründen, allen Leidenschaften zu entsagen, die Feinde zu lieben, zweimal wöchentlich zu fasten und täglich mindestens drei Stunden im Gebet zu verbringen.

Zwischen März 1984 und Januar 1987 erhielt Marija Pavlović (geboren 1965) immer donnerstags Botschaften der Mutter Maria, in denen sie die Kinder zum Gebet aufrief, wie etwa am 3. Juli 1986: „Heute lade ich euch alle zum Gebet ein. Ohne Gebet, liebe Kinder, könnt ihr weder Gott noch mich fühlen, noch die Gnaden, die ich euch gebe. Deshalb rufe ich euch auf, daß ihr den Tag immer mit Gebet beginnt und mit Gebet beendet (...) Ich lade euch ein, liebe Kinder, dem Gebet den ersten Platz zu geben."

In ihrer letzten Donnerstagsbotschaft am 8. Januar 1987 gab Maria bekannt, daß sie künftig immer am 25. jeden Monats erscheinen werde: „Die Zeit ist gekommen, daß sich verwirklicht hat, was mein Herr wünschte. Von nun an gebe ich euch weniger Botschaften, bin aber auch weiterhin mit euch."

Maria hielt Wort: Seit 1987 verkündet sie jeden Monat den Kindern eine neue Botschaft, die auf Deutsch unter der Wiener Telefonnummer 15 91 abgehört werden kann. Am 25. November 1998 teilte sie den Sehern von Medjugorje mit: „Liebe Kinder, heute lade ich euch ein, daß ihr euch auf das Kommen Jesu vorbereitet. Bereitet besonders eure Herzen vor! Die heilige Beichte soll für euch der erste Schritt der Umkehr sein, und dann, liebe Kinder, entscheidet euch für die Heiligkeit! Eure Umkehr und Entscheidung für die Heiligkeit soll heute, nicht morgen, beginnen. Meine lieben Kinder, ich lade euch alle auf den Weg des Heils ein und möchte euch den Weg zum Paradies zeigen. Deshalb, meine lieben Kinder, seid mein und entscheidet euch mit mir für die Heiligkeit! Meine lieben Kinder, nehmt das Gebet mit Ernsthaftigkeit an und betet, betet, betet! Danke, daß ihr meinem Ruf gefolgt seid!"

Von der kroatischen Adriaküste aus ist die Gnadenstätte seit Kriegsende wieder gut zu erreichen, wie die vielen Pilgerbusse zeigen, die aus allen Teilen Europas nach Medjugorje kommen. Noch immer wartet man hier auf das von Maria angekündigte „große Zeichen", das eines Tages über dem Berg Križevac zum Beweis der Echtheit der Erscheinungen zu sehen sein soll.

Erscheinungsorte und Gnadenstätten im außereuropäischen Raum

Guadalupe, Mexiko-City

Nur wenigen ist bekannt, daß sich der meistbesuchte Wallfahrtsort der Christenheit auf dem amerikanischen Kontinent
befindet. Mit 20 Millionen Pilgern pro Jahr zählt die Basilika
von Guadalupe auf einem Hügel 10 km nördlich des Stadt-
zentrums von Mexiko-City zu den bedeutendsten Pilgerorten
der Welt, nur noch vergleichbar mit Rom, Jerusalem, Mekka
oder Benares. Ziel der Wallfahrer ist ein Marienbild, das im
Jahr 1531 bei einer Erscheinung der Muttergottes auf übernatürliche Weise entstanden sein soll.

Bevor die Spanier Anfang des 16. Jahrhunderts Zentralame-
rika eroberten, befand sich an der Stelle des heutigen Mexiko-
City die Stadt Tenochtitlán, die Hauptstadt des Aztekenreichs.
Unter dem Namen Tepeyac war der Hügel von Guadalupe
damals der Schlangen- und Muttergöttin Tonantzin Cihua-
cóatl geweiht. Die höchste Gottheit im aztekischen Pantheon
war jedoch Quetzalcóatl („gefiederte Schlange"). Man glaubte, der Gott, dem man jedes Jahr Tausende von Menschen op-
ferte, habe einst als hellhäutiger Herrscher das Aztekenreich
regiert. Eines Tages werde er zurückkehren, um den Thron
wieder zu besteigen.

Im Jahr 1503 wurde Montezuma zum Kaiser der Azteken
gekrönt. Sechs Jahre später hatte seine Schwester Papantzin
einen Traum: Auf großen Schiffen, deren Segel mit schwarzen
Kreuzen verziert waren, kamen weiße Männer und zeigten
den Indios den wahren Gott.

Als der spanische Conquistador Hernando Cortez 1519
begann, das Aztekenreich von der Küste her zu erobern, sah
Montezuma die alte Prophezeiung und den Traum seiner
Schwester erfüllt. Ohne großen Widerstand der aztekischen
Bevölkerung fiel das Reich in die Hände der Spanier, die von
der hohen Kultur der Einheimischen und ihren prachtvollen

Bauwerken zwar tief beeindruckt waren, sich aber dennoch von Gott berufen glaubten, den heidnischen Kult durch den christlichen Glauben zu ersetzen. Sie zerstörten die steinernen Tempelpyramiden, in denen die Indios ihre Götter verehrten, und errichteten an ihrer Stelle katholische Kirchen. 1528 wurde Juan de Zumárraga zum ersten Bischof der Neuen Welt geweiht.

Drei Jahre zuvor war der damals 51jährige Indio Cuauhtlatohuac auf den Namen Juan Diego getauft worden. Der fromme Mann, der die Muttergottes sehr verehrte, lief gern von seinem Heimatdorf in das 24 km entfernte Tenochtitlán, um dort in einer auf den Ruinen eines Tempels errichteten Kirche zu beten. So machte er sich auch in der Nacht zum 9. Dezember 1531 auf den Weg, um in der Stadt die Messe zu Ehren der Unbefleckten Empfängnis Mariä zu besuchen.

Im Morgengrauen hatte er den Berg Tepeyac erreicht, auf dem einst die Schlangengöttin verehrt worden war. Auf einmal vernahm er Musik und sah eine blendend helle Wolke, die in den Farben des Regenbogens strahlte. Dann hörte er, wie jemand vom Hügel herab seinen Namen rief. Als er den Berg erklommen hatte, empfing ihn dort eine wunderschöne Frau. Sie war von einem Lichtkranz umgeben, dessen Strahlen die gesamte Umgebung beleuchteten, und stellte sich dem überwältigten Mann, der vor Ehrfurcht auf die Knie fiel, als die Jungfrau Maria vor. Es sei ihr tiefster Wunsch, erklärte sie, daß man ihr an diesem Ort eine Kirche erbaue, damit sie dem Volk hier ihren Schutz, ihr Mitleid und ihre Liebe schenken könne. Sie forderte Juan Diego auf, zum Bischof zu gehen und ihm ihren Wunsch vorzutragen.

Der Geistliche hörte Juan Diego höflich an, schenkte seiner Erzählung jedoch keinen Glauben. Er wolle erst ein himmlisches Zeichen sehen, sagte er, zum Beweis für die Echtheit der Erscheinung. Juan Diego kehrte auf den Tepeyac zurück, wo die Jungfrau Maria ihm versprach, am kommenden Tag das erbetene Zeichen zu schicken.

Am nächsten Morgen war Juan Diegos Onkel schwer erkrankt. Unterstützt vom Dorfarzt pflegte der Visionär den

Kranken einige Tage, bis er sich schließlich zur Stadt aufmachte, um den Priester für die Sterbesakramente zu holen. Als Juan Diego am Berg Tepeyac vorbeikam, stand auf einmal wieder die Muttergottes vor ihm. Er solle sich wegen der Krankheit seines Onkels nicht sorgen, sprach sie, denn in diesem Augenblick habe sie den Mann geheilt. Dann bat sie Juan Diego, auf den Hügel zu steigen, die dort wachsenden Blumen zu pflücken und sie dem Bischof zu bringen.

Das Erdreich auf dem Berg war trocken und steinig, und Blumen wuchsen zu jener Jahreszeit ohnehin nicht. Auf dem Tepeyac jedoch erwartete Juan Diego eine in allen Farben blühende Blumenwiese. Mit seinem Umhang, den er wie eine Schürze ausbreitete, sammelte er die Blumen ein und brachte sie zu Bischof Zumárraga, der gerade Besuch vom Gouverneur hatte. Als Juan Diego die Blütenpracht auf dem Boden ausbreitete, entdeckte man auf seinem Umhang ein Abbild der Jungfrau Maria mit indianischen Gesichtszügen. Nun war der tief beeindruckte Bischof davon überzeugt, daß Juan Diego die Wahrheit gesprochen hatte. Er ordnete den Bau einer Kapelle auf dem Hügel an und ließ Juan Diego auf seinem Heimweg von einer Eskorte geleiten.

Sein vom Fieber geheilter Onkel wartete dort schon auf ihn. In einem hellen Lichtglanz sei ihm eine wunderschöne Frau erschienen, berichtete er, und im selben Moment sei er gesund gewesen. Die Erscheinung habe sich als die Muttergottes zu erkennen gegeben und ihm von ihrer Begegnung mit seinem Neffen, dem Blumenwunder und dem Bild auf dem Umhang erzählt. Dann habe sie den Namen genannt, unter dem sie künftig auf dem Hügel verehrt werden wolle: „Schlangenzertreterin", in der Aztekensprache *Náhuatl Coatlaxopeuh*. Der Titel, eine Anspielung auf die vor der Christianisierung verehrte Schlangengöttin, erinnerte die spanischen Eroberer an ihr heimisches Marienheiligtum Guadalupe, und auf diese Weise erhielt die neue Gnadenstätte auf dem Berg Tepeyac denselben Namen, Guadalupe.

Die Wunder vom Berg Tepeyac sprachen sich bald im ganzen Land herum, und da die Erscheinung einen indianischen

Titel trug und auf dem Bild mexikanische Gesichtszüge hatte, gaben die Indios ihren Widerstand gegen die Christianisierung auf. In Scharen ließen sie sich nun taufen – an manchen Tagen sollen es bis zu 15 000 gewesen sein. Schon wenige Jahre später gehörten über 80 % der 10 Millionen Azteken (auch Nahua genannt) zur katholischen Kirche.

1532 wurde die Kapelle auf dem heiligen Berg fertiggestellt, während Juan Diego sich daneben eine Klause einrichtete, um dort bis zu seinem Tod im Jahr 1548 das Leben eines Asketen zu führen. Als Bischof Zumárraga ihn dort einmal besuchte, entsprang auf dem steinigen Hügel eine Quelle, deren als heilkräftig verehrtes Wasser noch heute fließt.

Die Kapelle auf dem Hügel wurde immer wieder erweitert und vergrößert. 1649 erbaute man eine neue Kirche, 1695 legte der Erzbischof schließlich den Grundstein zu einem prachtvollen Gotteshaus, das am 27. 4. 1709 geweiht wurde. Wenige Tage später übertrug man das Gnadenbild auf den Hochaltar, wo es bis heute seinen Platz hat.

Das 143 cm x 55 cm große Bild auf dem aus Agavefasern gewebten Umhang Juan Diegos zeigt die von Sonnenstrahlen umkleidete Muttergottes mit dem Mond unter ihren Füßen – Anspielungen auf die alten Sonnen- und Mondgottheiten, deren Rivalität von der Mutter des Erlösers überwunden wurde. Ein Engel hält den Mond mit der Gottesmutter auf seinen Schultern. Maria trägt ein mit Blumenmustern verziertes rotes Gewand und darüber einen blaugrünen Mantel. Die schwarzen Bänder über ihrer Brust sind ein altes aztekisches Mutterschaftssymbol.

Obwohl das Bild mehrmals untersucht wurde, konnten seine Herkunft und seine chemische Zusammensetzung bis heute nicht geklärt werden. Die Agavenfasern sind unter dem Bildnis zwar merkwürdig geglättet, enthalten jedoch keinen bekannten Farbstoff. Als die Firma Kodak das Gewand analysieren ließ, kam man zu einem aufsehenerregenden Ergebnis: Mehr als 300 Jahre vor Erfindung der Fotografie hatte der Umhang Juan Diegos offenbar wie ein Farbfilm reagiert. Ein Fotograf, der das Gnadenbild 1929 mehrfach vergrößerte, fand ebenfalls Erstaunliches: In den Augen der Muttergottes spiegeln sich mehrere Menschen, wobei ein bärtiger Mann besonders deutlich zu erkennen ist. Handelt es sich hier vielleicht um den Seher Juan Diego?

1666 berief der Erzbischof eine Untersuchungskommission ein, die die historischen Fakten zusammentrug. 1723 erkannten die Kirchenbehörden in Mexiko und Rom schließlich die Echtheit der Wunder von Guadalupe an. 1737 erklärte man Maria offiziell zur Schutzpatronin Mexikos. 1754 bestätigte Papst Benedikt XIV. die Entscheidung der Kirche.

Auf Veranlassung von Papst Leo XIII. wurde das Gnadenbild am 12. 10. 1895 feierlich gekrönt. Neun Jahre später erhob man die Kirche in den Rang einer Basilika. Da das Gebäude im Lauf der Jahrhunderte baufällig geworden war, begann man 1964 mit der Planung einer neuen Basilika, die am 12. 10. 1976 eingeweiht wurde. Papst Johannes Paul II. erklärte *Nuestra Señora de Guadalupe*, die 1935 auch zur Schutzherrin der Philippinen erwählt worden war, 1979 schließlich zur „Mutter beider Amerikas". Mit ihren aztekischen Ursprüngen und ihren Mestizenzügen ist die Madonna bis heute ein einzigartiges Symbol für die Einheit der rassisch, sprachlich und kulturell so vielfältigen mexikanischen Nation.

Santa Fe, Neu-Mexiko

In einem Tal der Rocky Mountains im Südwesten der Vereinigten Staaten liegt Santa Fe, Hauptstadt des Bundesstaates Neu-Mexiko. Die rund 70 000 Einwohner zählende Stadt zu Füßen der 4011 Meter hohen Sangre-de-Cristo-Bergkette („Blut Christi") ist Erzbischofsitz und ältester Wallfahrtsort der USA. Wie am Namen des Staates zu erkennen ist, gehörte die an Bodenschätzen reiche Region ursprünglich zum damals noch spanischen Mexiko, das seine nördlichen Gebiete 1848 nach einem verlorenen Krieg an die USA abtreten mußte. Spanisch ist jedoch noch immer zweite Amtssprache in Neu-Mexiko, das bis heute lateinamerikanisch geprägt ist.

Der Name *Santa Fe*, „heiliger Glaube", geht auf ein Heerlager beim spanischen Granada zurück, von dem aus König Ferdinand II. 1492 seinen vernichtenden Schlag gegen die Südspanien beherrschenden Mauren führte, die er über die Straße von Gibraltar nach Nordafrika vertrieb. Kurz nach Gründung der Stadt im Jahr 1610 ernannte man Unsere Liebe Frau der Unbefleckten Empfängnis zur Schutzpatronin von Santa Fe. Das Gnadenbild, das in der Kathedrale der Stadt als „La Conquistadora", die Siegerin, verehrt wird, zeigt die Aufnahme Marias in den Himmel. Der Franziskanermönch Alonso de Benavides hatte die Figur 1625 aus Mexiko mitgebracht und in der örtlichen Pfarrkirche aufgestellt.

1680 erhoben sich die Mischlinge und Indios von Neu-Mexiko gegen die spanische Herrschaft. Die Aufständischen eroberten Santa Fe, töteten 21 Franziskanermönche und zerstörten die Marienkirche. Das Gnadenbild hatten die spanischen Siedler zuvor noch rechtzeitig in Sicherheit bringen können. 13 Jahre später, nachdem man die Rebellion blutig niedergeschlagen hatte, kehrte die Figur zurück. Sie wurde in einer eilig errichteten provisorischen Kirche aufgestellt.

Nach dem Anschluß der Region an die Vereinigten Staaten erbaute man ein neues Gotteshaus, die Kathedrale „St. Francis of Assisi", die 1869 geweiht wurde. Hier übertrug man schließlich das Gnadenbild in eine Kapelle, wo es bis heute das Ziel vieler Wallfahrer ist. Die Madonna mit dem Jesuskind ist gekrönt und bekleidet.

Zeitoun, Kairo

Gut jeder zehnte Bewohner des Landes am unteren Nil ist Christ. Die große Mehrheit der rund 6,5 Millionen ägyptischen Christen gehört der koptischen Kirche an, die sich auf dem Konzil von Chalcedon im Jahr 451 n. Chr. von Rom trennte, zusammen mit den Kirchen Äthiopiens, Armeniens, Westsyriens (Antiochiens) und Indiens. Streitpunkt auf dem Konzil war die Natur des Erlösers. Anders als die römische Kirche lehrten die Theologen jener Gemeinschaften, Christus habe nur eine Natur, nämlich eine göttliche. *Monophysiten* nannte man die Anhänger jener Lehrmeinung, die in Chalcedon zur Irrlehre erklärt wurde.

Die Nachfolge der koptischen Bischöfe und ihre Weihe werden von der katholischen Kirche jedoch als gültig anerkannt. Der Bischofssitz, den der koptische Patriarch innehat, soll der Überlieferung nach vom Evangelisten Markus selbst begründet worden sein. Aus diesem Grund ließ Papst Paul VI. die Gebeine des Heiligen von Venedig nach Kairo zurückbringen. Der gegenwärtige Patriarch Shenuda III. wurde 1982 in sein Amt eingesetzt.

Historisch gesichert ist, daß die Kirche zum Ende des 2. Jahrhunderts fest in Ägypten verwurzelt war. Ein Jahrhundert später begründete der „Wüstenvater" Antonius der Große mit einer ersten Einsiedelei die älteste monastische Tradition im Christentum. Bis heute leiden die koptischen Wüstenklöster, wie das berühmte Katherinenkloster auf dem Sinai, nicht unter Nachwuchsmangel, und viele der jungen Männer, die sich zum Mönch weihen lassen, sind Hochschulabsolventen.

In Zeitoun (Mataria), einem Vorort der ägyptischen Hauptstadt, wird heute noch ein Trog in Ehren gehalten, in dem die Mutter Maria die Kleider ihres Sohnes gewaschen haben soll, als die Heilige Familie vor den Schergen des Königs Herodes nach Ägypten geflohen war. Die Krypta der 1925 hier erbauten Marienkathedrale gilt als Ort, an dem die Flüchtlinge damals Unterkunft gefunden hatten. Über dieser Kirche hat sich die Muttergottes bis heute Tausenden von Christen und Muslimen geoffenbart.

Es geschah erstmals in der Nacht zum 3. April 1968, als die Kirchen des Ostens gerade Ostern gefeiert hatten. Über dem Kreuz auf der Kuppel der Kirche erblickten zwei Handwerker eine „weißgekleidete Nonne". Bald bemerkten auch andere Menschen die Gestalt, eine Frau in einem langen, blauweiß schimmernden Gewand, die die Hände zum Segen erhoben hatte. In den folgenden Nächten kehrte die Erscheinung

195

zurück, und die Menge, die sich vor der Kirche in Erwartung der Jungfrau Maria versammelte, wuchs von Tag zu Tag. Mal trug die Gottesmutter das Jesuskind im Arm, mal hielt sie einen Olivenzweig in der Hand, mal strahlte eine Krone über ihrem Kopfschleier. Mal sah man silbrig-weiße Vögel in ihrer Umgebung emporfliegen, mal waren es Wolken, die über der Jungfrau Maria ein Dach bildeten. Nie waren die Füße der Muttergottes zu sehen, und nie sprach sie ein Wort, obwohl sie oft zwei Stunden lang am Abendhimmel sichtbar war.

Bald wurden an der Kathedrale von Zeitoun die ersten Kranken geheilt, und der koptische Patriarch Kyrillos VI. berief zur Prüfung der Echtheit der Erscheinungen und Heilungen einen Untersuchungsausschuß aus Ärzten und Professoren. Wenige Wochen später kam die Kommission zu einem Urteil, das der koptische Patriarch am 4. Mai 1968 der Öffentlichkeit mit folgenden Worten bekanntgab:

„In dieser Verlautbarung erklärt das Patriarchat in vollem Glauben, mit tiefer Freude und in übergroßer Dankbarkeit gegen den Himmel, daß die Jungfrau Maria, die ‚Mutter des Lichtes‘, deutlich sichtbar und ständig in vielen verschiedenen Nächten erschienen ist (...) Möge Gott dies alles als Zeichen des Friedens für die Welt bestimmt haben, für unser Land und dessen gesegnete Einwohner."

Die Erklärung des koptischen Primas fand bald die offizielle Zustimmung des katholischen Patriarchen von Ägypten, Stephanus I., und des Pastors der evangelischen Kirche von Kairo. Nie zuvor war eine Marienerscheinung von mehreren Konfessionen zugleich anerkannt worden.

Maria in der Bildersprache christlicher Kunst

Ich sehe dich in tausend Bildern

Der Vers „Ich sehe dich in tausend Bildern", mit dem der Dichter Novalis (Friedrich von Hardenberg, 1772–1801) eines seiner schönsten „Geistlichen Lieder" überschrieb, trifft für kaum eine andere Gestalt der Religions- und Geistesgeschichte so sehr zu wie für Maria.

Wie viele Bilder es von Maria aber tatsächlich gibt, weiß niemand. Manche Kunstwissenschaftler behaupten sogar, daß mehr Bilder von der Muttergottes existieren als von Jesus Christus. Das früheste Marienfresko, das uns erhalten ist, stammt aus der ersten Hälfte des 3. Jahrhunderts und befindet sich in den Priscilla-Katakomben in Rom. Heute gibt es Abertausende Abbildungen in Kirchen und Museen, an Wegkreuzungen, in Wohn- und Schlafzimmern, auf Medaillons, in Gesangbüchern. In den Marienbildern und Plastiken mit und ohne Jesus spiegelt sich wie nirgends sonst eine 1600jährige Geschichte der theologischen und anthropologischen Strömungen. Tradiert werden bestimmte, immer wiederkehrende Bildtypen, teilweise sogar bis heute. Mal erscheint Maria weinend, mal lächelnd, mal sorgenvoll, dann fürsorglich, majestätisch oder strahlend. Maria hat viele Rollen: Sie ist Trösterin, Patronin, Jungfrau, Königin, Nothelferin, Wundertäterin. Ursache für die unendliche Darstellungsfreude der Künstler – früher galten sie als Handwerker – ist die Verehrung der Gottesmutter, der Wunsch durch sie Nähe zu Jesus Christus und Gott zu finden.

Das Bild spielt in der katholischen Marienverehrung eine noch größere Rolle als das Wort. Im Gegensatz zum mehr hörenden Denken des protestantischen Christentums ist die katholische Kirche schon immer eine Heimstatt des schauenden Denkens gewesen. Darin ist sie Jesus Christus ganz treu geblieben, der immer in Bildern und Gleichnissen redete und nichts ohne Anschaulichkeit und kräftige Farben ließ. Im Gegensatz zum hörenden Denken ist das schauende Denken nicht diskursiv, also von Teil zu Teil entsprechend fortschreitend, sondern integrativ. Es hat somit das Ganze seines Gegenstandes im Blick, von dem es zwar immer nur Einzelaspekte wahrnimmt, die ihrerseits aber ineinander übergehen und so sich gegenseitig verdeutlichen und entfalten. Die vielen Bilder, die wir von Maria haben, schließen sich deshalb nicht gegenseitig aus, sondern ein. Und dies gilt selbstverständlich nicht nur von den Bildern um uns herum, sondern vor allem auch von den Bildern in uns. Bilddenken setzt immer eine ganze Bildwelt frei, in der dann die Einzelbilder stets auch das Ganze repräsentieren. Die vielerlei Madonnen, die die Brunnen, Hausgiebel und Bildstöcke eines Orts zieren, machen sich gegenseitig nicht nur keine Konkurrenz, sondern begründen zusammen erst das einheitliche Fluidum katholischen Marienglaubens. Gerade darin erweisen sich Bilder als Bilder, daß sie alle nicht – jedes für sich genommen – ausreichen, um die gemeinte Wirklichkeit so gültig darzustellen, daß jedes weitere Bild deshalb falsch sein müßte, weil ja schon ein vollkommen authentisches da wäre.

Mit dieser Funktion des Bildes hängen zwei wichtige Tatsachen katholischer Marienverehrung zusammen, die immer wieder auch zu besorgten Fragen Anlaß geben. Da ist zunächst einmal das uns auch aus der sonstigen Schilderung von Heiligenleben vertraute Phänomen der Legendenbildung. Es gibt unendlich viele Marienlegenden, die sich an allen möglichen Begebenheiten und Auffälligkeiten entzünden können. Grundsätzlich deutet ja alles auf Maria hin, was licht und rein ist, verschlossen oder aber durchscheinend, blau und duftend, kostbar und verborgen. Das Mittelalter hat ganze Partien des Tier- und Pflanzenreichs symbolisch für Maria besetzt gehalten, und kaum einer dieser Symbolträger blieb ohne eine bezaubernde Legende, die den Zusammenhang mit Maria erläutert. Erst wenn das Symbol in Handlung und Geschehnis umgeformt wird, verliert es seine Vieldeutigkeit und kann sich in seinem Anspruch rechtfertigen. So hat die Blüte der Ackerwinde zwar eine unverkennbare Ähnlichkeit mit dem Kelch eines Trinkgefäßes, aber weshalb es Muttergottes-Gläschen genannt wird, kam so:

„Eines Tages blieb ein Fuhrmann mit seinem schwer beladenen Weinwagen stecken und kam nicht mehr von der Stelle. Da kam die Muttergottes des Wegs daher, und als sie die Not des armen Mannes sah, sprach sie zu ihm: ‚Ich bin müde und durstig, gib mir ein Glas Wein.‘ ‚Gerne‘, antwortete der Fuhrmann, ‚aber ich habe kein Glas, worin ich dir den Wein geben könnte.‘ Da brach die Muttergottes ein weißes Blümchen mit roten Streifen ab. Der Fuhrmann füllte den Blumenkelch mit Wein, und die Muttergottes trank ihn. Und in dem Augenblick war der Wagen frei, und der Fuhrmann konnte weiterfahren. Das Blümchen aber heißt bis heute ‚Muttergottes-Gläschen‘“ (Brüder Grimm).

Geht nun bei der Legendenbildung der Anstoß eindeutig von dem übervollen Herzen aus, das sich in die weite Welt der Erscheinungen ergießen möchte, so ist das bei den vieldiskutierten Marienerscheinungen zumindest dort, wo sie als echt zu gelten haben, doch irgendwie auf Maria selbst oder auf Gott zurückzuführen, bei dem sie weilt. Nur eben: ganz ohne Bild geht es auch da nicht. Ja, in einem bestimmten Sinn handelt es sich auch bei den echten Visionen und Erscheinungen um „Einbildung“. Was sich nämlich dem Visionär zeigt, ist nicht Maria als solche, sondern ein Bild von ihr, das bald in dieser oder jener Kleidung, bald lächelnd und bald weinend so aufscheint, als ob es in der Außenwelt gegeben wäre. In Wirklichkeit aber handelt es sich um eine „einbildliche Vision“ (Karl Rahner), die gleichsam der sinnhafte Rückstoß einer Einwirkung Gottes ist, die ihrerseits viel geistiger und personaler, also auch unanschaulicher ist als die sinnliche Vision, die sie auslöst. Das geschaute Bild ist auch in der tiefsten und echtesten Vision immer durch die „Brille“ dessen gesehen, dem es aufleuchtet, und es wäre unsinnig, hier göttliche Bewirkung und menschliche Aufnahme gegeneinander ausspielen zu wollen. In der Frage nach der Echtheit aber bleibt oft nur die Mahnung Jesu: „An ihren Früchten werdet ihr sie erkennen" (Mt 7,16).

Gegenüber diesen inwendigen Bildern stellen die Bildnisse, die die christliche Kunst von Maria geschaffen hat, eine Bildwelt dar, die jedem zugänglich ist, der Augen hat, die Schönheit wahrnehmen zu können. Als Maria nach 431 zu einem autonomen Bildthema wurde, entwickelte sich rasch im Osten ein strenger, im Westen ein sehr viel freier gehandhabter Kanon von Bildtypen: die Gottesmutter, die Thronende (Maestá), die Mutter der Barmherzigkeit, die schöne Madonna, die Schmerzensreiche (Pietá), die Himmelskönigin. Jeder dieser und weitere Bildtypen, mit denen wir uns im nächsten Abschnitt über traditionelle Marienbildnisse noch näher beschäftigen, ging geradezu unübersehbar viele Verbindungen mit religiösen Vorstellungen, künstlerischen Traditionen und lokalen Besonderheiten ein.

Mit Hilfe der beiden apokryphen Schriften [Protevangelium des Jakobus (2. Jahrhundert) und Pseudo-Matthäus (5. Jahrhundert)] konnten die breiten Lücken ausgefüllt werden, die das Neue Testament im Blick auf die Vorgeschichte und Jugend Mariens offenläßt. Die Bildfolge des Marienlebens ist also schon von der Quellenlage her eine typisch volksfrömmigkeitliche Schöpfung, die aber deshalb kaum weniger als die großen Kult- und Andachtsbilder von Maria dazu beitrug, daß in der katholischen Kirche sich etwas von dem tiefsinnigen Wort Plotins († 270) erfüllt: „In ihrem Schauen sind und werden die Seelen das, was sie erblicken."

Traditionelle Marienbildnisse

Die thronende Muttergottes (Maestá, Theotókos, Gottesgebärerin)
Die Muttergottes sitzt in prächtigen Gewändern auf einem kostbaren Thron und hat den entblößten Jesusknaben vor sich auf dem Schoß. Beide schauen den Bildbetrachter an. Dieses Motiv geht auf das 4.–5. Jahrhundert zurück. In Ephesus, einer

der bedeutendsten Städte Kleinasiens, stand bis etwa 450 n. Chr. nicht nur das Zentralheiligtum der Artemis, eines der sieben Weltwunder, es wird auch darüber spekuliert, daß Maria dort gestorben sei. Vielleicht findet 431 nicht zufällig gerade hier ein Konzil statt, bei dem Maria – nach christologischen Auseinandersetzungen – der Ehrentitel *Theotókos* (Gottesgebärerin) verliehen wird. Von nun an kommt der *thronenden Muttergottes* als Kult- und Andachtsobjekt eine bedeutende Rolle zu.

In der Apsis von S. Maggiore in Rom wird zwischen 430–440 erstmalig Maria mit Christus auf dem Schoß dargestellt. In frühen Versionen bildet sie selbst den Thron, auf dem der Gottessohn sitzt. Nicht selten verschwindet in der folgenden Zeit in den Apsiden der Kirchen das Christusbild. An seine Stelle tritt die *Theotókos*. Dies soll den Menschen zeigen, daß der Gottessohn Mensch geworden ist. Die *Gottesgebärerin* auf dem Thron ist das beherrschende marianische Bildmotiv bis zur Mitte des 9. Jahrhunderts.

Die Betende (Oranta oder Maria orans)

Die betende Maria wird auch *Blachernitissa* nach einer Kirche in Konstantinopel benannt, was zu Mißverständnissen führt, weil sich dort nicht nur die *Maria orans*, sondern noch zwei weitere Gnadenbilder befinden, die zwar denselben Namen tragen, aber einen anderen Marientypus darstellen. *Maria orans* (ohne Kind) ist seit dem 4. Jahrhundert frontal stehend – die Arme zum Gebet erhoben – in den Apsiden der Kirchen zu sehen. Sie soll dort zwischen den Gläubigen, die im Kirchenschiff sitzen, und dem in der Kuppel dargestellten Pantokrator (dem höchsten Gott oder dem auferstandenen Christus) vermitteln. Die Gottesmutter bittet bei ihrem Vater für die verstorbenen Seelen. *Maria orans* ist oft unter dem Kreuz Christi dargestellt. Dann scharen sich Apostel oder Heilige um sie, die den Mittelpunkt bildet. Bemerkenswert ist, daß es viele Reliefplatten mit der betenden Maria gibt. Bei manchen Reliefs sind die Hände der Maria durchbohrt. Sie dienten als Springbrunnen mit heiligem Wasser.

Die Wegweiserin (Hodegetria)

Jesus auf dem linken Arm tragend, schaut Maria als Wegführerin meist unpersönlich geradeaus. Sie weist mit der rechten Hand auf den Erlöser hin, der – mit einer Schriftrolle in der einen Hand – oft als kleiner Erwachsener dargestellt ist. Mit der anderen Hand segnet Jesus die Menschen, die das Bild betrachten. Erste Abbildungen finden sich im 5. Jahrhundert. Die *Wegweiserin* ist durch eine Legende berühmt geworden. Danach soll der Evangelist Lukas die *Hodegetria* gemalt haben. Die Legende stützt sich auf ein wundertätiges Marienbild, das sich in einem bei der Eroberung Konstantinopels zerstörten Heiligtum an der Straße der Hagia Sophia zum Stadtteil Manganes befand, der Straße der Karawanenführer. Daneben sprudelte eine Quelle, die vor allem von Blinden aufgesucht wurde. Der Name der Klosterkirche *Hodegon* (Blindenführer) leitet sich hiervon ab, ebenso der Bildtypus *Hodegetria*. Das sogenannte *Lukasbild* und seine Kopien gehören zu den Ikonen- und Gnadenbildern, die höchste Anerkennung erfahren. In der Frühzeit sollen es vier (byzantinisch geprägte) Bilder, um das 12. Jahrhundert herum 600 gewesen sein.

Heute sind es rund 7000 Gnadenbilder, die als Lukasbilder verehrt werden. Eine Legende erzählt, daß Lukas Maria noch zu Lebzeiten gemalt habe. Eine andere berichtet, Lukas habe Maria erst nach ihrem Tod gemalt, und die Jungfrau habe das Bild erst vom Himmel her gesegnet. In einer dritten Legende heißt es, daß die Ikone „nicht von Menschenhand gemalt" sei. (Auch von Christus gibt es Gnadenbilder solcher Art.) Lukas ist der Evangelist, der die Kindheit und Jugend Jesu am detailliertesten und einfühlsamsten geschildert hat. Er soll nicht nur Arzt und Helfer des Apostels Paulus gewesen sein, sondern auch ein Maler.

Insgesamt ist die Geschichte rund um die Lukasbilder verworren. Nach der Überlieferung soll die Kaiserin Eudokia ihrer Schwägerin Pulcheria (399–453) solch ein Lukasbild geschenkt haben. Da diese die Anlage des Klosters in Konstantinopel gegründet haben soll, wird gefolgert, daß die *Hodegetria*-Maria auch gleichzeitig die von Lukas gemalte ist.

Während des Bilderstreits im 8. und 9. Jahrhundert wird das *Lukasbild* als Argument gegen die Bilderzerstörer gebraucht. Damals wurde der Evangelist Patron der Malergilde. Neben dem Gnadenbild existieren auch Bildsujets, auf denen nicht nur Maria, sondern auch der malende Lukas selbst dargestellt wird.

Die Muttergottes des Erbarmens (Elëusa)
Das Kind schmiegt sich an die Wange der Mutter. Das ist das einzige Merkmal dieses Typus, das nicht wechselt. Ansonsten besteht eine große Vielfalt: Meist wird Maria als Halbfigur dargestellt, sie kann aber auch stehen oder auf einem Thron sitzen, auch als Brustbild wiedergegeben werden. Sie trägt das Kind, das seinen Arm um ihren Hals gelegt hat. Der Blick der Mutter schweift meist in die Ferne in Vorahnung der kommenden Passion. Eine Abwandlung dieser Form ist die *Süßküssende (Glykophilusa)*, wobei sich Mutter und Kind herzlich einander zuwenden und sich umarmen, herzen oder küssen. Diese Mariendarstellungen finden sich ab dem 6. Jahrhundert.

Die Nährende (Maria lactans)
Die stillende Gottesmutter ist als Motiv in der Wand-, der Ikonen- und Miniaturmalerei anzutreffen. Vergleichsweise wird die stillende Gottesmutter nicht sehr oft als Motiv gewählt. Meist wird *Maria lactans* im Kontext mit der Geburt Christi oder mit der Flucht nach Ägypten dargestellt oder als betonte Mittelfigur zwischen den Aposteln bei der Himmelfahrt Jesu.

Die Schutzmantelmadonna (Mater misericordiae)
Im Mittelalter war es üblich, voreheliche Kinder bei der Trauung unter dem weiten Mantel der Frau „zu verstecken", sie so zu legalisieren und in die Familie aufzunehmen. Fürsten und Könige und andere hochrangige Persönlichkeiten hatten die Möglichkeit, Verfolgte, für die sie Sympathie hegten, unter ihren Mantel zu nehmen. Die Schützlinge hatten dann Anspruch auf Begnadigung. Seit Mitte des 13. Jahrhunderts etwa greifen die Künstler dieses Motiv aus dem mittelalterlichen

Rechtswesen auf und übertragen es auf die Muttergottes. Maria birgt unter ihrem Mantel die Sünder, schützt sie vor dem Zorn Gottvaters und bittet ihn für sie um Gnade. In vielen Darstellungen finden auch Adam und Eva oder die Evangelisten unter ihrem Mantel Geborgenheit und das Erbarmen Gottes. Dieses Motiv wird bis heute immer wieder neu gestaltet, weil es von den Gläubigen besonders geschätzt wird. Das Schutzmantel-Motiv bleibt nicht nur Maria vorbehalten. Auch Christus und Heilige nehmen Bittsteller und reuige „Sünder" unter ihren Mantel.

Die Unbefleckte Empfängnis Mariens

Wie wir gesehen haben, ist die Jungfräulichkeit Marias bereits in der Bibel beispielsweise bei Lukas (1,42), belegt. Leonardo da Vincis *Madonna in der Felsengrotte* (1483–85) ist nachweislich die erste Darstellung dieses Themas in der christlichen Kunst. Im Barock gehört die *Immaculata* zu den bevorzugten Themen in der christlichen Kunst. Von ihr leiten sich in der Gegenreformation die *Maria vom Siege (de victoria)* und *Maria als Braut des Heiligen Geistes* ab. Diese Bildformen erhalten im Barock ihre höchste Vollkommenheit. Maria schwebt mit dem Kind im Arm auf einer Weltkugel. Sie ist die Königin des Himmels, umgeben vom Chor der Engel. Entweder zertritt sie selbst die Paradiesschlange unter ihren Füßen, oder das Jesuskind tötet sie mit dem Kreuzstab. In der anderen Version wird Maria als Halbfigur dargestellt, mit demütig über der Brust gekreuzten Armen. Sie erhält als *Braut des Heiligen Geistes* die Taufe durch denselben.

Eva und Maria

Das Thema Maria und Eva hat die Künstler wie kaum ein anderes inspiriert. Schon im 2. Jahrhundert wurden die berühmtesten Frauen der Bibel einander gegenübergestellt. Im 8. Jahrhundert werden sie gemeinsam in einer Hymne besungen, die das „Ave" des Engelsgrußes in „Eva" wandelt. Während Eva die verbotene Frucht, das Symbol des Bösen und des Verderbens an die Menschen verteilt und damit den Tod unter die

Menschen bringt, schenkt Maria ihrem Sohn auf Gemälden und Zeichnungen seit dem 11. Jahrhundert einen Apfel als Zeichen der Gnade. Während Adam und Eva aus dem Paradies gewiesen werden, öffnen sich für Maria die Pforten des Gottesgartens. Sie sitzt dann in all ihrer Schönheit im Paradiesgarten inmitten von Blumen und Tieren. Maria und Eva werden auch oft unter dem Baum der Erkenntnis dargestellt. Auf der einen Seite steht Eva mit dem Apfel, auf der anderen Seite Maria, die Hostien verteilt und den Weg zeigt, wie der Mensch von den Sünden erlöst werden kann, um den Tod zu überwinden. Auch wird in vielen Darstellungen die Vertreibung aus dem Paradies als Kontrast der Verkündigungsszene gegenübergestellt. Auf den barocken Bildern mit Maria als Himmelskönigin auf der Erdkugel erscheint auch häufig das Stammelternpaar, Adam und Eva, als Vertreter der ganzen Menschheit, die auf die Vergebung ihrer Schuld hoffen.

Die Schmerzensmutter (Mater dolorosa)

Maria als *Schmerzensmutter* finden wir in den Szenen, in denen die Gottesmutter um ihren Sohn trauert, beispielsweise in der Passion, bei der Kreuzigung und Beweinung Jesu Christi. Meist wird Maria halbfigurig in Dreiviertelansicht dargestellt. Sie wendet ihr Gesicht wie im Gespräch ihrem toten Sohn zu. In manchen Abbildungen wird sie aus der historischen Szene herausgelöst und erscheint als eigenständige Figur ohne Jesus.

Der Typus der *Mater dolorosa* entsteht im byzantinisch-ostkirchlichen Bereich. Bedeutung erlangte er während der Pestepidemie Anfang des 14. Jahrhunderts beziehungsweise während der Zeit der Mystik zwischen dem 13. und 15. Jahrhundert. In dieser Zeit haben sich die Gläubigen in besonderem Maß mit dem Leiden Jesu Christi und seiner Mutter beschäftigt. Durch Meditation, Kontemplation und Askese versenken sie sich in Maria und ihren Sohn, um mit ihnen eins zu werden. Sie identifizieren sich mit den Schmerzen und Leiden der Muttergottes.

Später wird die Bedeutung der *Mater dolorosa* umgekehrt: Im Vordergrund steht nicht mehr das Mitleiden, sondern die

Bitte an Maria, die eigenen Schmerzen zu lindern. Maria birgt das Kind in ihren Armen, das Schutz sucht vor den Marterwerkzeugen, mit denen die Engel auf seinen späteren Leidensweg hinweisen.

Ein weiterer Typ der *Schmerzensmutter* als Gegenpart zu Christus als dem *Schmerzensmann* stellt Maria dar, die von einem oder sieben Schwertern des Leidens durchbohrt wird.

Vesperbild oder Pietà

Das Vesperbild verdankt seinen Namen der Zeit, zu der Christus vom Kreuz abgenommen und von Maria und Johannes betrauert wird. Heute noch wird am Karfreitag die Beweinung Christi in der Abendvesper meditiert. Der Name *Pietà* kommt aus dem Italienischen und ist eine Abkürzung der „Maria Sanctis sima della Pietà" („Die heiligste Maria vom Mitleiden"). In diesem Bildtypus wird Maria als *Schmerzensmutter* meist sitzend dargestellt, ihr Sohn liegt oder sitzt schräg in Totenstarre auf ihrem Schoß. Manchmal steht sie auch und versucht ihren Sohn irgendwie festzuhalten. Dabei werden meist seine Wundmale an Armen und Beinen gezeigt. Die Herzwunde hat dabei eine besondere sakrale und mystische Bedeutung. Bei Statuen wird das hervortretende Blut plastisch herausgearbeitet, auf Gemälden besonders anschaulich hervorgehoben. Die Tropfen können zu Trauben oder Rosen werden und den Tod symbolisieren.

Auch der Sinn des Vesperbildes ändert sich. Um 1400 wird nicht mehr vorwiegend das Bildnis der schmerzgebeugten Mutter dargestellt. Bevorzugt wird jetzt Maria als eine liebliche, schöne Jungfrau. Nicht die Trauer über den toten Sohn steht im Vordergrund, sondern die Freude darüber, daß die Passion vollbracht ist und ihr Sohn die Welt erlöst hat. Dieses Vesperbild geht wahrscheinlich auf das sogenannte *freudvolle Vesperbild* zurück, das zu den ganz alten Darstellungen gehört. Später finden beide Bildmotive gleichzeitig über ganz Europa Verbreitung. Die *schönen Vesperbilder* – vor allem böhmischen Ursprungs – gehören bis in das 18. Jahrhundert zu den beliebtesten Bildmotiven.

206

Keine Systematik in der Fülle der Motive

Die meisten ikonographischen Darstellungsweisen entstanden zwischen 400 und 700 n. Chr. Interessant ist dabei zu beobachten, wie sich die Beziehung zwischen Mutter und Kind in einem ständigen Wandel befindet. Sie unterliegt den Einflüssen der Liturgie, der christlichen Literatur und der historischen Entwicklung. Die Fülle der Motive streng systematisch zu ordnen, ist unmöglich. Dazu hat auch der Bilderstreit in der Zeit von 726–843 beigetragen. Die geschichtlichen Ent- und Verwicklungen der Ikonographie sind kompliziert und nur bruchstückhaft nachzuvollziehen. Das Bild der Muttergottes gelangt über die kulturellen Kontakte zwischen den Klöstern, über Kreuzzüge, Handelsbeziehungen, das Pilgerwesen und der damit verbundenen Verbreitung von Ikonen in viele Teile der Welt. Der Hauptstrom verläuft von Osten nach Westen. Später wird Österreich zum Umschlagplatz. In den Kunst- und Religionswissenschaften finden sich Versuche, die marianische Ikonographie nach Typen, nach Ehrentiteln für Maria, nach Orten oder nach Kunststilen zu ordnen. Spekulation, Meditation sowie religiöse, dichterische und erotische Phantasien haben sich in der christlichen Kunst jedoch unauflöslich miteinander verbunden. Jeder Versuch einer strengen Ordnung ist nur partiell befriedigend, da sich die verschiedenen Kriterien nicht exakt voneinander trennen lassen.

Der sich anschließende Bildteil ist daher auch nicht in erster Linie nach kunsthistorischen Typisierungen angelegt, sondern möchte zusammen mit den meditativen Texten alle Marienverehrer im Sinne des „schauenden Denkens" zu Betrachtung und Meditation einladen.

Unter allem noch Unerschaffenen aber war eines vor Gott, das im höchsten Grad alles übrige überragte und worüber er selbst am meisten sich freute, und das bist du, Maria, reinste Jungfrau, fruchtbarste Mutter, denn in dieser Vollkommenheit standest du von Ewigkeit, noch unerschaffen vor Gottes Auge und hast danach aus den vier reinen und klaren Elementen die Materie deines gebenedeiten Leibes empfangen. Und darum hast du von Urbeginn vor Gottes Auge zu seiner höchsten Freude alle künftigen Kreaturen im höchsten Grad übertroffen.

Heilige Birgitta von Schweden (1303–1373)
In: Die Offenbarungen

Maria im Ratschluß Gottes
Ausschnitt aus dem Menschwerdungsbild des Isenheimer Altars von Matthias Grünewald (um 1470/80–1528), 1513–1515

Der Isenheimer Altar ist nicht nur das Hauptwerk Grünewalds, sondern zählt auch zu den bedeutendsten Werken der deutschen Malerei. Die Forschung kennt mehrere Deutungen des Menschwerdungsbildes, die plausibelste ist sicher die, daß sich in der von einer Gloriole umgebenen Gestalt zwei Vorstellungen von Maria vereinen: die einer vorzeitlichen Mutter Gottes als reinem Lichtwesen und die einer Gottesgebärerin im Zustand der Erwartung, denn im Licht seiner Weisheit sah Gott das makellose Menschenwesen, aus dem sein Sohn als Gottmensch geboren werden sollte. Aus dem Bau des Himmelstempels, erfüllt vom Engeljubel, ist die vorzeitliche Maria hervorgetreten, kniet unter dem Engelpaar über ihr, das schon Krone und Zepter der Muttergottes bereithält. Sie selbst, die vorzeitliche Maria, trägt die Flammenkrone des Geistes, und die große Lichtgloriole des Geistesfeuers kreist brennend um Kopf und Brust. Sie wirft den Glutschein herab auf den Schoß, über den die Hände anbetend erhoben sind. Lichtwolke und kreisende Sonne, reines Geistwesen und menschliche Gestalt, Erhabenheit und Demut, Verklärung und Hingabe der Verklärung werden so eins in dem Liebesgeheimnis und Ratschluß Gottes, von dem dieses Bild kündet.

Maria in der Bildersprache christlicher Kunst

Ein verschlossener Garten ist meine Schwester Braut,
ein verschlossener Garten, ein versiegelter Quell.
Ein Lustgarten sproßt aus dir, Granatbäume mit köstlichen
Früchten, Hennadolden, Nardenblüten,
Narde, Krokus, Gewürzrohr und Zimt, alle Weihrauchbäume,
Myrrhe und Aloe, allerbester Balsam.
Die Quelle des Gartens bist du, ein Brunnen lebendigen
Wassers, Wasser vom Libanon.

Hoheslied 4,12–15

Maria im Rosenhag
Oberrheinischer Meister des „Paradiesgärtleins", um 1410

Maria, jung und grazil, sitzt im blühenden Paradiesgarten, mit einem Gebetbuch auf dem Schoß. Ihr blondes, nach hinten gebundenes, gelocktes Haar fällt bis auf die Hüften und umrahmt ihre Schultern. Sie trägt ein langes Kleid aus Brokat, darüber den typischen weiten Umhang. Ernst und demütig schaut sie auf ihren Sohn, der seine Hand nach der Rose ausstreckt, die sie ihm reichen will. Wie auch früher in den Stundenbüchern, wird hier ein Frühling mit Märzbechern, Maiglöckchen, Veilchen und Schneeglöckchen dargestellt. In der damaligen Literatur wird Maria auch selbst als Paradiesgarten bezeichnet, aus dem der edle Sproß Jesus hervorgeht. Wie in vielen Bildern jener Zeit, zeigt sich auch hier eine Überfülle an Symbolen der Jungfräulichkeit, der Reinheit, des Lebens und der Passion. Die weiße Rose, die sie dem Jesusknaben reicht, soll den Leidensweg ankündigen. Im Hintergrund ist ein Spalier mit drei Rosenbüschen zu sehen, in denen vier Vögel sitzen, unter anderem ein Stieglitz, dessen farbiges Federkleid und fröhlicher Gesang Jesus symbolisieren soll. Die Rosenhecke wirkt im Hintergrund als großes Ornament und unterstreicht die jugendliche Schönheit der unbefleckten Magd des Herrn. Auf ihrem Kopf trägt sie eine Krone, deren Kostbarkeit durch den Heiligenschein noch hervorgehoben wird. Jesu Kopf umgeben die Strahlen des Heiligen Geistes. In der rechten unteren Bildecke inmitten von Märzbechern betet andächtig ein Fürbitter um sein Anliegen.

Um ihr Lob würdig zu singen, reicht nicht aus die wohlgefügte Beredsamkeit der Rhetoriker, noch der Dialektiker scharfsinnigster Beweis, noch der tiefste Geist der Philosophen. Weder der Patriarchen ehrwürdige Versammlung, noch der Propheten vorausschauende Schar, noch der Apostel Richtersenat, noch der Märtyrer siegreiche Reihen, noch einer der älteren, noch einer der jüngeren Väter kann mit der seligsten Jungfrau verglichen werden.

Heiliger Petrus Damiani (um 1007–1072)
In: Gespräche

Thronende Mutter Gottes mit Jesuskind
Westfälischer Meister, um 1270

Wunderschön thront die Mutter Gottes. Im rechten Arm hält sie ihren göttlichen Sohn, in der rechten Hand das Lilienzepter. Mit der linken Hand reicht sie dem Kind den Apfel. Die Mutter Gottes ist riesenhaft, würde sie sich erheben, hätte sie übermenschliches Maß. Sie ist jung und schön. Der Apfel, den sie trägt, ist die Frucht vom Baum des Lebens. Maria ist die neue Eva, die neue und makellose Mutter der Menschheit. Ihr göttlicher Sohn, dem sie den Apfel reicht, ist der neue Adam, der Stammvater der neuen Menschheit. Zwischen dem Lilienzepter und der Frucht des Lebens schmiegt sich Jesus, die Mutter zu liebkosen, Wange an Wange zu lehnen und sie zu küssen. Es ist der Ausdruck inniger Freude. Mit den nackten Füßen steigt Jesus an ihr hoch, das geliebte Antlitz – Anmut ist ausgegossen über ihren Lippen – zu sich herabzuziehen, ihr seine Liebe zu zeigen, die alle Menschenliebe übersteigt. So groß ist diese Liebe, daß des Gottmenschen Heiligenschein fast hinschwindet in den Heiligenschein der jungfräulichen Mutter. Der göttliche Sohn faßt mit der einen Hand das Antlitz der Mutter, mit der anderen Hand den Apfel, die Frucht des Lebens. Gott nimmt und liebkost das Kostbarste, was er je geschaffen, Maria, die einzige und reine Frucht vom Baum des Lebens, das große Zeichen der Gottesliebe, und bietet sich ihr, Maria, zum Kuß der Liebe in gottmenschlicher Freude.

Die Eltern führten das Kind
An den Händen lind
Bis zu den untersten Stufen,
Wo selbst, wie von oben gerufen,
Als wollt es sich wenden,
Das Kind sich löst von ihren Händen,
Und ohne Hilfe ganz allein –
Nur Gott kann solche Kraft verleihn –
Eilt es in schnellem Lauf
Die Stufen alle gleich hinauf ...

Wernher der Schweizer, Mitte des 12. Jahrhunderts

Maria im Ährenkleid
Tafelbild eines unbekannten Meisters, um 1430

Mit *Maria im Ährenkleid* oder der *Ährenkleidmadonna* ist die Tempeljungfrau gemeint. In den apokryphen Evangelien wird erzählt, daß Maria von den Eltern dem Tempel übergeben und dort erzogen wurde.

Die Gefährtinnen im Tempel sticken ihr ein Ährenkleid, Strahlenkränze umranden Hals und Hände. Die Jungfrau steht betend im Mittelgang eines Kirchenraums. Ein Heiligenschein betont ihren demütigen Gesichtsausdruck. Ein Lektorenengel hält ihr ein großes geöffnetes Evangelienbuch hin. Auf der anderen Seite – in einer Fensternische stehend – beten drei kleine Engel und schauen zu Maria auf. Engel sollen, den Apokryphen nach, die Tempeljungfrau gespeist haben. Die Gefährtinnen verehren sie, als die, die das Brot des Lebens verschenkt. Korn oder Korngarben finden sich auf vielen Bildern der christlichen Kunst. Als Motiv zwischen den Stammeltern sollen die Ähren auf die Fruchtbarkeit des Gottesackers und auf die Rettung der Menschen hinweisen. Maria selbst wurde als Acker verehrt, der das Korn wachsen läßt, aus dem das eucharistische Brot bereitet wird.

214

So wie jemand, der sich
Unter einen Sturzbach stellt,
Vom Kopf bis zu den Füßen naß wird,
So wurde die Jungfrau, Mutter Gottes,
Zur Gänze gesalbt mit der Heiligkeit
Des Heiligen Geistes,
Der auf sie herabkam.
Von dem Augenblick an
Nahm sie das Wort Gottes an,
Das in dem duftenden Gemach
Ihres jungfräulichen Schoßes lebte.

Theodotos, Bischof von Ankyra (gest. 446)

Verkündigung Mariä
Aus dem Sakramentar von St. Gereon in Köln, um 1000

Eine gewaltige Lichtwoge erfüllt die Welt, und aus dem Saum des Lichtes schreitet der Engel auf Maria zu. In würdevoller Gebärde hat er die rechte Hand erhoben: zum Gruß, zum Segen, zur Verkündigung und Forderung. Und Maria öffnet die Arme und zeigt in ebenso schöner Geste ihre Bereitschaft, Gottes Willen anzunehmen und seine Liebe zu empfangen. Obwohl ihr die ganze Zuwendung gilt, hat der Künstler sie nicht etwa in die Bildmitte gerückt – Maria steht zum Zeichen ihrer Demut eher außerhalb des Geschehens, das ihr zuteil wird, sie steht auf dem Rahmen des Bildes. So ist das Bild geöffnet wie ihre Seele. Maria ist umhüllt von einer gewaltigen Woge des Geistes, und hoch über dieser Woge ragt majestätisch die Himmelsstadt. Noch etwas verborgen wie ein kleines Abbild der Himmelsstadt steht hinten schon der Thron bereit: der Thron der Weisheit, die sie selbst ist, auf die Erde der Menschen gestellt und als Zeichen dafür, daß sie, die Jungfrau, den Erlöser tragen wird.

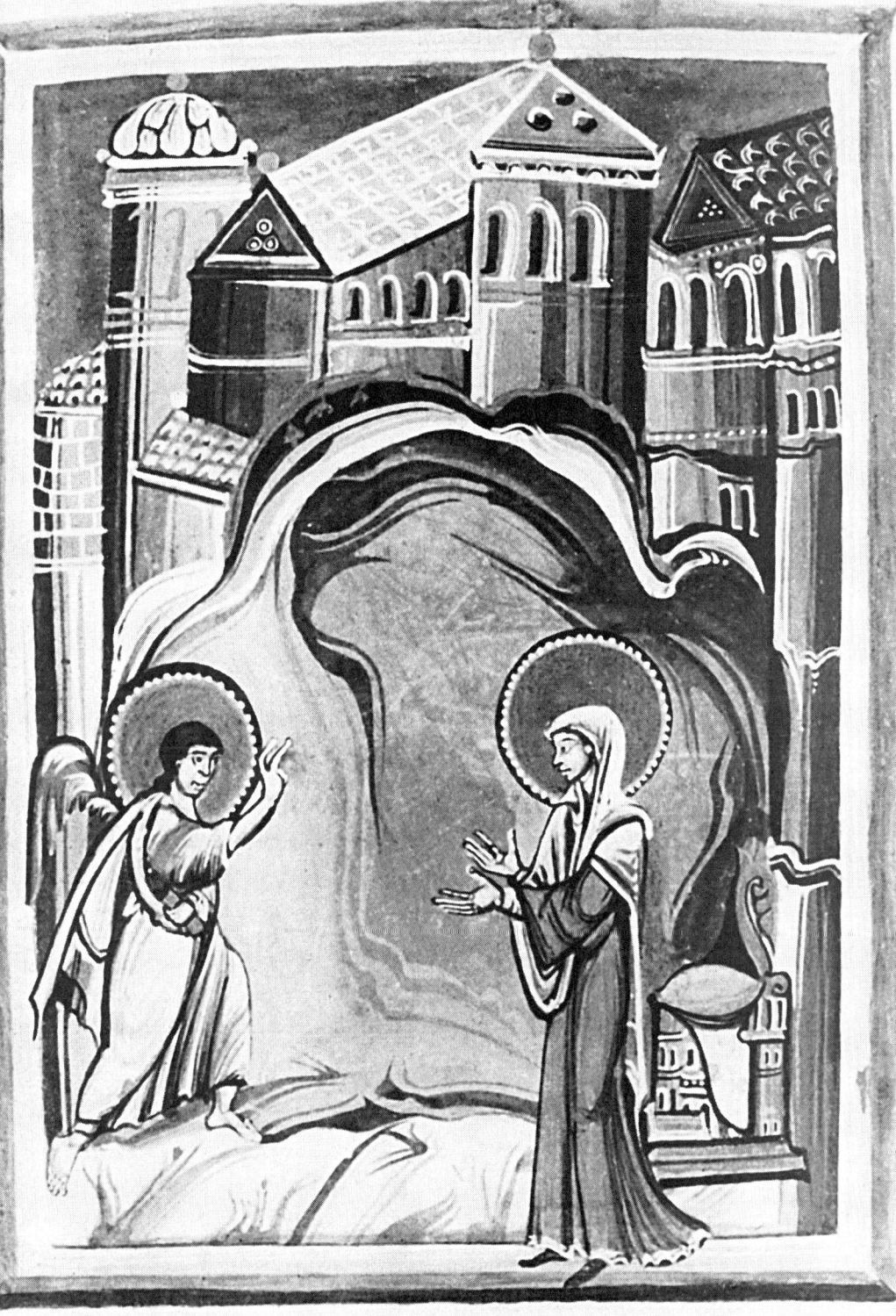

O Mutter, deren jungfräulichem Schoß
Der Herr des Himmels uns zum Heil entsprang,
Der auf die Erde kam, daß er bezwang
Den Bösen, löst von seinem Fluch uns los:

Mein Denken, meine Schriften klein und groß,
Da umzukehren mir erst spät gelang,
Wend ich zu dir in heißer Reue Drang,
Zeig dir mein wundes Innres nackt und bloß ...

Du heile mich, du, die's vermag, hilf mir,
Die Seele zu retten vor dem ewgen Feuer,
Ich, allzu lang ein Irrender vor dir.

War hingegeben Trug und Abenteuer:
Du, zögre nicht, da spät die Zeit schon steht
Des Lebens, das mir bald zu Ende geht!

Pietro Bembo (1470–1540)

Madonna des Kanzlers Nikolas Rolin
Jan van Eyck (um 1390–1441)

Jan van Eyck, der ebenfalls wie sein Auftraggeber, Kanzler Rolin, aus Burgund stammte, hat dieses Bild in einer damals neuen
Technik, der Ölfeinmalerei, ausgeführt. Das macht das Bild besonders wertvoll. Eigentlich geht es in seiner Komposition über
die üblichen Marienbilder hinaus. Hier sind in einem Werk
traditionelle Elemente der Kult- und Andachtsbilder mit Land-
schafts- und Porträtmalerei vereint. Das Bild ist dennoch ein
Andachtsbild, ähnlich den Darstellungen von Maria und Jesus in den privaten Stundenbüchern, die die Menschen damals bei sich trugen. Rolin kniet vor einer Bank und betet. Vor
ihm liegt ein aufgeschlagenes Buch mit kanonischen Marien-
gebeten. Ihm gegenüber sitzt Maria in einem prächtigen, bodenlangen roten Gewand. Auf dem Saum ihres Umhangs setzen
sich die Gebete fort. Sie hat sich halb dem Auftraggeber, halb
dem Betrachter außerhalb des Bildes zugewandt. Ihr Kind sitzt
auf dem Schoß, in der Linken ein Zepter haltend, die rechte
Hand segnend erhoben, erhört es das Anliegen des Kanzlers.

Und plötzlich war bei dem Engel
ein großes himmlisches Heer, das Gott lobte
und sprach:
Verherrlicht ist Gott in der Höhe,
und auf Erden ist Friede
bei den Menschen seiner Gnade.

Lukasevangelium 2,13–14

Königin des Friedens
Gemälde von Giovanni Ambrogio Bevilacqua, um 1470

In friedlicher Schönheit, inmitten eines Gartens steht die große, sanft leuchtende Jungfrau Maria. Sie neigt sich ein wenig, beugt die Knie, kreuzt die Hände anbetend vor der Brust und betet das göttliche Kind an, das zu ihren Füßen auf einem Flammenkissen zwischen den Blumen liegt. Nackt liegt das Gotteskind da. Den linken Arm breitet es aus, die Mutter zu grüßen. Mit den Fingern der rechten Hand berührt es seine Lippen, Schweigen gebietend. Schweigen gebietet der Gottessohn auch seiner Mutter. Das Ewige Wort ist in die Welt gekommen – aber nun gebietet es Schweigen? Schweigen soll die Welt vor ihm. Schweigen muß alle geschöpfliche Natur, damit die göttliche Natur rede. Die jungfräuliche Mutter weiß es. Mit gekreuzten Händen verschließt und bewahrt sie das Wort Gottes in ihrem Herzen, im Schweigen. Ihr Dasein selbst aber ist innigste Teilnahme am Ewigen Wort, so innig, daß Maria allein von allen menschlichen Personen geschmückt ist mit dem Kleid des Ewigen Wortes, mit dem Kleid, das ihr von Gott für die Geburt Gottes bereitetes Fleisch ist. So trägt sie auch das Sinnbild ihrer unbefleckten Seele und ihres unversehrbaren Körpers, das jungfräulich lichte, sie ganz umhüllende Gewand, von dem die Worte „Pax", „Frieden", ausstrahlen und das Zeichen der Heiligkeit, die Krone, leuchtet. Sie, die königliche Jungfrau, ist bekleidet mit dem heiligen Frieden, dem Frieden Gottes. Das Ewige Wort, das sie gebar, ist der Friede. Und dieser spiegelt sich unablässig und vielfach in der Mutter des Friedens, macht sie zur Königin des Friedens.

GLORIA IN EXCELSIS DEO. ET IN TERRA PAX. HOMINIB. BONE VOLVTATIS

IRGA IESSE FLORVIT. VIRGO. DEVM ET HOMINEM. GENVIT
PACEM DEVS REDDIDIT IN SE RECONCILIANS

Kraft ihres Leids wird die heilige Mutter zur Fürsprecherin aller. Nun haben alle Schmerzen der Erde eine Heimat in ihr. Eine Heimat können sie ja nur an einem Herzen haben. Und wie dein Leid keine Grenzen kennt, heilige Mutter, so kennt auch deine Liebe keine Grenzen mehr.

Reinhold Schneider (1903–1958)
In: Der Kreuzweg, 13. Station

Antlitz der Schmerzensmutter
Ausschnitt aus einem Vesperbild, um 1300

Die Schmerzensmutter blickt auf den toten Sohn, wenn auch ihre Augen erloschen scheinen, denn sie haben keine Tränen mehr, das Weh hinwegzuwaschen. Krampfhaft ziehen sich die Augenbrauen zusammen. Der klagende Mund ist halb geöffnet, als könne er sich nie wieder schließen und als könne die Klage nie verstummen. Tiefe Falten des Grams zerschneiden die Wangen. Das Antlitz ist ausgehöhlt und blutentleert. Das menschliche Leben scheint gewichen, und nur der Ausdruck des Schmerzes, der Klage und der Trauer ist geblieben. Nur? Nein! Dieses Mutterantlitz ist über das Maß der einzelnen menschlichen Person erhöht. So wie die Liebe ein den Menschen Gemeinsames ist und den einzelnen Menschen verklärt, so ist auch der Schmerz ein den Menschen Gemeinsames, das sie verwandelt in den einen gemeinschaftlichen Ausdruck, der das Erbe der leidenden Menschheit ist. Wenn auch die Mutter Gottes durch die Gnade Gottes frei ist von aller Erbschuld und jeder Sünde, so ist doch das Leiden ebensowenig von ihr genommen, wie auch Christus sich den Leiden unterwarf. In ihrer unversehrbaren Reinheit leidet sie die Seelenschmerzen tiefer als irgendein anderer Mensch. Und da sie die reine Mutter der Menschheit aus Gnade ist, trägt sie in der Stunde, da der Leichnam des Gottmenschen auf ihrem Schoß ruht, stellvertretend die Seelenschmerzen des ganzen menschlichen Geschlechts und klagt für alle über den Tod ihres Sohnes. Geschlachtet ist das unschuldige Lamm Christus, der die menschliche Natur mit der Gottheit vereinte.

222

*O wie die Quelle des Lebens mitten durch den Tod zum Leben geführt wird!
O wie die, die beim Gebären die Schranken der Natur überstieg, sich jetzt
den Satzungen der Natur beugt und der unbefleckte Leib sich dem Tod
unterwirft! Denn wir müssen nun einmal durch Ablegung des Sterblichen
die Unvergänglichkeit anziehen, da ja auch der Herr der Natur es nicht
ablehnte, den Tod zu kosten. Denn er stirbt dem Fleisch nach, und durch
den Tod hebt er den Tod auf; durch Sterben vermittelt er Unsterblichkeit ...*

Heiliger Johannes Damascenus (um 650–um 750)
In: Predigt über den Heimgang Marias

Tod Mariens
Tafelbild von Martin Schaffner (um 1478/1479–1546) auf dem
Hochaltar zu Wettenhausen bei Ulm, um 1523/24

Maria hat das Sterbebett verlassen, sie ist „er"standen und befindet sich inmitten der Apostel, die um sie trauern und ihr
zusprechen. Petrus – rechts in der Ecke – liest ihr Sterbegebe-
te vor. Im Vordergrund steht das noch brennende Lebenslicht.
Der gewölbte Raum ist eine Kombination aus einer bürgerli-
chen Stube und einer Kirche. Maria wartet demütig, von Gott
in den Himmel aufgenommen zu werden, an der Seite des
Sohnes ewiger Glückseligkeit teilhaftig zu werden. Ihre Seele,
im Hintergrund durch eine miniaturisierte Maria dargestellt,
schwebt Jesus entgegen, der sie im Himmel erwartet.

Maria in der Bildersprache christlicher Kunst

Maria, hehre Himmelskönigin,
Umgeben von der Engel lichtem Kreis,
Du Stern, der unser Schiff zu leiten weiß
Auf rechter Bahn zum sichren Hafen hin.

O wende, Jungfrau, gnädig deinen Sinn
Mir armen Sünder zu, gib mich nicht preis,
Erbarm dich meiner, daß auf dein Geheiß
Das Böse weicht, dem ich erlegen bin ...

Giovanni Boccaccio (1313–1375)

Assumptio Mariae – Der Leib der Mutter Gottes wird von den
Engeln in den Himmel getragen
Tafelbild eines unbekannten Meisters, um 1430/40

Das Grab in der Tiefe ist offen und leer. Drei große Engel tragen den Leib der Mutter Gottes durch die Wolken in den Himmel. Ein Engel, die Flügel breitend, hat mit der linken Hand die Jungfrau unter den Füßen gefaßt. Er stützt sie mit der rechten Hand und schaut andächtig verehrend zu ihr empor, die aufrecht auf der Brust des Engels halb steht, halb kniet und von den beiden anderen Engeln gehalten wird. Der eine Engel, hinter ihrem Rücken, stützt sanft ihre Schulter. Der andere Engel, vor ihr schwebend, stützt ihre Arme und ihre Hände, die betend aneinandergelegt sind. Mit ernster Zärtlichkeit tragen die Engel die Mutter Gottes empor. Leibhaftig ist ihr Körper auferweckt. Sie schaut und lächelt ein wenig und betet an. Ihre Jugend ist wiederhergestellt in der Verklärung. Das Licht des Himmels durchdringt Maria, wie es die Engel, deren Königin sie ist, durchdringt. Wir schauen im Licht die andere Seinsweise, die verklärte, in die Marias unverweslicher Leib gleichsam hineingezeichnet, leibhaftig erhoben und verklärt ist. Die tragende Umhüllung durch die Engel gleicht über dem Grab einem emporschwebenden, sich öffnenden Lilienkelch, in dessen Mitte die Mutter Gottes, auferstanden als erste aller menschlichen Personen mit Leib und Seele heimgeholt wird zum Dreieinigen Gott.

Sei gegrüßt, du Meeresstern,
Leuchtend durch des Sohnes Gnade.
Sei gegrüßt, du Tempel,
Geöffnet dem Heiligen Geist,
Sei gegrüßt, du Pforte Gottes,
Geschlossen auf ewig nach der Geburt.

Bischof Bernward von Hildesheim, um die Jahrhundertwende 10./11. Jh.

Die Sixtinische Madonna mit Papst Sixtus II. und der
heiligen Barbara
Raffael, eigentlich Raffaello Santi (1483–1520), 1512/13

Viele russische Schriftsteller haben die *Sixtinische Madonna* in der Dresdner Galerie besucht, sind teils sogar nur wegen dieses berühmten Madonnenbildes nach Dresden gereist: Puschkin begeistert sich an der *Sixtinischen Madonna* wegen „des reinsten Zaubers reinsten Musters". Dostojewski betrachtet sie als ein Vorbild moralischer und im Leiden verklärter Schönheit. Er ist jedoch ambivalent. Solch eine Welt, wie sie in diesem Bild dargestellt wird, zerfällt, wenn sie mit der Wirklichkeit in Berührung kommt, findet er. In seinem Roman *Schuld und Sühne* vergleicht er das Gesicht der „Kaiserin aller Kaiserinnen" mit einer „gramerfüllten Büßerin". Leo Tolstoi, der nach langen Betrachtungen des Bildes zunächst sehr enttäuscht war, meinte später, daß Raffael hier die bessere, idealere Seite der Menschheit darstellen wollte. „Diese Erscheinungen rührten mein heidnisches Herz zutiefst", bekennt er. „Gestern habe ich mich vor der *Sixtinischen Madonna* verneigt", schreibt der Maler Konstantin A. Sawitzki. „ ... man kann sich nicht sattsehen, nicht losreißen von diesen Gestalten voller Leben und Gedanken, aus ihnen spricht die Vorahnung von irgend etwas Unheilvollem, und schrecklich wird es für die Mutter, die ihr Kind trägt. Beide sind von einer übernatürlichen Kraft erfaßt, die sie dazu bewegt, für die Sünden der Menschheit Buße zu tun."

Da sprach Gott, der Herr, zur Schlange:
Weil du das getan hast, bist du verflucht unter allem Vieh und allen Tieren
des Feldes. Auf dem Bauch sollst du kriechen und Staub fressen alle Tage
deines Lebens.
Feindschaft setze ich zwischen dich und die Frau, zwischen deinen Nach-
wuchs und ihren Nachwuchs. Er trifft dich am Kopf, und du triffst ihn an
der Ferse.

Genesis 3,14–15

Die Verheißung des Schlangenzertreters
Martin Schongauer (1445–1491) zugeschrieben

Die Verheißung Gottes, daß der Nachwuchs der Frau der
Schlange den Kopf zertreten wird, ist zugleich die Vorankün-
digung des Erlösers. Die Frau aber ist die makellose Jungfrau,
die Immaculata. Sie ist die Zukunft und zeigt den Menschen
den Sieg ihres göttlichen Kindes über Teufel und Tod. In kaum
zu übertreffender Kunstfertigkeit stellt der Maler ihr jung-
fräuliches Wesen ganz mädchenhaft zart, aber durch die Krone auch ihre Herrschaft dar. In der Linken hält Maria das Zepter der Lilienzeit – das Zeichen der gereinigten Menschheit.
Das liebliche nackte Kind mit dem Lichtschein des dreieinigen
Gottes um sein Haupt segnet die Welt und trägt zugleich die
Sphäre der im Zeichen des Kreuzes gereinigten Welt. Auf der
Schlange steht der Überwinder, der Gottmensch, als Kind in
vollkommener Schuldlosigkeit.

Sei du denn, o du liebe
Mutter, meine Luft, die ich atme;
Meine glücklichere Welt, darin
Zu wandern und keiner Sünde begegnen;
Über mir, rings um mich liege,
Meinem mürrischen Auge begegnend
Mit süßem, narbenlosen Himmel;
Rühre mein Ohr auf, sprich dort
Von Gottes Liebe, o lebendige Luft.

Gerald Manley Hopkins (1844–1889)
In: Die heilige Jungfrau,
verglichen mit der Luft, die wir atmen

Stuppacher Madonna

Matthias Grünewald (um 1470/80–1528), Mittelstück des Ma-
ria-Schnee-Altars in der Stiftskirche zu Aschaffenburg. Seit
1812 Altarbild in Stuppach in der Pfarrkirche, seit 1931 in der
Marienkapelle.

Die *Stuppacher Madonna* gehört zweifellos zu den schönsten
Darstellungen der Muttergottes mit dem Jesuskind. Die Farben, das Licht, die Rosen und Lilien, der Regenbogen bedeuten Trost, Barmherzigkeit, Befreiung, Erlösung, ein neues Leben und die Freude darüber. Maria in einem kostbaren, roten
Brokatkleid wird von den Engeln gekrönt. Sie hat ihren Sohn
auf dem Schoß und reicht ihm einen Granatapfel. Die Frucht
hat eine ganz besondere Bedeutung. Der Apfel, der in Evas
Hand das Böse symbolisiert, wird in der Hand Marias, der
neuen Eva, zu einem Granatapfel, Marias schönster Frucht. Er
ist ein Zeichen für Christus als dem König der Märtyrer und
ein Symbol für die Erlösung der Menschheit. Nicht zufällig
weisen Jesus und Marias Hände einen Kreis um den Granatapfel, um den sich alles dreht. Das ganz Besondere an dem
Grünewald-Bild ist das farbige Licht, das er festgehalten hat.
Es lädt dazu ein, lange davor zu verweilen, sich dahinein zu
vertiefen und immer Neues zu entdecken.

Wie auf einer Wolke getragen, versammelte sich, o Jungfrau,
Von allen Enden der Erde der Chor der Apostel auf dem Sion,
Um dir, der leichten Wolke zu dienen;
Denn aus dir erstrahlte Allen,
Die da in Finsternis und Todesschatten sitzen,
Der höchste Gott, die Sonne der Gerechtigkeit.
Die Mächte der Engel staunten,
Da sie auf dem Sion ihren Gebieter sahen,
Der auf seinen Armen eine weibliche Seele trug.
Er aber rief nach Sohnesart
Mit heilger Stimme seiner Mutter zu:
Komm, o Reine und sei verherrlicht mit deinem Sohn und Gott!

Aus den Oden zur Entschlafung

Die neue und die erste Eva
Marten de Vos (1532–1603), Rom, Kapelle in S. Francesco
a Ripa, Altargemälde, um 1555

Der 25jährige de Vos hat hier ein Werk geschaffen, das die
ganze Welt zu umfassen scheint: Gut und Böse, Engel und Sa-
tan, Tod und Leben, Himmel und Hölle, der Sündenfall und
das Jüngste Gericht. In der Mitte des Bildes steht vor einer
wundervollen Landschafts- und Himmelskulisse unange-
fochten Maria, die Unbefleckte, mit dem Jesusknaben auf dem
Arm. Ihr Sohn hat die rechte Hand segnend erhoben, in der
linken hält er die Weltkugel. Über Maria schweben zwei Engel, die ein Spruchband mit der Aufschrift: „Ewigkeit" halten.
Zu ihren Füßen liest man das Motto der Hölle „Ewige Qual".
Dort werden verworfene Sünder aus der griechischen Mytho-
logie, wie der gefesselte Riese Tityos, der Vater der Zentauren,
der Mörder Ixion und Tantalos, der die Allwissenheit der Götter prüfen wollte. Über allem schwebt Gottvater und die Tau-
be des Heiligen Geistes. In den Wolken als Begrenzung eines
Lichtkreises um Gottvater sind biblische Szenen dargestellt.
Links im Bild bangt der Tod um sein Überleben, rechts von
Maria reicht Eva – von Cupido verführt – Adam den Apfel.

234

Jungfrau, Mutter, Tochter deines Sohnes,
Bescheidenstes und höchstes der Geschöpfe,
Im ewgen Plan bestimmt und auserwählt,
Du hast in dir die menschliche Natur
So hoch geläutert, daß der Schöpfergott
Sich gerne geben ließ als dein Geschöpf.

Dante Alighieri (1265–1321)

Vom Tod zum Leben
Melchior Steidl (um 1665–1728), Fresko im Chorgewölbe, 1711,
Ellwangen, Wallfahrtskirche Unsere liebe Frau von Loreto auf
dem Schönenberg

Nach einem Brand durch Blitzschlag war die Wallfahrtskirche
wieder aufgebaut worden. Ihr Architekt Maximilian von
Welsch vermittelte Melchior Steidl, um Wände und Chorgewölbe auszumalen. Der Münchner Künstler schaffte dies in einem guten halben Jahr. Im unteren Bildteil ist der Inbegriff des
Todes, die Vertreibung aus dem Paradies dargestellt. Über
dem Baum der Erkenntnis erhebt sich Maria auf einer Weltkugel, mit einem Fuß steht sie auf der Mondsichel, um die sich
die Schlange ringelt. Über ihrem sternenbekrönten Haupt
schwebt Gottvater, der sie in den Himmel aufnimmt. Rund
um die Szene sind Putten und Engel versammelt: Aus ihrem
Chor tritt heraus der Engel der Vertreibung. Etwas erhöht dargestellt – als Antithese – ist der Engel Gabriel mit Lorbeer-
kranz und Lilie, dem Zeichen der *Immaculata* (Unbeflecktheit),
zu sehen. In dem Deckenfresko *Vom Tod zum Leben* sind eine
Fülle von Symbolen der Reinheit, der Vanitas, des Todes und
des Lebens, der Gnade und des Bösen zu entdecken. Rechts
neben Adam steht der Pfau, der die Eitelkeit repräsentiert. Er
weist mit dem Kopf auf eine Urne mit Dornengestrüpp, in
dem ein Totenschädel abgebildet ist. Gegenüber schaut ein
farbiger Papagei auf eine Vase mit Lilien, dem Symbol des Lebens. Die Weltkugel und die Mondsichel symbolisieren hier
die Vergänglichkeit alles Irdischen, die Schlange die Finsternis
und das Böse.

*O meine süßeste Mutter, wohl bin ich ein armer Sünder, doch rühme ich
mich deiner Liebe und hoffe Großes von dir, besonders in deiner Liebe zu
sterben. Ich hoffe in meinen Todesängsten, wenn der böse Feind meine Sünden mir vorhalten wird, vor allem durch das bittere Leiden Jesu Christi und
durch deine Vermittlung die Stärke zu erlangen, um in der Gnade Gottes
aus diesem elenden Leben zu scheiden und dahin zu gelangen, wo ich ihn
lieben und dir danken werde von Ewigkeit zu Ewigkeit. Amen. So hoffe ich,
daß es geschehe!*

Heiliger Alfons Maria di Liguori (1696–1787)
In: Die Herrlichkeiten Mariä II, Schluß

Maria, Trost und Freude der Menschen
Russische Ikone, 17. Jahrhundert

Alle Trauernden sollen getröstet werden und die „große Freude", die von den Engeln bei der Geburt Christi verkündet
wurde, empfangen. Sie empfangen sie durch die Gottesmutter
Maria. Und von allen, die getröstet sind oder im Glauben des
künftigen Trostes gewiß sind, schallt diese große Freude zur
Mutter des Heilands, in heiliger Verehrung. Sie, Maria, ist die
Allheilige, stehend auf dem Thronschemel des Erdreichs, alle
irdische und himmlische Schöpfung überragend, die Riesin
des Lebens. In unverwelklicher Schönheit steht sie da, anmu-
tig und hoheitsvoll, Herrin und mütterliche Jungfrau, die
Spenderin aller Gnaden ihres göttlichen Sohnes, des Allheili-
gen. Gaben des Heils spendend breitet sie die Arme. Das Lilienzepter in der rechten Hand ist zum Aspergill geworden,
das gesegnete, alles Unheil vertreibende Naß auszuteilen, und
die linke Hand hebt sich beschützend über alle, die ihr nahen.
In dieser Gebärde breitet sich der Mantel schon zum Schutz-
mantel. Und es drängen von beiden Seiten die Frommen und
alle, die getröstet werden sollen, bis dicht an den Mantel der
großen Mutter. Die heiligen Engel sind bei ihnen. Sie knien
und stehen neben den Menschen, weisen sie hin zu der Königin der Engel und des Lebens.

Glossar

Aachenfahrt

Zur Zeit Karls des Großen (747–814) wurde die Aachener Pfalzkapelle Aufbewahrungsort des karolingischen Reliquienschreins. Mit der Ablösung der karolingischen Reliquienlade durch den Marienschrein im Jahr 1238 begann die Aachener *Heiligtumsfahrt* oder *Heiltumsfahrt* (siehe S. 76) in ihrer noch heute üblichen Form mit der feierlichen Darbietung der Reliquien. Sie findet seither alle sieben Jahre eine Woche vor und nach dem Kirchweihtag des Aachener Münsters (17. Juli) statt.

Aberglaube

Der Begriff umfaßt im wesentlichen Befürchtungen, Erwartungen und Vorstellungen, die mit der kirchlichen Lehre unvereinbar sind. In bezug auf die Marienverehrung wird manchmal auch von gläubigen Christen der Charakter der Verehrung der Mutter Gottes verkannt, so daß sie diese als Anbetung betrachten und irrtümlicherweise für Aberglaube halten.

Abstammung Marias

Als Eltern Marias werden nach Jakobus Joachim und Anna bezeichnet. Eine koptische Überlieferung, nach der Marias Vater Kleophas geheißen habe, beruht nach kath. theol. Auffassung auf einem Mißverständnis von Joh 19,25.

Ährenkleidmadonna

Die bildliche Darstellung Marias im Kleid, das mit Ähren besetzt ist, entstand in deutschen Frauenklöstern im 14. Jh. Manchmal ist in der christlichen Kunst Maria auch in einem Weizenfeld stehend dargestellt. Der Vers im Hld „Dein Leib ist wie ein Weizenhügel, mit Lilien umstellt" (7,3) wurde von der Mystik auf Maria bezogen. Sie galt dabei als „heiliger Acker", der ohne Saat Getreide hervorbrachte: Christus, das Brot des Lebens.

Affinität Marias

In der → Mariologie ein Begriff zur Kennzeichnung des besonderen Personalcharakters der Gottesmutter in ihrem ebenso besonderen Gottesbezug, der das Fundament für die wiederum besondere Verbindung zwischen Maria und der Dreifaltigkeit begründet.

Anbetung Marias

Immer wieder, vor allem von protestantischer Seite erhobener Vorwurf, Katholiken beteten Maria an. Die Lehre der kath. Kirche orientiert sich jedoch schon seit vielen Jahrhunderten an eindeutigen Aussagen wie „Maria wird uns nicht zur Anbetung vorgestellt, sie selbst betet vielmehr Christus an" (Epiphanius) und „Maria war der Tempel Gottes, aber nicht der Gott des Tempels" (Ambrosius). Dennoch kam es immer wieder zu Mißverständnissen, die jedoch in den marianischen Rundschreiben

„Marialis cultus" Papst Pauls VI. (1974) und „Redemptoris mater" Papst Pauls II. (1987) ausgeräumt wurden.

Andachtsbild

Das Andachtsbild entstand als ikonographische Darstellung schon im 14. Jh. Dabei war vor allem für das marianische Andachtsbild die im Mittelalter mehr auf persönliche Frömmigkeit ausgerichtete Spiritualität mit ihrer Hinwendung zur mütterlichen und leidenden Maria wegweisend.

Attribute

Darunter versteht man bildliche Merkmale zur Kennzeichnung von göttlichen, heiligen, alttestamentlichen, neutestamentlichen und anderen historischen Personen sowie allegorischen Figuren. Als Attribute kommen alle Gegenstände, Tiere, Pflanzen – besonders → Blumen – und auch menschliche Figuren in Frage. Attribute kennzeichnen eine Person nach ihrem Wesen, z. B. den Tugenden, nach ihrer heilsgeschichtlichen Funktion, z. B. Lehrer, oder durch sinnbildliche Attribute, wie z. B. die Lilie als Hinweis auf die Reinheit Marias.

Augenwende

Darunter ist die auffallendste Gesichtsveränderung zu verstehen, die Gläubigen als solche, insbesondere an marianischen Gnadenbildern, erschien. Nach Zeugenvernehmungen wird die Augenwende kirchlicherseits als Wunder anerkannt, denn sie beweist vor allem, daß das Kultbild von den Gläubigen als etwas Lebendiges begriffen wird.

Berner Marienklage

Die BM ist uns in einer alemannischen und in einer mitteldeutschen Handschrift erhalten. Sie enthält in 157 Versen die Klage Marias, in der sie Jesu Gefangennahme und das Leiden Jesu beklagt. Am Ende sagt sie allen Beistand zu, die sich an die leidende Gottesmutter wenden.

Berufung Marias

Mit der Berufung Marias wird nach Lk 1,26–56 das Wirken Gottes an Maria und die Bereitschaft Marias für dieses Wirken ausgedrückt: Gottes Handeln und die jungfräuliche Empfängnis dessen, der Sohn des Höchsten genannt wird und über das Haus Jakob ohne Ende herrschen wird (Lk 1,32 f.).

Beweinung Christi

Siehe dazu → Pietà

Blütenkranz

Er gilt in der Marienikonographie als Ehrenzeichen der Jungfräulichkeit und zusammen mit der Krone oder stellvertretend dafür als Symbol der Auserwählung und Erhöhung durch Gott.

Blumen

Schon seit früher Zeit vergleicht die marianische und mariologische Literatur die Gottesmutter mit Blumen, um so ihre Tugenden zu versinnbildlichen.

241

Botschaften Marias
Darunter sind Kundgebungen Marias an bestimmte Menschen zu verstehen, die, oft
mit → Erscheinungen verbunden, in Worten erfolgen. Einer Erscheinung kann so
höhere Aussagekraft und Wirksamkeit verliehen werden. Theologisch werden solche
Botschaften mit der Mittlerrolle der Gottesmutter erklärt, die durch ihre Aufnahme in
den Himmel bleibende Geltung und Universalität hat. Zu diesen Botschaften gehören
auch geistig-innerliche Mitteilungen („Sie hat mir nichts gesagt, aber ich habe alles
verstanden", Alphonse Ratisbonne am 20. 1. 1842).

Brunnen
Zu allen Zeiten und bei fast allen Völkern herrschte der Glaube, daß bestimmte Brunnen und Quellen besondere Heilkraft besitzen. Auch viele marianischen Wallfahrtsorte haben ein heilsames Brünnlein, was auch deutlich in Bezeichnungen wie „Marien-
brünnlein" oder „Gnadenbrünnlein" zum Ausdruck kommt, Stätten der Gnade, an
denen der Gnadenerweis Gottes durch die Erlösung von physischen Leiden besonders sichtbar wird.

Conceptio Immaculata Mariae
Glaubensgeheimnis, das besagt, daß Maria, ohne Erbsünde im Schoß ihrer Mutter
Anna empfangen, seit Beginn ihres Daseins sündenlos ist. Dieses Geheimnis feiert die
Kirche als Hochfest am 8. Dezember.

Consolatrix afflictorum
Die Bezeichnung der Gottesmutter als „Trost der Betrübten".

Disteln und Dornen
Nach Gen 3,17 f. sprach Gott zu Adam: „So ist verflucht der Ackerboden um deinet-
wegen. Unter Mühsal wirst du von ihm essen alle Tage deines Lebens. Dornen und
Disteln läßt er dir wachsen ..." So sind Disteln und Dornen zunächst Symbole der
Sünde und der Mühsal. Auf Marienbildern sind Disteln Zeichen der durch Christus
überwundenen Sünde; Disteln und Dornen weisen auf sein Leiden hin.

Dorotheer
Frauenorden nach der heiligen Dorothea, zu der geschichtliche Daten fehlen; nach der
Legende Jungfrau und Märtyrein.

Drei Ähren
Benannt nach einer Erscheinung Marias im Jahr 1491, bei der sie in der rechten Hand
drei Ähren als Sinnbild für das tägliche Brot und in der Linken einen Eiszapfen als
Sinnbild von Lohn und Strafe trug; seit 1495 Wallfahrtsort bei Colmar.

Elfenbeinerner Turm
Diese Anrufung zählt zu den 13 Symbolanrufungen der → Lauretanischen Litanei. Sie
geht auf das Hld zurück, das von Theologen wie Gregor von Nyssa zunächst auf Christus und seine Braut, die Kirche, vom Mittelalter an zunehmend auf Maria ausge-
deutet wurde: „Dein Hals ist ein Turm aus Elfenbein" (Hld 7,5).

242

Erscheinungen

Die Theologie zählt zu den Erscheinungen (Visionen) im weitesten Sinn Geschehnisse, in denen ansonsten unsichtbare Wesen (Gott, Maria, Engel) auf übernatürliche Weise sinnenfällig und gegenwärtig erkannt werden. Wie für alle Erscheinungen gilt auch für die Marienerscheinungen als gemeinsam eine auf das religiöse Heil ausgerichtete Zielsetzung. Durch Maria bewirkt gelten in diesem Sinn auch noch andere Ereignisse: zum Beispiel das Auffinden von vergrabenen Marienstatuen, Heilungen als Gebetserhörungen, Blutstropfen und Tränen an den Statuen und Bildern. – Da die Erscheinung mit dem Heilswirken Gottes eng verknüpft ist, erscheint Maria nicht als „historischer Mensch", sondern in ihrer „himmlischen Wesenheit", die sie daher z. B. auch in der Sprache der jeweiligen Seherinnen und Seher anpassen und sich jeweils in der Landessprache, manchmal sogar in einem sehr lokalen Dialekt (z. B. in La Salette 1846 oder in Lourdes 1858) an sie wenden kann. – Die Beurteilung der Erscheinung hängt auch von der wichtigen Unterscheidung ab, ob es sich um mystische Visionen handelt oder darüber hinaus auch noch prophetische Visionen. Rein mystische Visionen sind solche, die sich im Ziel und Inhalt nur auf das persönliche religiöse Leben beziehen, prophetische solche, die darüber hinaus den Visionär veranlassen oder beauftragen, sich mit einer Botschaft belehrend, warnend, fordernd, die Zukunft voraussagend an seine Umwelt usw., zu wenden. Trotz desselben Verlaufs sind sie hinsichtlich der Kriterien der Echtheit ganz verschieden zu bewerten, weil sie wesentlich verschiedene Ansprüche an die Umgebung des Visionärs stellen. – Wenn daher Erscheinungen als Gesichte und Einsprechungen dem Empfänger auf übernatürliche Weise religiöse Wahrheiten außerhalb der amtlichen Heilsgeschichte mitteilen, nennt man sie auch → Privatoffenbarungen. – Als absolut sicheres Kriterium für die Echtheit einer Erscheinung gilt ein → Wunder, das eindeutig zur Beglaubigung der Erscheinung und ihres Inhaltsgewichts – erkannt wird.

Erscheinungen können auch in einem Zusammenhang vorkommen, der nichts Übernatürliches an sich hat, und dann fast immer bei Menschen mit ererbtem oder vorübergehend durch Umstände bedingtem labilem psychischem Gleichgewicht. Der Unterschied zwischen natürlichen und übernatürlichen Erscheinungen liegt darin, daß es sich bei natürlichen Erscheinungen um die Auslösung durch Konflikte oder unbewußte Spannungen handelt, die der Inhalt der Erscheinungen symbolisch wiedergibt. Übernatürliche Erscheinungen hingegen kommen von einer eigenen mystischen Erfahrung im Kern der Person aus in Gang; ihr Inhalt spiegelt eine das psychische Leben des Visionärs transzendierende Wirklichkeit wider. Die Bemühung um den Nachweis einer gottgewirkten Erscheinung orientiert sich daher gerade an dieser Ursprungsstelle und deren Transzendenz, und dieser Nachweis macht die Beurteilung ihrer Echtheit oft sehr schwierig. Aus diesem Grund wird auch das Mißtrauen einiger geistlicher Autoren und großer Mystiker gegen Erscheinungen verständlich, wie eines Johannes vom Kreuz oder Paul vom Kreuz. Sie betrachteten die Erscheinungen oft als zweideutige Resonanz psychischer Strukturen – den eigentlichen mystischen Erfahrungen noch nicht gewachsen. Doch keiner von ihnen leugnete die Möglichkeit authentisch übernatürlicher Erscheinungen.

Eß- und Schluckbildchen

Darunter versteht man Papierblättchen, meist mit Sprüchen oder mit Darstellungen bekannter meist marianischer Gnadenbilder verziert, die wie eine „papierene Pille" als geistliches Heilmittel mit magischen Kräften im Volksglauben und in der Volksreligion verwendet wurden.

Glossar

Essener Madonna
Diese Statue, die sog. Goldene Madonna, aus dem Münsterschatz von Essen, ist die früheste erhaltene, vollrund gearbeitete Darstellung der thronenden Gottesmutter.

Evangelistar
Liturgisches Buch, das die Textabschnitte (Perikopen) aus den Evangelien enthält, die bei der Messe verlesen werden. Im Mittelalter waren Evangelistare meist kunstvoll ausgeschmückt, wie auch Abbildungen in diesem Buch zeigen.

Ex voto
Wortformel auf Weihegaben, die ab dem 17. Jahrhundert auf Votivtafeln und in Eintragungen in Mirakelbüchern auftaucht. Damit wird die Wallfahrt zum heiligen Ort und durch bestimmte Gelübde umschrieben *(ex voto* = aufgrund eines Gelübdes).

Familienpilgerfahrt Marias
Das AT kennt schon seit ältester Zeit Wallfahrten zu einem Heiligtum. Das NT erwähnt die Familienpilgerfahrt Josephs mit Maria und dem Jesusknaben „der Sitte entsprechend am Paschafest" in Lk 2,41–52.

Fürbitte Marias
Die Fürbitte Marias hat sich in der Erfahrung der Kirche als besonders wirkmächtige Hilfe erwiesen. Auch die Biographien eines Ignatius von Loyola, Alfons von Liguori, einer Theresia von Avila, Franziska von Chantal schreiben die Bekehrung und Wende der Fürbitte der Gottesmutter zu. Auf besondere Fürbitte Marias werden auch die großen Rettungs- und Erneuerungstaten im kirchlichen Leben und die Ordensstiftungen zurückgeführt, z. B. die Erneuerung unter Pius V. anläßlich des Kampfes gegen die Türkengefahr mit Hilfe des Rosenkranzes oder die Entstehung des Exerzitienbüchleins des Ignatius von Loyola. Bekannt ist die Ausstrahlung von Lourdes und Fatima, das die Erneuerung Portugals und die Weltweihe an Maria vorbereiten sollte.

Geheimnisvolle Rose *(rosa mystica)*
Seit dem frühen Christentum ist die Rose Bild des Paradieses (Callixtuskatakombe, 3. Jh.) und des Martyriums. Für den vor allem im Mittelalter häufigen symbolischen Bezug der Rose, richtiger des Rosenstrauchs, auf Maria ist neben heimischem Brauchtum besonders die Auslegung von Jesaia 11,1 bedeutend. Da die mittelalterlichen Prediger nicht nur die Weissagung Jesaias vom Sproß der aus der Wurzel Jesse hervorgehen sollte, auf die Jungfrau Maria bezogen, sondern auch Sir 24,14 („Die eine ... wuchs empor, wie Rosensträucher in Jericho") war auch die Symbol-Auffassung „mystische Rose" in der → Lauretanischen Litanei naheliegend.

Gnadenbild
Schon seit dem Mittelalter kommt den Gnadenbildern besondere Verehrung insoweit zu, als sie sich entweder auf einen wunderbaren Ursprung des Bildes stützt, auf Wunder, die sich beim Gnadenbild ereignet haben, oder auf besondere Segnungen, wie z. B. Marienerscheinungen, die auf ein bestimmtes Bild hinweisen. Bei aller Verehrung kommt dem Bild aber nur Mittlerfunktion zu, denn die Kirche erkennt einen ursächlichen Zusammenhang zwischen Gnadenbild und Erhörung nicht an. Wichtigste Voraussetzungen sind stets Gesinnungsreinheit der Beter und Erhörungswürdigkeit des Anliegens.

Granatapfel

Die große Zahl der Samenkerne des Granatapfels, der in der Antike als Symbol der Fruchtbarkeit galt, war im Mittelalter Zeichen für Marias Tugenden und die Fülle ihrer Barmherzigkeit. Dies ist auch der Grund, weshalb auf Marienbildern Granatäpfel gerne als Stoffmuster verwendet werden.

Hymnos Akathistos

Kunstvoller Lobgesang auf die Gottesmutter Maria, berühmter byzantinischer Kirchenhymnus.

Kult

Schon die ältesten Texte wie Ex 20,22 ff. drücken zwei wesentliche Aspekte des Kultverständnisses aus: Er ist eine *Gnadenveranstaltung* Gottes und kann als solche – auch hinsichtlich des Kultortes – nicht auf menschliche, sondern nur auf göttliche Initiative zurückgehen. Kult in umfassendem Sinn ist also nur jener, den wir Gott anbetend zollen: *latria*. In einem weiteren Sinn kennen wir auch von einem den Heiligen erwiesenen Kult bzw. der Gottesmutter. In der Feier des Kultes vollzieht sich immer neu die Sinndeutung menschlichen Lebens als eines Hinübergehens von dieser Welt zum Vater, durch Maria zu Christus, zum Lob der Herrlichkeit Gottes (Eph 1,14). Der Kult trägt demnach die Verpflichtung in sich, diese große Wirklichkeit eines auf Gottes Ehre hin orientiertes Leben ausstrahlen zu lassen.

Lauretanische Litanei

Die Bezeichnung geht auf den Gebrauch in Loreto zurück, wo sie 1531 erstmals bezeugt ist. Nach den Forschungen von G. G. Meersemans geht sie auf eine von östlicher Marienfrömmigkeit beeinflußte frühmittelalterliche Reimlyrik zurück. Erster deutscher Druck: Dillingen 1558, wahrscheinlich von Petrus Canisius.

Maria mit dem Jesuskind

Dieses Bildthema zählt neben der Kreuzigung zu den am häufigsten dargestellten Themen der christlichen Kunst. Nach dem Konzil von Ephesus (431), das Maria den Ehrentitel *theotókos* (Gottesgebärerin) mit entsprechender Verehrungswürdigkeit zuerkannte, wurde sie neben Christus auch zum Hauptthema der christlichen Kunst.

Maria von Ägypten

Vor ihrer Bekehrung lebte die spätere heilige Einsiedlerin als Dirne in Alexandrien, danach als Büßerin fast 50 Jahre in der Wüste, von drei Broten wunderbar ernährt. Da Maria von Ägypten in der christlichen Kunst wie → Maria Magdalena meist im Kleid ihrer langen Haare dargestellt wird, ist sie von MM oft nur durch das Attribut der drei Brote zu unterscheiden.

Maria Magdalena

Maria Magdalena wird so bezeichnet, da sie aus Magdalena am See Genezareth kam, vor ihrer Bekehrung Dirne, ist sie eine der Frauen, die Jesus nachfolgen. Sie ist auch bei der Kreuzigung und Grablegung anwesend (Mt 27,56 ff.; Mk 15,40 ff.; Joh 19,25) und begegnet Christus als erste nach der Auferstehung. Im Abendland wurde Maria Magdalena mit der großen Sünderin identifiziert, die Jesu Füße salbt. In der Kunst ist sie häufig als Büßerin mit offenem Haar und mit Salbgefäß dargestellt.

Glossar

Maria und Martha

Die Geschichte der zwei Schwestern, von denen Martha sich um Speise und Trank ihres Gastes Christus kümmert, während Maria lauschend zu dessen Füßen sitzt (Lk 10,38–42), bezieht sich auf die beiden gleichnamigen Schwestern des Lazarus von Betanien (Joh 11,1). Diese Geschichte hat Lukas Moser sehr schön auf dem Magdalenenaltar in Tiefenbronn (1431) ins Bild gesetzt: Maria – hier gleichgesetzt mit Maria Magdalena – trocknet Christi Füße, die sie zuvor mit Tränen benetzt hatte (Lk 7,38). Martha bedient bei Tisch, und neben Christus sitzt der Pharisäer, in dessen Haus nach Lukas die Salbung geschieht.

Marienpflanzen

Zu allen Zeiten wurden viele Blumen und Kräuter wegen ihrer Schönheit, ihres Duftes und ihrer Heilkraft mit der Jungfrau Maria und Mutter des Heilands in Beziehung gebracht. Das wird auch in vielen Namen der Pflanzen deutlich, wie z.B. Frauenmantel oder Marienpflanzen.

Marienlegenden

Die mittelalterliche und neuzeitliche katholische Volksfrömmigkeit übernahm von der kirchlichen Lehre über die Stellung der Gottesmutter im göttlichen Heilsplan vor allem den Glauben an Maria als mütterliche Helferin und Beschützerin. In Prosa, Versen oder szenischen Darstellungen erzählen die Legenden vom wunderbaren Eingreifen Marias in das Leben einzelner Menschen. Aus altchristlicher Zeit sind nur wenige Motive bekannt, wie z. B. die Errettung des Theophilus, auch sind Marienlegenden in den Mirakelsammlungen und in der Erbauungsliteratur bis zum 11. Jahrhundert wenig vertreten. Doch im Zusammenhang mit der gesteigerten Marienverehrung des 12. Jhs. nahm auch die Verbreitung der Marienlegenden zu. Seit der Mitte des 12. Jhs. wurden sie zu selbständigen Sammlungen vereinigt und in dieser Form im 13.Jh. von der Formkunst der höfischen Dichtung geprägt. Später überwogen szenische Darstellungen als Mirakelspiele oder die praktischen Zwecke der religiösen Erbauungsliteratur. In der Neuzeit schließlich ließen die stark zunehmenden Wallfahrten zu Marienheiligtümern zahlreiche neue Marienlegenden entstehen. Im 19. und 20. Jh. erwachte ein besonderes literarisches und historisches Interesse an Marienlegenden, sie wurden gesammelt, übersetzt und herausgegeben. So fanden sie als volkstümliche Erbauungsliteratur weite Verbreitung, regten aber auch zu weiteren dichterischen Gestaltungen des wunderbaren Geschehens an, z. B. Gottfried Keller zu seinen „Sieben Legenden".

Mariologie

Mariologie bezeichnet in der katholischen Theologie die Lehre und theologische Reflexion über die Bedeutung der Gottesmutter für den christlichen Glauben. Die Mariologie setzt in ihrer Entwicklung erst im 5. Jh. ein und erlebte ihre Höhepunkte im Hochmittelalter, in der Zeit der Gegenreformation und in den katholischen Restaurationsbestrebungen im 19. Jh. Neue Impulse hat die Mariologie durch die Befreiungstheologie und feministische Theologie erhalten. Die Befreiungstheologie betont die Bedeutung Marias als Symbol für die individuelle wie auch die gesellschaftliche Befreiung der Menschen. Die feministische Theologie sieht in der Mariologie eine Möglichkeit, im Gegensatz zur vorwiegend „männlichen" Verfaßtheit des Christentums seine „weiblichen" Züge stärker zur Entfaltung zu bringen.

246

Medaille

Sie heißt auch „Wunderbare Medaille" und wird kirchenoffiziell „Medaille von der Unbefleckten Empfängnis" genannt. Auf der Vorderseite zeigt die wundertätige Medaille Maria, die auf der Erdkugel die Schlange zertritt, mit der Umschrift: „O Maria, ohne Sünde empfangen, bitte für uns, die wir zu dir unsere Zuflucht nehmen." Die Prägung der Madaille erfolgte 1832 auf Veranlassung des Erzbischofs von Paris, H. L. de Quélen, und J. M. Aladel, Beichtvater von C. Labouré, aufgrund ihr zuteil gewordener Erscheinungen und des Auftrags Marias vom 27. 11. 1830 (Fest auch an diesem Tag in verschiedenen Orden und Diözesen) und wird seitdem von Millionen getragen. Im Jahr 1836 gründete D. Desgenettes in der Pariser Kirche Notre-Dame des Victoires für die Verehrer der wundertätigen Medaille die Erzbruderschaft von der unbefleckten Empfängnis.

Nothelfer

Heilige, die besonders in Zeiten der Not und Sorge um Fürbitte angerufen werden. Dazu zählt aber nicht Maria, wie bisweilen fälschlich angenommen wird. Nach der Meinung des Volkes und der Denkweise einer volkstümlichen Kanonistik waren bestimmte Heilige in einer ganz bestimmten Richtung wirkmächtig, weil ihnen von Gott ein *privilegium dignitatis*, eine besondere Schutzgewalt, gegeben war. – Diese Nothelfer werden auch in einzelnen Gruppen verehrt, vor allem die Gruppe der 14 Nothelfer. Ihre Namen sind: Achatius, Aegidius (einziger Nichtmärtyrer), Barbara, Blasius von Sebaste, Christophorus, Cyriacus von Rom, Dionysius von Paris, Erasmus, Eustachius, Georg, Katharina von Alexandrien, Margareta von Antiochien, Pantalon und Vitus. Oft tritt an die Stelle dieser 14 Nothelfer durch Lokalkult ein anderer Heiliger, der als 15. hinzukommt, wie Antonius der Große, Magnus von Füssen, Rochus, Wolfgang. Bedeutendstes Kultzentrum der 14 Nothelfer wurde im 15. Jh. der Wallfahrtsort Vierzehnheiligen.

Oratorianer

Bezeichnug für Weltpriestervereinigungen, ebenso für Mitglieder einer katholischen Weltpriestergemeinschaft, die im 16. Jh. in Rom durch Filippo Neri gegründet wurde. Der Name ist abgeleitet vom ersten Versammlungsort, einem römischen *Oratorium* („Haus des Gebets"). Jede Niederlassung wird entsprechend auch *Oratorium* genannt. Nach dem italienischen Vorbild gründete Kardinal P. de Bérulle 1611 das französische Oratorium (lat. *Congregatio Oratorii Jesu et Mariae Immaculatae*).

Pictà

→ Vesperbild der Schmerzensmutter, die sitzend den toten Heiland (zwischen Kreuzabnahme und Grablegung auf dem Schoß hält. Die Szene – im NT unbekannt – ist nach herrschender Meinung in der Forschung eher aus einer liturgischen Vesperbetrachtung entstanden, die Kreuzesmystik und Verehrung der Wunden Jesu mit Marienverehrung verband. Häufig erscheint die Pietà nicht so sehr als schmerzliche Klage, sondern als Bild der Verklärung, wie schon frühe Darstellungen Maria mit freudvollem Ausdruck zeigen. Vor diesem Hintergrund ist auch die „Schöne Pietà" seit Ende des 14. Jh. zu sehen. Im späteren 15. Jh. variiert der Typus stärker, Maria drückt den toten Sohn an sich, oder dieser liegt auf dem Boden, und die Mutter hat nun seinen Kopf in ihren Schoß gebettet.

Privatoffenbarung

Die Privatoffenbarung ist nicht an die gesamte Kirche gerichtet, sondern wird einer einzelnen Person gegeben. Das bedeutet, daß diese Offenbarung nicht dem Lehramt der Kirche zur Bewahrung und Verkündigung von Gott gegeben wurde und daraus auch nicht eine direkte Glaubensverpflichtung aller erwächst. Die Privatoffenbarung ist nach der biblischen Lehre denkbar im Sinn der Heilsgnade als gottgewirktes Wissen um die gottgewollte Entscheidung in einer bestimmten Situation. Generell als solche aber bewertet wird sie, wenn Erscheinungen als Gesichte und Einsprechungen dem Empfänger auf übernatürliche Weise religiöse Wahrheiten außerhalb der amtlichen Heilsgeschichte mitteilen.

Regina caeli

Bezeichnung der jüngsten von vier marianischen (Schluß-) Antiphonen, die nach einem Erlaß Papst Benedikts XIV. von 1742 außerdem in der Osterzeit zum Angelusläuten gebetet wird. Der Text zeichnet sich durch edle Schlichtheit aus.

Schöne Madonnen

Unter diesem Begriff oder „Schöne Maria" wird in der Kunstgeschichte eine Gruppe verwandter Statuen Marias mit dem Jesuskind vorwiegend im böhmisch-süddt. Raum in der Zeit um 1400 zusammengefaßt. Die bekanntesten Vertreterinnen sind die „Krumauer Madonna", die Breslauer und die Thorner sowie die Gnadenbilder von Altenmarkt, Großgmain und aus dem Salzburger Franziskanerkloster. Gemeinsames Kennzeichen der „Schönen Madonnen" ist die liebliche Schönheit der gekrönten Gottesmutter, die mit der Linken das unbekleidete Kind hält.

Schreinmadonna

Bei dieser Form von Madonnen, die seit Ende des 14. Jhs. aufkamen, handelt es sich um Plastiken, die man öffnen kann und die in ihrem Innern meist geschnitzte Darstellungen mit christologischen Inhalten enthalten. Schreinmadonnen in Portugal und Spanien enthalten ganze Zyklen zum Marienleben.

Schutzmantelmadonna

In vielen Kulturkreisen gilt seit alters her der weite Mantel als Schutzsymbol. Diese Vorstellung spiegeln auch eine Reihe von Sagen, Märchen und Legenden, in denen der Mantel seinem Träger Wunderkräfte verleiht. In der Folge der Plünderung von Konstantinopel (1204) gelangten unter einer Flut von Reliquien auch angebliche Überreste vom Gewand der Gottesmutter nach Europa.Es entstanden viele Rettungslegenden um Maria, oder diese wurden ihr zugeschrieben, wie z. B. die *Miracles de la Sainte Vierge* („Wunder der heiligen Jungfrau") von Gautier de Coincy. Auch die Vision des Caesarius von Heisterbach zählt zu diesen Legenden. Im späteren 13. Jh. begann auch die Kunst die in der Literatur bereits geläufige Vorstellung des Mantelschutzes auf Maria zu übertragen. Grund für das beliebte Motiv ist sicher auch die mittelalterliche Auffassung, entsprechend der sich die Christenheit als „angenommene" Kinder ihrer Mutter Maria *(mater omnium* – Mutter aller) sah. „Angenommen" und schutzwürdig waren nach mittelalterlichem Rechtsbrauch auch Verfolgte, wenn sie den Mantelschutz vor allem besonders angesehener Frauen, aber auch Schwangerer oder von Jungfrauen in Anspruch nahmen, indem sie sich unter deren Mantel begaben, da man diesen von Frauen besondere Schutzkräfte zusprach.

Theotókos

Gottesgebärerin, der Begriff wurde nach Hugo Rahner zuerst von Hippolytos von Rom auf Maria angewendet, entstammt der alexandrinischen Schule und kommt auch bei Kirchenvätern und Kirchenschriftstellern des 3. u. 4. Jhs. vor, auch in der ältesten Marienantiphon *Sub tuum praesidium* („Unter deinem Schutz ..."). Im Rahmen des Konzils von Ephesus (431) wurde der Begriff sanktioniert.

Trierer Marienklage

Die Trierer Marienklage ist bezeugt in einer Handschrift des 15. Jhs. und gilt als erster Teil (Karfreitagsspiel) dieses überlieferten Osterspiels. Auf die einleitende Klage Marias und einen Dialog zwischen Maria und Johannes folgt der Gang zum Kreuz, wo Jesus mit den Worten an Maria („Siehe da deinen Sohn") und Johannes („Siehe da deine Mutter") zentral ins Geschehen tritt. Den Abschluß bildet ein Zwiegespräch zwischen Maria und Johannes. Wie auch andere solcher liturgienahen Spiele fand auch die Trierer Marienklage im Kirchenraum statt.

Vesperbild

Das Vesperbild zählt zu den um 1300 aufkommenden Andachtsbildern mit besonderer Betonung des Gemüts im Rahmen kontemplativer Betrachtung. Es hat seinen Ursprung in persönlicher Frömmigkeit und ist eine Bildschöpfung vor allem der deutschen Mystik. Im Vordergrund steht besonders die plastische Gruppe mit Maria und dem toten Christus. Die Kunstgeschichte kennt eine gewisse historische Abfolge, auch bestimmte Typen wie z. B. das Vesperbild mit kindhaft kleinem Christus oder das sog. „Schöne Vesperbild" mit waagrecht gelagertem Christus, gekennzeichnet durch die höfisch-aristokratische Idealität und Eleganz der Zeit der Vorrenaissance um 1400.

Visionen

→ Erscheinungen. Die Vision ist ursprünglich eine Schau von Bildern, die geistliche Wahrheiten in bildhafter Anschaulichkeit darstellt, wie z. B. wenn Maria allein oder mit Kind zur Stärkung im Glauben oder als Retterin in der Not erscheint.

Vision unserer Herrin Maria

Hierbei handelt es sich um eine apokalyptische Schrift, die nach einem Bericht Marias vom Apostel Johannes verfaßt worden sein soll. In dieser Schrift erzählt Maria, wie sie entrückt wird und in visionärer Schau sieht, wie die abgeschiedenen Seelen gerichtet werden. Vor allem für den Volksglauben aufschlußreich sind die Ausmalungen der Höllenstrafen und die Vorstellungen von der Rolle der Engel beim Gericht über die abgeschiedenen Seelen. Maria selbst wird als Fürbitterin der Verdammten hervorgehoben. Das Werk ist wahrscheinlich unter Benutzung älterer Höllenschilderungen und Apokalypsen aus apogryphen Schriften entstanden. Seine Datierung ist nicht gesichert, es dürfte aber kaum vor dem 9. Jh. verfaßt worden sein.

Visitandinen

Schwesternorden von der „Heimsuchung Mariens" *(visitatio Mariae).* Der Orden wird in der Landessprache „visitandines" genannt und wurde von Franz von Sales und Franziska von Chantal gegründet.

Wunder

Ein Wunder ist im theologischen Sinn ein Zeichen, das das mit ihm Bezeichnete nicht rational beweisen, sondern *glaubwürdig* machen soll. Es ist ein sinnlich wahrnehmbarer Vorgang, der mit den Methoden der Naturwissenschaft nicht *natürlich* erklärbar ist und der aufgrund eines bestimmten Zusammenhangs von Glauben und Gebet sinnvoll auf Gott, Maria oder die Heiligen als Mittler zu Gott zurückgeführt werden kann. Entscheidend ist der Zusammenhang von Glauben und Gebet, denn fehlt er, muß an die Möglichkeit dämonischer Einwirkung gedacht werden, wobei die Grenzen oft schwer zu ziehen sind. Unter Wunder im engeren Sinn werden meist physische Wunder verstanden, z.B. Heilungswunder und Natur-Wunder (siehe unten). Wunder im weiteren Sinn sind auffallende Gebetserhörungen und alle Arten von Ereignissen, die von Gläubigen als besondere Ereignisse erfahren werden. Maria hat bei der Hochzeit von Kana durch ihre Fürsprache veranlaßt, daß Jesus sein erstes „Zeichen" wirkte und damit den Glauben seiner Jünger begründete (Joh 2,1–11). Angesichts der Entwicklung der Marienverehrung seit dem Mittelalter wird auch plausibel, daß Gnadenerweise zunehmend auf ihre Fürbitte erbeten und gewährt wurden. In der Folge weisen Marienwallfahrten und andere Bekundungen der Marienverehrung eine große Zahl von Wundern auf: Wunder, von denen die meisten → Ex-Voto-Tafeln künden, plötzliche Heilungen von schweren Krankheiten. Besonders erwähnt werden muß in diesem Zusammenhang die plötzliche Wiederherstellung eines amputierten Beins in Calanda bei Saragossa. Als Natur-Wunder ist das Weinen von Marienbildern und -statuen anzusehen, wobei das Weinen einer Marienplastik in Syrakus 1953 ebenso wie das Weinen einer Mariensatue in Akita/Japan (1975–1981) kirchlich anerkannt wurden, nachdem im Zusammenhang mit dem Ereignis in Japan sogar die plötzliche Heilung einer an einem Tumor erkrankten Person, die schon das Bewußtsein verloren hatte, erfolgt war. Die als Wunder anerkannten Heilungen von Lourdes gehören auch nach allgemeiner Auffassung zu den gesichertsten Wundern überhaupt, zumal alle Ärzte Zutritt zum „Bureau Medical" haben und weil die Diskussion um die wichtigsten Fälle auch in aller Öffentlichkeit geführt wird.

Zepter

Das Zepter gilt als Symbol höchster Gewalt. Erscheint die Gottesmutter auf Darstellungen mit diesem → Attribut, soll damit auch ihre bevorzugte Stellung vor allen Heiligen als Himmelskönigin hervorgehoben werden.

Literatur- und Quellenverzeichnis

Adam, A. (Hrsg.): Maria, wir rufen zu dir. Die schönsten Gebete, Freiburg i. Br. ²1991

Albrecht, B.: Kleine Marienkunde, Vallendar-Schönstatt ²1985

Albrecht, G.: Die Gottesmutter, Freiburg i. Br. 1913

Angershausen, J.: Wunderbares sagt man von dir! Marienlegenden, St. Augustin ²1986

Armanda, S.: Botschaften Marias an die Familien und an die Welt, Hauteville 1986

Bachmann, H.: Das Mirakelbuch der Wallfahrtskirche Mariastein in Tirol als Quelle zur Kulturgeschichte (1678–1742). Innsbruck-München 1973 (= Schlern-Schriften 265)

Balthasar, H. U. v./Ratzinger, J.: Maria – Kirche im Ursprung, Freiburg i. Br.-Basel-Wien 1980

Bandenbacher, K. J.: Marienpreis nichtkatholischer Dichter. Ein Beitrag zur Apologie der Marienverehrung, Regensburg 1994

Bäumer, R./Scheffczyk, L. (Hrsg.): Marienlexikon, 6 Bde., St. Ottilien 1988–1994

Baumgartner, A.: Maria, Mutter der Gnaden. Wallfahrtsstätten in Österreich und Südtirol, Klagenfurt 1989

Beinert, W./Petri, H.: Handbuch der Marienkunde, 2 Bde., Bd. 1 Regensburg ²1996, Bd. 2 Regensburg ²1997

Beinert, W.: Mariologie. Reihe: Texte zur Theologie/Dogmatik 6, Graz-Wien-Köln 1991

Beinert, W.: Maria – eine ökumenische Herausforderung, Regensburg 1984

Beissel, St.: Wallfahrten zu Unserer Lieben Frau, Freiburg i. Br. 1913

Beukirch, B. M. v.: Kleine theologisch-praktische Mariologie, Leipzig 1925

Bockmühl, E.: Die moderne Mariendichtung. Eine Anthologie, Gotha 1928

Borelli Machado, A. A.: Die Erscheinungen und die Botschaft von Fatima – Prophezeiungen der Tragödie oder der Hoffnung? Frankfurt a. M. 1995

Brückner, W. (Hrsg.): Wallfahrt. Pilgerzeichen. Andachtsbild, Würzburg 1982

Burger, L.: Die Himmelskönigin der Apokalypse in der Kunst des Mittelalters, in: Neue deutsche Forschungen, Abt. Kunstwissenschaft und Kunstgeschichte, Bd. 2, Berlin 1937

Carretto, C.: Gib mir deinen Glauben. Gespräche mit Maria von Nazaret, Freiburg i. Br.-Basel-Wien ³1996

Cohausz, O.: Maria in ihrer Uridee und Wirklichkeit, Limburg 1938

Cornwell, J.: Mächte des Lichts und der Finsternis. Christliche Wunder – Wahrheit oder Einbildung? Wien 1992

Courth, F. (Hrsg.): Mariologie. Reihe: Texte zur Theologie/Dogmatik 6, Graz-Wien-Köln 1991

Cox, H.: Licht aus Asien. Verheißung und Versuchung östlicher Religiosität, Stuttgart-Berlin 1978

Delius, W.: Die Geschichte der Marienverehrung, München-Basel 1963

Dohms, P./Dohms, W./Schröder, V.: Die Wallfahrt nach Kevelaer zum Gnadenbild der „Trösterin der Betrübten". Nachweis und Geschichte der Prozession von den Anfängen bis zur Gegenwart, Kevelaer 1992

Dollinger, I.: Tiroler Wallfahrtsbuch. Die Wallfahrtsorte Nord-, Ost- und Südtirols, Innsbruck-Wien-München 1982

Durrer, W. (Hrsg.): Siegeszug der wunderbaren Medaille, Jestetten [7]1991

Ernst, R.: Lexikon der Marienerscheinungen, Altötting [5]1989

Ernst, R.: Maria redet zu uns, Marienerscheinungen seit 1830, Eupen 1984

Esser, W.: Die Heilige Sippe. Studien zu einem spätmittelalterlichen Bildthema in Deutschland und den Niederlanden, Bonn 1986

Evdokimov, P.: Die Frau und das Heil der Welt, München 1960

Flusser, D./Pelikan, J. J./Lang, J. (Hrsg.): Maria. Die Gestalt der Mutter Jesu in jüdischer und christlicher Sicht, Freiburg i. Br.-Basel-Wien 1985

Frank, K. S.: „Geboren aus der Jungfrau Maria". Das Zeugnis der Alten Kirche: Zum Thema Jungfrauengeburt, Stuttgart 1972

Friedan, B.: Der Weiblichkeitswahn und die Mystifizierung der Frau, Hamburg 1970

Fries, W.: Die Schreinmadonnen, in: Anzeiger des Germanischen Nationalmuseums, Nürnberg 1928/29, S. 5–69

Fromm, E.: Wiege aus einer kranken Gesellschaft (1955), in: Fromm, E., Gesamtausgabe IV, Stuttgart 1980, S. 5–254

Fromm, H.: Mariendichtung, in: Kohlschmidt, W., Reallexikon der deutschen Literaturgeschichte, Bd. 2, Berlin [2]1965, S. 171–219

Führig, J. v.: Das Leben Mariens, Abensberg 1992

Gaechter, P.: Maria im Erdenleben, Innsbruck [2]1954

Gamber, K./Schaffer, Chr.: Maria-Ecclesia. Die Gottesmutter im theologischen Verständnis und in den Bildern der frühen Kirche, Regensburg 1987

Gaube, K./Pechmann, A. v.: Magie, Matriarchat und Marienkult. Frauen und Religion. Versuch einer Bestandsaufnahme, Reinbek 1986

Gerl, H. B.: Maria und die Situation des Glaubens in Deutschland, Vallender-Schönstatt 1990

Gobbi, St.: Die Muttergottes an die Priester, ihre vielgeliebten Söhne. Marianische Priesterbewegung, Wien o. J.

Graber, R.: Marienerscheinungen, Würzburg [2]1986

Guldan, E.: Eva und Maria. Eine Antithese als Bildmotiv, Graz 1966

Hansen, S. (Hrsg.): Die deutschen Wallfahrtsorte. Ein Kunst- und Kulturführer zu über 1000 Gnadenstätten, Augsburg [2]1991

Hierzenberger, G./Nedomansky, O.: Erscheinungen und Botschaften der Gottesmutter Maria. Vollständige Dokumentation durch zwei Jahrtausende, Augsburg 1998

Höllhuber, D./Kaul, W.: Wallfahrt und Volksfrömmigkeit in Bayern, Nürnberg 1987

Holzer, A.: Empfangenes und Geschautes, Stössing 1991

Jedin, H.: Handbuch der Kirchengeschichte, Freiburg i. Br. 1985

Johnston, F.: So hat er keinem Volk getan. Das Wunder von Guadalupe, Stein a. Rhein [2]1991

Kriss, R.: Wallfahrtsorte Europas, München 1950

Kriss-Rettenbeck, L./Möhler, G. (Hrsg.): Wallfahrt keine Grenzen, München-Zürich 1984

Kuhne, A.: Wallfahrtsstätten im Erzbistum Paderborn, Paderborn 1984

Künzli, J. F.: Die Botschaften der Frau aller Völker, Jestetten 1990

Künzli, J. F.: Ich bin das Zeichen. Die Bedeutung Marias für Welt und Kirche. Die wichtigsten Erscheinungen Marias seit 1830, Jestetten o. J.

Kuschel, K.-J. (Hrsg.): Und Maria trat aus ihren Bildern. Literarische Texte, Freiburg-Basel-Wien 1990

Läpple, A.: Deutschland deine Wallfahrtsorte, Aschaffenburg 1983

Läpple, A.: Lourdes, Augsburg 1988

Läpple, A.: Maria in der Glaubensverkündigung, St. Ottilien 1988

Laurentien, R.: Das Leben der Bernadette. Die Heilige von Lourdes, Düsseldorf 1979

Lenssen, J.: Wunder. Zeichen der Macht Gottes, Aschaffenburg 1985

Lochet, L.: Muttergottes-Erscheinungen. Ihr Sinn und ihre Bedeutung im Leben der Kirche und unserer Zeit, Freiburg i. Br. 1957

Lüthold-Minder, I.: Helvetia Mariana. Die marianischen Gnadenstätten der Schweiz, Stein a. Rhein 1979

Ortner, R.: Die Berge werden erbeben. Außersinnliche Wahrnehmung – Visionen – Prophezeiungen, Stein a. Rhein [2]1985

Papst Johannes Paul II.: Enzyklika „Mutter der Erlösung". Hinführung von Joseph Kardinal Ratzinger, Kommentar von Hans-Urs von Balthasar, Freiburg i. Br. 1987

Pesch, W.: Maria in biblischen Texten. Meditationen – Bilder, München 1979

Pichler, A. M./Böhm, W.: Wege zu Hoffnung und Gnade. Österreichs Gnadenorte und Wallfahrtsstätten, Wien 1988

Rahner, K.: Visionen und Prophezeiungen. Reihe: Questiones Disputatae 4, Freiburg i. Br. 1958

Rahner, K.: Marienverehrung. In: Praxis des Glaubens, hrsg. von K. Lehmann u. A. Raffelt, Zürich-Köln-Freiburg i. Br. 1982, S. 243–250

Rahner, K./Dirks, M.: Für eine neue Liebe zu Maria, Freiburg i. Br. [3]1987

Rathgeber, A. M.: Maria wir rufen zu dir. Ein Buch von Unserer Lieben Frau und ihren Gnadenstätten, Kempten o. J.

Rovira, G. (Hrsg.): Ungetrübter Spiegel. Maria, Mutter der Kirche, Essen 1992

Rovira, G. (Hrsg.): Der Widerschein des Ewigen Lichtes. Marienerscheinungen und Gnadenbilder als Zeichen der Gotteskraft, Kevelaer 1984

Rumpf, M.: Religiöse Volkskunde, Stuttgart 1933

Schallenberg, G.: Visionäre Erlebnisse. Visionen und Auditionen in der Gegenwart – eine psychodynamische und psychopathologische Untersuchung, Augsburg 1990

Schreyer, L.: Bildnis der Mutter Gottes, Freiburg i. Br. 1951

Seybold, M. (Hrsg.): Maria im Glauben der Kirche, Eichstätt-Wien 1985

Termolen, R.: Wallfahrten in Europa. Pilger auf den Straßen Gottes, Aschaffenburg 1985

Ulrici, U.: Über die verschiedenen Auffassungen des Madonnenideals, Halle 1854

Volk, H.: Gott alles in allem. Gesammelte Ansätze, Mainz 1961

Volk, H.: Maria, Mutter der Gläubigen, Mainz 1964

Weigl, A. M.: Stimmen, die vom Himmel kommen. Jesus und Maria rufen dich und uns alle zu Umkehr, Gebet, Opfer und Sühne, Altötting 1986

Zimmermann, P.: Medjugorje. Das Friedensangebot Gottes an die Welt. Erlebnisse, Berichte, Interviews, Hauteville [2]1989

Zumbroich, F. M. (Hrsg.): Das Geheimnis der Gottesmutter – Hymnos Akathistos, o. O. [14]1980

Register

255

Register

Bildnachweis

Archiv Pattloch: 41, 80; Bayerisches Nationalmuseum: 81, 84, 85, 87, 88, 221, 225; Dresdner Gemäldegalerie: 229; Hansischer Kunstkreis: 32, 46, 239; Haus der Rheinischen Heimat, Köln: 223; Landesbibliothek, Karlsruhe: 14, 21, 37, 48, 60, 62, 71, 73; Marburger Foto, Marburg: 209, 211; Musée National du Louvre, Paris: 219; Nationalmuseum Florenz: 213, 215, 217; Staatsgalerie, Stuttgart: 227, 235; Städelsches Kunstinstitut, Frankfurt a. M.: 231; alle übrigen Abb. stammen aus dem Archiv von AMS.

.